Felix Kreyer

**Strategieorientierte Restwertbestimmung
in der Unternehmensbewertung**

GABLER RESEARCH

Felix Kreyer

Strategieorientierte Restwertbestimmung in der Unternehmensbewertung

Eine Untersuchung
des langfristigen Rentabilitätsverlaufs
europäischer Unternehmen

Mit einem Geleitwort von Prof. Dr. Ulrich Pape

GABLER

RESEARCH

Bibliografische Information der Deutschen Nationalbibliothek
Die Deutsche Nationalbibliothek verzeichnet diese Publikation in der
Deutschen Nationalbibliografie; detaillierte bibliografische Daten sind im Internet über
<http://dnb.d-nb.de> abrufbar.

Dissertation ESCP-EAP Europäische Wirtschaftshochschule Berlin, 2009

1. Auflage 2009

Alle Rechte vorbehalten
© Gabler | GWV Fachverlage GmbH, Wiesbaden 2009

Lektorat: Claudia Jeske | Stefanie Loyal

Gabler ist Teil der Fachverlagsgruppe Springer Science+Business Media.
www.gabler.de

Das Werk einschließlich aller seiner Teile ist urheberrechtlich geschützt. Jede Verwertung außerhalb der engen Grenzen des Urheberrechtsgesetzes ist ohne Zustimmung des Verlags unzulässig und strafbar. Das gilt insbesondere für Vervielfältigungen, Übersetzungen, Mikroverfilmungen und die Einspeicherung und Verarbeitung in elektronischen Systemen.

Die Wiedergabe von Gebrauchsnamen, Handelsnamen, Warenbezeichnungen usw. in diesem Werk berechtigt auch ohne besondere Kennzeichnung nicht zu der Annahme, dass solche Namen im Sinne der Warenzeichen- und Markenschutz-Gesetzgebung als frei zu betrachten wären und daher von jedermann benutzt werden dürften.

Umschlaggestaltung: KünkelLopka Medienentwicklung, Heidelberg
Gedruckt auf säurefreiem und chlorfrei gebleichtem Papier
Printed in Germany

ISBN 978-3-8349-1888-8

Geleitwort

Die Relevanz von Bewertungsfragen hat in den letzten Jahren kontinuierlich zugenommen. Zusätzlich zu den klassischen Bewertungsanlässen hat die Unternehmensbewertung durch die Verbreitung wertorientierter Managementkonzepte sowie durch die Internationalisierung der Rechnungslegung an Bedeutung gewonnen. State-of-the-Art in Theorie und Praxis sind die zukunftsorientierten Bewertungsverfahren, die den Unternehmenswert als Barwert der für die Auszahlung an die Kapitalgeber verfügbaren Zahlungsüberschüsse ermitteln. Angesichts der mit diesen Verfahren verbundenen Prognoseunsicherheit werden zukünftige Zahlungsüberschüsse üblicherweise lediglich für einen Planungszeitraum von fünf bis zehn Jahren detailliert geplant, während für die Zeit nach Ende der Detailplanungsperiode ein unter pauschalisierten Annahmen ermittelter Restwert angesetzt wird. Dieses Zweiphasenmodell führt regelmäßig zu einem hohen prozentualen Restwertanteil, der in der Praxis nicht selten mehr als 50 Prozent des Unternehmensgesamtwertes beträgt. Die starke Restwertabhängigkeit impliziert die Gefahr erheblicher Bewertungsfehler.

Vor diesem Hintergrund behandelt die vorliegende Veröffentlichung zur strategieorientierten Restwertbestimmung in der Unternehmensbewertung eine Thematik von hoher Relevanz für die Bewertungstheorie und -praxis. Mit seiner interdisziplinär angelegten Untersuchung beleuchtet Felix Kreyer einen zentralen Aspekt der zukunftsorientierten Unternehmensbewertung an der Schnittstelle zwischen Bewertungstheorie und strategischer Managementforschung. Der Verfasser leitet Renditeverläufe auf Basis von Ansätzen des strategischen Managements theoretisch ab und lässt die Ergebnisse als Werttreiber in sein Bewertungsmodell eingehen. Im Rahmen der empirischen Untersuchung werden darüber hinaus branchenspezifische Erkenntnisse über die Konvergenzprozesse europäischer Unternehmen gewonnen. Die Untersuchungsergebnisse erhöhen die Transparenz sowie die Prognosegüte der Restwertbestimmung und sind damit grundsätzlich geeignet, das Bewertungsergebnis zu verbessern.

Die Arbeit zur strategieorientierten Restwertbestimmung verbindet ein überzeugendes theoretisches Fundament mit einem hohen praktischen Anwendungsbezug. Dementsprechend richtet sich die Veröffentlichung gleichermaßen an Wissenschaftler und Praktiker, die sich für Fragen der Unternehmensbewertung interessieren. Angesichts ihrer für Bewertungstheorie und -praxis wertvollen Erkenntnisse ist der Arbeit von Felix Kreyer eine starke Verbreitung zu wünschen.

Prof. Dr. Ulrich Pape

Vorwort

Die vorliegende Arbeit entstand im Rahmen meiner Tätigkeit als externer Doktorand am Lehrstuhl für Finanzierung und Investition an der ESCP-EAP Europäische Wirtschaftshochschule in Berlin – heute ESCP Europe. Sie wurde im April 2009 zur Dissertation angenommen.

Mein Dank gilt vor allem meinem Doktorvater, Herrn Prof. Dr. Ulrich Pape, für seine langjährige Unterstützung. Die unzähligen Gespräche und hilfreichen Anregungen vor und während meiner Dissertation haben entscheidend zur erfolgreichen und zügigen Fertigstellung der Arbeit beigetragen. Dabei wird mir insbesondere die offene und herzliche Atmosphäre der Zusammenarbeit in guter Erinnerung bleiben. Bedanken möchte ich mich auch bei Herrn Prof. Dr. Andreas Bausch für die Erstellung des Zweitgutachtens. Mein Dank gilt außerdem den Professoren der ESCP-EAP Europäische Wirtschaftshochschule für viele wertvolle Hinweise und Diskussionen. Ebenso bedanke ich mich bei den Doktoranden der ESCP-EAP für die gemeinsame Zeit während des Promotionsstudiums. Phillip Grosche und Mathias Schlecker danke ich für ihre Korrekturhilfen und inhaltlichen Anmerkungen.

Besonders herzlicher Dank gebührt meinen Eltern für Ihre uneingeschränkte und liebevolle Unterstützung, durch die sie nicht nur diese Arbeit ermöglicht haben. Darüber hinaus gibt es eine Vielzahl von Menschen, die mich während dieser Arbeit auf verschiedenste Art und Weise begleitet und unterstützt haben. Ich werde mich dafür bei jedem einzelnen persönlich bedanken.

Felix Kreyer

Inhaltsübersicht

1 Einleitung 1
   1.1 Problemstellung und Zielsetzung 1
   1.2 Stand der Forschung 4
   1.3 Vorgehensweise 10

2 Unternehmensbewertung und Restwert 13
   2.1 Grundlagen der Unternehmensbewertung 13
   2.2 Restwert im Discounted-Cashflow-Verfahren 30
   2.3 Zwischenfazit 62

3 Theoretische Fundierung von Konvergenzverläufen des Werttreibers Rentabilität 65
   3.1 Überdurchschnittliche Rentabilität und Wettbewerbsvorteile 65
   3.2 Neoklassisches Marktmodell als Ausgangspunkt für Konvergenzprozesse 67
   3.3 Überrenditen und Wettbewerbsvorteile aus Sicht des Managements 74
   3.4 Zusammenfassung 109

4 Empirische Untersuchung von Konvergenzverläufen des Werttreibers Rentabilität 113
   4.1 Einführung 113
   4.2 Stand der Forschung 113
   4.3 Aufbau der empirischen Untersuchung 130
   4.4 Ergebnisse 165
   4.5 Zwischenfazit 190

5 Konzept der Market Implied Competitive Advantage Period 193

  5.1 Einführung 193

  5.2 Grundzüge des MICAP-Konzepts 193

  5.3 Eignung des Konzepts als Modellparameter 201

  5.4 Alternative Anwendungsmöglichkeiten zur differenzierten Restwertermittlung 215

6 Anwendungsbeispiel 221

  6.1 Beispielunternehmen und verwendete Analysteneinschätzungen 221

  6.2 Discounted-Cashflow-Bewertung 224

  6.3 Beurteilung des Bewertungsergebnisses 241

7 Schlussbetrachtung 243

Inhaltsverzeichnis

Geleitwort V

Vorwort VII

Inhaltsübersicht IX

Inhaltsverzeichnis XI

Abbildungsverzeichnis XIX

Abkürzungsverzeichnis XXIII

Symbolverzeichnis XXVII

1 Einleitung 1
   1.1   Problemstellung und Zielsetzung 1
   1.2   Stand der Forschung 4
   1.3   Vorgehensweise 10

2 Unternehmensbewertung und Restwert 13
   2.1   Grundlagen der Unternehmensbewertung 13
       2.1.1   Theoretische Rahmenbedingungen 13
            2.1.1.1   Bewertungsanlässe 13
            2.1.1.2   Funktionale Unternehmensbewertung 14
       2.1.2   Verfahren der Unternehmensbewertung 17
            2.1.2.1   Überblick 17
            2.1.2.2   Gesamtbewertungsverfahren 18
            2.1.2.3   Einzelbewertungsverfahren 21
            2.1.2.4   Mischverfahren 22
       2.1.3   Discounted-Cashflow-Verfahren 23

	2.1.3.1 Vorbemerkung	23
	2.1.3.2 WACC-Ansatz	24
	2.1.3.3 APV-Ansatz	28
	2.1.3.4 Equity-Ansatz	29

2.2 Restwert im Discounted-Cashflow-Verfahren ... 30

    2.2.1 Prognoseproblematik und Phasenbildung ... 30

    2.2.2 Bedeutung des Restwerts am Gesamtunternehmenswert ... 33

    2.2.3 Verfahren zur Restwertbestimmung ... 37

        2.2.3.1 Vorbemerkung ... 37

        2.2.3.2 Bestimmung des Restwerts bei Verkauf oder Zerschlagung (Ausstiegswerte) ... 37

        2.2.3.3 Bestimmung des Restwerts unter der Going-Concern-Prämisse (Fortführungswerte) ... 38

    2.2.4 Prämisse des Gleichgewichtszustands im Gordon-Wachstumsmodell ... 40

        2.2.4.1 Vorbemerkung ... 40

        2.2.4.2 Freier Cashflow und Wachstumsrate ... 41

        2.2.4.3 ROIC ... 47

        2.2.4.4 Kapitalkosten ... 53

        2.2.4.5 Zwischenfazit ... 54

    2.2.5 Berücksichtigung variabler Werttreiber in der Restwertphase ... 55

        2.2.5.1 Vorbemerkung ... 55

        2.2.5.2 Variable Wachstumsrate ... 55

        2.2.5.3 Variable Rentabilität ... 60

2.3 Zwischenfazit ... 62

3 Theoretische Fundierung von Konvergenzverläufen des Werttreibers Rentabilität 65

3.1 Überdurchschnittliche Rentabilität und Wettbewerbsvorteile 65

3.2 Neoklassisches Marktmodell als Ausgangspunkt für Konvergenzprozesse 67

3.2.1 Grundlagen und zentrale Annahmen 67
3.2.2 Wettbewerbsvorteile im neoklassischen Marktmodell 71

3.3 Überrenditen und Wettbewerbsvorteile aus Sicht des strategischen Managements 74

3.3.1 Vorbemerkung 74
3.3.2 Industrieökonomische Ansätze 76
3.3.2.1 Structure-Conduct-Performance-Paradigma 76
3.3.2.2 Theorie der strategischen Gruppen 80
3.3.2.3 Five-Forces-Framework 82
3.3.2.4 Generische Strategien 85
3.3.3 Ressourcenbasierte Ansätze 90
3.3.3.1 Grundzüge 90
3.3.3.2 Ressourcen und nachhaltige Wettbewerbsvorteile 91
3.3.3.3 Ressourcenbasierte Ansätze und Formulierung von Wettbewerbsstrategien 96
3.3.4 Ressourcenbasierte Ansätze und industrieökonomische Perspektive im Vergleich 98
3.3.5 Weitere theoretische Erklärungsmodelle 100
3.3.5.1 Institutionenökonomische Ansätze 100
3.3.5.2 Institutionalistischer Ansatz 103
3.3.5.3 Evolutionstheorien 104

3.3.5.4 Verhaltenswissenschaftliche Entscheidungstheorie und kognitiv-interpretative Ansätze 105

3.3.5.5 Netzwerkansatz 107

3.4 Zusammenfassung 109

4 Empirische Untersuchung von Konvergenzverläufen des Werttreibers Rentabilität 113

4.1 Einführung 113

4.2 Stand der Forschung 113

    4.2.1 Vorbemerkung 113

    4.2.2 Allgemeiner Nachweis von Konvergenzprozessen 114

    4.2.3 Einflussfaktoren auf Konvergenzprozesse 118

        4.2.3.1 Einleitung 118

        4.2.3.2 Langfristiges Rentabilitätsniveau 120

        4.2.3.3 Widerstandsfähigkeit gegen Konvergenzprozesse .. 122

        4.2.3.4 Zusammenfassung und Beurteilung der Arbeiten ... 125

    4.2.4 Notwendigkeit einer eigenen empirischen Untersuchung 128

4.3 Aufbau der empirischen Untersuchung 130

    4.3.1 Einleitung 130

    4.3.2 Beschreibung des Modells 132

        4.3.2.1 Standardisierte Rendite 132

        4.3.2.2 Modell der partiellen Anpassung 132

        4.3.2.3 Interpretation der Modellparameter 136

    4.3.3 Analyse des gesamten Datenpanels (Schritt 1) 140

        4.3.3.1 Methodische Grundlagen zur Untersuchung von Paneldaten 140

4.3.3.2 Analyse dynamischer Panelmodelle mithilfe der
verallgemeinerten Methode der Momente 145

4.3.4 Untersuchung einzelner Unterstichproben (Schritt 2) 151

    4.3.4.1 Bestimmung unternehmensspezifischer
Konvergenzparameter 151

    4.3.4.2 Zusammenfassung der Ergebnisse auf
Branchenebene 153

4.3.5 Datenbasis 155

    4.3.5.1 Auswahlkriterien und Zusammensetzung der
Stichprobe 155

    4.3.5.2 Mögliche Verzerrungen durch die Auswahl der
Stichprobe 158

    4.3.5.3 Überprüfung der Modellprämissen 160

    4.3.5.4 Voranalyse zum langfristigen Rentabilitätsverlauf 163

4.4 Ergebnisse 165

4.4.1 Gesamtstichprobe 165

4.4.2 Länderspezifische Ergebnisse 169

    4.4.2.1 Vorbemerkung zur Untersuchung einzelner
Unterstichproben 169

    4.4.2.2 Durchschnittlicher Konvergenzverlauf nach Ländern 172

    4.4.2.3 Beurteilung der länderspezifischen Ergebnisse 176

4.4.3 Branchenspezifische Ergebnisse 176

    4.4.3.1 Vorbemerkung 176

    4.4.3.2 Konvergenzverläufe nach Sektoren im Vergleich 178

    4.4.3.3 Gesundheitswesen 181

    4.4.3.4 Basiskonsumgüter 182

    4.4.3.5 Nicht-Basiskonsumgüter 183

    4.4.3.6 Industrie 185

4.4.3.7 Roh-, Hilfs- und Betriebsstoffe 186

4.4.3.8 Beurteilung der branchenspezifischen Ergebnisse 187

4.5 Zwischenfazit 190

5 Konzept der Market Implied Competitive Advantage Period 193

5.1 Einführung 193

5.2 Grundzüge des MICAP-Konzepts 193

5.2.1 Definition und Berechnung 193

5.2.2 Berechnungsbeispiel 196

5.2.2.1 Vorbemerkung 196

5.2.2.2 Ermittlung des Unternehmenswerts für die Detailplanungsphase 197

5.2.2.3 Berechnung des ersten Restwerts 198

5.2.2.4 Ermittlung des zweiten Restwerts 199

5.2.2.5 Abgleich mit dem Marktwert 200

5.3 Eignung des Konzepts als Modellparameter 201

5.3.1 Problemstellung 201

5.3.2 Voraussetzungen zur Berechnung der MICAP 202

5.3.3 Reaktion der MICAP auf Änderungen des Aktienkurses 206

5.3.4 Reaktion der MICAP auf Änderungen der Modellprämissen 208

5.3.4.1 Änderung des Konvergenz-Zielwerts (Annahme 1) 209

5.3.4.2 Änderung des langfristigen Wachstums (Annahme 2) 210

5.3.4.3 Linearer Rückgang der Wachstumsrate in der Restwertphase (Annahme 3) 212

5.3.4.4 Nicht linearer Konvergenzverlauf der Rentabilität (Annahme 4) 213

5.3.5 Zusammenfassung 214

5.4 Alternative Anwendungsmöglichkeiten zur differenzierten Restwertermittlung 215

5.4.1 Vorbemerkung 215

5.4.2 Verwendung der MICAP von Vergleichsunternehmen 215

5.4.3 Erhöhung der Transparenz hinsichtlich der Modellannahmen 217

5.4.4 Zusammenfassung 219

6 Anwendungsbeispiel 221

6.1 Beispielunternehmen und verwendete Analysteneinschätzungen 221

6.2 Discounted-Cashflow-Bewertung 224

6.2.1 Prognose der Hauptwerttreiber für die Detailplanungsphase 224

6.2.1.1 Vorbemerkung 224

6.2.1.2 NOPLAT und Freier Cashflow 224

6.2.1.3 Investiertes Kapital und ROIC 225

6.2.2 Prognose der langfristigen Entwicklung 227

6.2.3 Zur Möglichkeit einer Ergebnis-Plausibilisierung anhand des MICAP-Konzepts 238

6.3 Beurteilung des Bewertungsergebnisses 241

7 Schlussbetrachtung 243

Literaturverzeichnis 249

Anhang 281

Abbildungsverzeichnis

Abb. 1:	Aufbau der Arbeit	11
Abb. 2:	Anlässe der Unternehmensbewertung	14
Abb. 3:	Verfahren zur Bewertung von Unternehmen	18
Abb. 4:	Varianten des DCF-Verfahrens	24
Abb. 5:	Berechnungsschema zur Ermittlung des freien Cashflows	26
Abb. 6:	Berechnungsschema zur Ermittlung des Flow to Equity	30
Abb. 7:	Zwei-Phasen-Modell im Rahmen der DCF-Bewertung	32
Abb. 8:	Anteil des Restwerts am Gesamtunternehmenswert am Beispiel von vier Branchen	34
Abb. 9:	Anteil des Restwerts am Gesamtunternehmenswert in Abhängigkeit von der Länge der Detailplanungsphase	35
Abb. 10:	Anteil des Restwerts am Gesamtunternehmenswert in Abhängigkeit von der Höhe der Kapitalkosten	36
Abb. 11:	Anteil des Restwerts am Gesamtunternehmenswert in Abhängigkeit von der Höhe der jährlichen Wachstumsrate	36
Abb. 12:	Berechnungsschema zur Ermittlung des investierten Kapitals	42
Abb. 13:	Hauptwerttreiber des freien Cashflows	43
Abb. 14:	Prämissen des Gleichgewichtszustands im Gordon-Wachstumsmodell	47
Abb. 15:	Unternehmenswert in Abhängigkeit von ROIC und Wachstumsrate	48
Abb. 16:	Rechenbeispiel mit unterschiedlichen ROIC-Verläufen	51
Abb. 17:	Phasen-Modelle mit variabler Wachstumsrate in der Restwertphase	56
Abb. 18:	Theoretischer Bezugsrahmen von Konvergenzverläufen des Werttreibers Rentabilität	67
Abb. 19:	Marktgleichgewicht bei vollkommener Konkurrenz	72
Abb. 20:	Sichtweisen des SCP-Paradigmas	80
Abb. 21:	Five-Forces-Framework nach Porter	82
Abb. 22:	Drei generische Strategien nach Porter	89

Abb. 23:	Ressourcenbasiertes Modell nachhaltiger Wettbewerbsvorteile	95
Abb. 24:	SWOT-Analyse-Matrix	99
Abb. 25:	Wettbewerbsvorteile aus Sicht der diskutierten Theorien	111
Abb. 26:	Arbeiten zum allgemeinen Nachweis von Konvergenzprozessen	118
Abb. 27:	Wirkungsweise der Einflussfaktoren auf den Konvergenzverlauf	120
Abb. 28:	Branchen- und unternehmensspezifische Einflussfaktoren auf Konvergenzprozesse	126
Abb. 29:	Rentabilitätsverlauf für $\lambda_i < 0$ und $\lambda_i > 1$	137
Abb. 30:	Rentabilitätsverlauf für zwei Beispielunternehmen mit unterschiedlichen Werten für λ_i	138
Abb. 31:	Rentabilitätsverlauf für $0 \leq \lambda_i \leq 1$	140
Abb. 32:	Modelle zur Berücksichtigung individueller Effekte bei Paneldaten	142
Abb. 33:	Struktur des S&P GICS am Beispiel des Industriezweigs Getränke	156
Abb. 34:	Zusammensetzung der Stichprobe	157
Abb. 35:	Verlauf des jährlichen ROIC für die Unternehmen der Gesamtstichprobe	158
Abb. 36:	Ergebnisse des Durbin-Watson-Tests	161
Abb. 37:	Vergleich der Über- und Unterrendite nach Portfolio	164
Abb. 38:	Ergebnis der GMM-Schätzung für die Gesamtstichprobe	166
Abb. 39:	Konvergenzparameter nach Rendite zu Beginn des Untersuchungszeitraums	168
Abb. 40:	Beobachteter und modellierter Rentabilitätsverlauf für Clarins SA	170
Abb. 41:	Beobachteter und modellierter Rentabilitätsverlauf für Berkeley PLC	170
Abb. 42:	Beobachteter und modellierter Rentabilitätsverlauf für Heineken NV	171
Abb. 43:	Beobachteter und modellierter Rentabilitätsverlauf für Scottish Power PLC	171

Abb. 44: Durchschnittliche Widerstandsfähigkeit und langfristiges Rentabilitätsniveau nach Ländern 174

Abb. 45: Durchschnittliche Widerstandsfähigkeit und langfristiges Rentabilitätsniveau nach Sektoren 178

Abb. 46: Konvergenzverlauf der Sektoren IT, Nicht-Basiskonsumgüter und Roh-, Hilfs- und Betriebsstoffe im Vergleich 180

Abb. 47: Konvergenzparameter des Sektors Gesundheitswesen nach Industriegruppen 182

Abb. 48: Konvergenzparameter des Sektors Basiskonsumgüter nach Industriegruppen bzw. Industriezweigen 183

Abb. 49: Konvergenzparameter des Sektors Nicht-Basiskonsumgüter nach Industriegruppen 184

Abb. 50: Konvergenzparameter des Sektors Industrie nach Industriegruppen 185

Abb. 51: Konvergenzparameter des Sektors Roh-, Hilfs- und Betriebsstoffe nach Industriezweigen 187

Abb. 52: Konzept der Competitive Advantage Period (CAP) 194

Abb. 53: Berechnung der MICAP 196

Abb. 54: Detailplanungsphase für Wacker Chemie 197

Abb. 55: Entwicklung der Hauptwerttreiber in der ersten Restwertphase 199

Abb. 56: Berechnung des Werts pro Aktie für Wacker Chemie 200

Abb. 57: Entwicklung der Hauptwerttreiber bei abrupt abfallendem ROIC nach der Detailplanungsphase 203

Abb. 58: Drei Bedingungen für die Anwendbarkeit des MICAP-Konzepts 206

Abb. 59: Reaktion von MICAP und Multiplikatoren auf einen Anstieg des Aktienkurses um fünf Prozent 207

Abb. 60: Verlauf von Rentabilität und Wachstum des investierten Kapitals in der Restwertphase 209

Abb. 61: Reaktion der MICAP auf eine Änderung des Konvergenz-Zielwerts 210

Abb. 62: Reaktion der MICAP auf eine Änderung der Wachstumsrate 211

Abb. 63: Reaktion der MICAP auf eine Änderung des Wachstumsverlaufs 213

Abb. 64: Reaktion der MICAP auf eine Änderung des Rentabilitätsverlaufs 214

Abb. 65: Aktienkursentwicklung der Daimler AG 03.08.2007 bis 01.02.2008 222

Abb. 66: Für Bewertungsbeispiel verwendete Analystenreports zur Daimler AG 223

Abb. 67: Prognose von NOPLAT und freiem Cashflow für die Detailplanungsphase 225

Abb. 68: Prognose des investierten Kapitals 226

Abb. 69: Prognose des ROIC 227

Abb. 70: Schätzintervall für den Konvergenzverlauf des Daimler-ROIC 233

Abb. 71: Prognostizierte Entwicklung der Hauptwerttreiber von 2010 bis 2018 234

Abb. 72: Berechnung des Werts pro Aktie 236

Abb. 73: Bewertungsergebnisse der drei Szenarien im Vergleich 237

Abb. 74: Für MICAP-Berechnung verwendete Analystenreports 240

Abkürzungsverzeichnis

Abb.	Abbildung
ADAC	Allgemeiner Deutscher Automobil-Club
AG	Aktiengesellschaft
APV	Adjusted Present Value
BCG	Boston Consulting Group
BMW	Bayerische Motorenwerke
BRD	Bundesrepublik Deutschland
ca.	circa
CAP	Competitive Advantage Period
CAPM	Capital Asset Pricing Model
d. h.	das heißt
DAX	Deutscher Aktienindex
DCF	Discounted Cashflow
DF-Test	Dickey-Fuller-Test
DW-Statistik	Durbin-Watson-Statistik
e. V.	eingetragener Verein
EADS	European Aeronautic Defense and Space Company
EBIT	Earnings before Interest and Taxes
EBITDA	Earnings before Interest, Taxes, Depreciation and Amortization
et al.	et alii
etc.	et cetera
EUR	Euro

evtl.	eventuell
F&E	Forschung und Entwicklung
f.	folgende (Seite)
FCF	Freier Cashflow
FE-Modell	Fixed-Effects-Modell
ff.	folgende (Seiten)
FTE	Flow to Equity
GICS	Global Industry Classification Standard
GMM	Generalized Method of Moments
GUW	Gesamtunternehmenswert
Hrsg.	Herausgeber
IAS	International Accounting Standards
IFRS	International Financial Reporting Standards
i. d. R.	in der Regel
IDW	Institut der Wirtschaftsprüfer in Deutschland e. V.
IO	Industrial Organization
IT	Informationstechnologie
Jg.	Jahrgang
KQ-Methode	Kleinste-Quadrate-Methode
LSDV-Modell	Least-Squares-Dummy-Variable-Modell
MICAP	Market Implied Competitive Advantage Period
MICDP	Market Implied Competitive Disadvantage Period
Mio.	Millionen
Mrd.	Milliarden

No.	Number
NOPLAT	Net Operating Profit Less Adjusted Taxes
Nr.	Nummer
NV	Naamloze Vennootschap (niederländisches Äquivalent zur Aktiengesellschaft)
o. V.	ohne Verfasser
Pkw	Personenkraftwagen
PLC	Public Limited Company
PSA	Peugeot Société Anonyme
RE-Modell	Random-Effects-Modell
RIM	Residual Income Method
ROA	Return on Assets
ROE	Return on Equity
ROIC	Return on Invested Capital
ROTC	Return on Total Capital
RW	Restwert
S&P	Standard & Poor's
S.	Seite(n)
SA	Société Anonyme
S.D.	Standard Deviation
S.E.	Standard Error
SCP	Structure Conduct Performance
SO-Strategie	Strengths-Opportunities-Strategie
ST-Strategie	Strengths-Threats-Strategie
SWOT	Strengths, Weaknesses, Opportunities und Threats

TCF	Total Cash Flow
u. a.	unter anderem
UBS	United Bank of Switzerland
UK	United Kingdom
US	United States
USA	United States of America
UW	Unternehmenswert
vgl.	vergleiche
Vol.	Volume
WACC	Weighted Average Cost of Capital
WO-Strategie	Weaknesses-Opportunities-Strategie
WT-Strategie	Weaknesses-Threats-Strategie
z. B.	zum Beispiel

Symbolverzeichnis

a	Konvergenzfaktor mit $0 < a < 1$
E_t	Markteintritt von Wettbewerbern im Zeitpunkt t
EK	Marktwert des Eigenkapitals
FCF_t	Freier Cashflow in der Periode t
FK	Marktwert des Fremdkapitals
FTE_t	Flow to Equity der Periode t
g	Konstante Wachstumsrate des freien Cashflows im Gordon-Wachstumsmodell
g_{FCF}	Wachstumsrate des freien Cashflows
g_{IC}	Wachstumsrate des investierten Kapitals
g_{NOPLAT}	Wachstumsrate des NOPLAT
GUW	Gesamtunternehmenswert zum Bewertungsstichtag
H_0	Nullhypothese
H_1	Alternativhypothese
i	Untersuchungseinheit
IC_t	Investiertes Kapital am Ende von Periode t
IC_{t-1}	Investiertes Kapital zu Beginn von Periode t (bzw. am Ende von Periode t-1)
IR_t	Investitionsquote in Periode t
k_{WACC}	Gewichteter Kapitalkostensatz
n	Länge der Detailplanungsphase im Zwei-Phasenmodell
N	Anzahl der einbezogenen Untersuchungseinheiten
NI_t	Nettoinvestitionen in Periode t
$NOPLAT_t$	NOPLAT in Periode t
r_{EK}	Eigenkapitalkosten
r_{EK}^u	Eigenkapitalkosten bei reiner Eigenfinanzierung

r_{FK}	Fremdkapitalkosten
R_{it}	Standardisierte Rendite des Unternehmens i im Jahr t
R_{it-1}	Standardisierte Rendite des Unternehmens i im Vorjahr
R_i^{LT}	Langfristige standardisierte Rendite des Unternehmens i
$\overline{R}_{it}$	Durchschnittliche standardisierte Rendite über alle Unternehmen und Jahre
$\overline{R}_{it-1}$	Durchschnittliche standardisierte Vorjahresrendite über alle Unternehmen und Jahre
ΔR_{it}	Differenz der standardisierten Rendite eines Unternehmens von einem Jahr auf das folgende
$ROIC_{it}$	Rentabilität (Return on Invested Capital) des Unternehmens i im Jahr t
$ROIC_{t-1}$	Rentabilität der Vorperiode
$ROIC^{LT}$	Langfristiges Rentabilitätsniveau (einer Branche)
$\overline{ROIC}_t$	Durchschnittliche Rentabilität der Gesamtstichprobe im Jahr t
$\overline{ROIC}^{LT}$	Durchschnittliche, langfristige Rentabilität aller Unternehmen
RW_0	Restwert zum Bewertungsstichtag
RW_1	Teil des Unternehmenswerts, der im Drei-Phasen-Modell auf die erste Restwertphase entfällt, zum Bewertungsstichtag
RW_2	Teil des Unternehmenswerts, der im Drei-Phasen-Modell auf die zweite Restwertphase entfällt, zum Bewertungsstichtag
RW_n	Restwert zum Ende der Detailplanungsphase
s	Unternehmenssteuersatz
t	Periode
T	Anzahl der einbezogenen Zeitpunkte
TS_t	Tax Shield in Periode t
UW_{DP}	Unternehmenswert, der auf die Detailplanungsphase entfällt
x_{it}	Ausprägung der unabhängigen Variablen über alle i und t

y_{it}	Ausprägung der abhängigen Variablen über alle i und t
y_{it-1}	Ausprägung der abhängigen, verzögerten Variablen über alle i und t
α	Regressionskonstante
α_i	Unternehmensspezifische Regressionskonstante im Modell der partiellen Anpassung
α_s	Durchschnittlicher α_i-Wert einer Unterstichprobe
β	Koeffizientenvektor mit den Koeffizienten $\beta_1, \beta_2, ..., \beta_m$
γ_0	Effekt des Markteintritts E_t auf die Rendite eines Unternehmens
γ_1	Statistischer Kontrollparameter
δ_i	Im Zeitablauf konstanter Individualeffekt des Regressionskoeffizienten
ε_t	Statistische Störgröße
η_i	Im Zeitablauf konstanter Individualeffekt des Ordinatenabschnitts
θ_0	Permanenter Wettbewerbsvorteil eines Unternehmens
λ	Regressionskoeffizient für den verzögerten Term
λ_i	Unternehmensspezifische Widerstandsfähigkeit gegen Konvergenzprozesse im Modell der partiellen Anpassung
μ_{it}	Statistische Störgröße
υ_t	Statistische Störgröße
φ	Geschwindigkeit, mit der neue Wettbewerber durch kurzfristige Überrenditen angezogen werden

1 Einleitung

1.1 Problemstellung und Zielsetzung

Die Bewertung von Unternehmen gehört seit Langem zu den in Theorie und Praxis besonders intensiv diskutierten Gebieten der Betriebswirtschaftslehre.[1] Dabei hat die Bedeutung des Themas in den letzten Jahren deutlich an Aktualität gewonnen.[2] Dies liegt vor allem in einer gestiegenen Kapitalmarktorientierung der Unternehmen begründet, die dazu geführt hat, dass Fragen der Unternehmensbewertung mittlerweile für mehrere betriebswirtschaftliche Teildisziplinen, wie z. B. für die strategische Unternehmensführung, das Controlling oder die Rechnungslegung, eine hohe Relevanz besitzen.[3] Diese zunehmende Orientierung sämtlicher unternehmerischer Entscheidungen am Unternehmenswert wird auch mit dem Begriff „Shareholder-Value-Ansatz" betitelt.[4] Mit dieser Bezeichnung wird unterstellt, dass strategische Maßnahmen, die den Marktwert des Eigenkapitals steigern, im Interesse der Anteilseigner liegen.[5]

Darüber hinaus wird in der Literatur auf die hohe Zahl an Unternehmenstransaktionen verwiesen, die eine Bewertung der Eigentumsrechte an Unternehmen erfordern.[6] So hat der Markt für Fusionen und Übernahmen – *Mergers and Acquisitions (M&A)* – in Deutschland seit dem Ende der achtziger Jahre eine rasante Entwicklung zu verzeichnen, was zur Entstehung einer M&A-Branche beigetragen hat, die heutzutage bei vielen Unternehmenstransaktionen kaum noch wegzudenken ist.[7] In diesem Zusammenhang ist außerdem festzustellen, dass Fusionen, Beteiligungen und strategische Alli-

---

[1] Vgl. etwa Wagner (2008), S. 1; Zimmermann/Prokop (2003), S. 134; Baetge/Niemeyer/ Kümmel (2005), S. 268 oder Coenenberg/Schultze (2002a), S. 598.

[2] Vgl. Drukarczyk/Schüler (2007), S. 1.

[3] Vgl. Coenenberg (2003), S. 26 f.

[4] Vgl. Steiner/Wallmeier (1999), S. 1 sowie grundlegend zum Shareholder Value Rappaport (1998).

[5] Vgl. Baetge/Niemeyer/Kümmel (2005), S. 268.

[6] Vgl. Drukarczyk/Schüler (2007), S. 1 und Wiechers (2005), S. 459.

[7] Vgl. Hölters (2005), S. 14.

anzen sowie der Kauf und Verkauf von Unternehmen oder Unternehmensteilen mittlerweile einen festen Bestandteil der Strategie insbesondere großer Unternehmen darstellen.[8] In letzter Zeit gewinnt die Unternehmensbewertung in Europa zudem aufgrund neuer, seit 2005 für alle kapitalmarktorientierten europäischen Unternehmen verbindlicher Bilanzierungsvorschriften immer mehr an Bedeutung, beispielsweise im Rahmen des *Impairment Tests*, der nach IFRS bzw. IAS durchzuführen ist, um die Werthaltigkeit des Goodwills zu überprüfen.[9]

Die zunehmende Relevanz der Unternehmensbewertung hat dazu geführt, dass Wissenschaftler und Praktiker gleichermaßen verstärkt ihre Aufmerksamkeit den unterschiedlichen Methoden zur Bewertung von Unternehmen widmen. Dabei herrscht weitgehend Einigkeit darüber, dass der Unternehmenswert grundsätzlich als Zukunftserfolgswert zu berechnen ist.[10] Unter den zukunftsorientierten Bewertungsverfahren hat sich das Discounted-Cashflow-Verfahren (DCF-Verfahren) als Standardmethode durchgesetzt.[11] Im Rahmen des DCF-Verfahrens wird der Unternehmenswert ermittelt, indem die zukünftig zu erwartenden Einzahlungsüberschüsse des Unternehmens auf einen Bewertungsstichtag diskontiert werden. Geht man von einer unbegrenzten Lebensdauer des Unternehmens aus, sind diese Einzahlungsüberschüsse für einen unendlichen Zeitraum zu planen.[12] Dabei ergibt sich das Problem, dass besonders die weit in der Zukunft liegenden Einzahlungsüberschüsse mit Unsicherheit behaftet sind, sodass eine zuverlässige Prognose

---

[8] Vgl. Peemöller (2003), S. 5.
[9] Vgl. Mandl/Rabel (2005), S. 50 und Ulbricht (2004), S. 323-328.
[10] Vgl. Wagner (2008), S. 3; Peemöller (2005b), S. 29 und Coenenberg/Schultze (2002b), S. 702.
[11] Vgl. Koller/Goedhart/Wessels (2005), S. 103; Bausch/Pape (2005), S. 474; Streitferdt (2003), S. 273; Cheridito/Schneller (2004), S. 735; Born (2003), S. 75 oder Pellens/Tomaszewski/Weber (2000), S. 1827.
[12] Vgl. Aders/Schröder (2004), S. 99.

mit zunehmendem zeitlichen Abstand der Einzahlungsüberschüsse vom Bewertungsstichtag immer schwieriger wird.[13]

Aufgrund dieser Prognoseproblematik wird der Bewertungszeitraum üblicherweise in mehrere Phasen eingeteilt. Während sich die Einzahlungsüberschüsse der ersten drei bis fünf Jahre noch sehr differenziert planen lassen, beispielsweise unter Zuhilfenahme der Geschäftsplanung des zu bewertenden Unternehmens,[14] werden die Cashflows der Folgejahre zumeist auf Basis von Pauschalannahmen geschätzt und zu einem Restwert verdichtet.[15] Dieser Restwert macht allerdings i. d. R. deutlich über die Hälfte des gesamten Unternehmenswerts aus und kann bei Wachstumsunternehmen mit anfänglich negativen Cashflows sogar über 100 Prozent des Unternehmenswerts betragen.[16] Damit beruht der gesamte Wert des Unternehmens wesentlich auf den getroffenen Pauschalannahmen und damit letztendlich auf einem groben Schätzwert.

Die Rentabilität des zu bewertenden Unternehmens stellt einen der Haupteinflussfaktoren auf die Höhe des Restwerts dar.[17] Sie ist ein Indikator für die Wettbewerbsvorteile, über die das zu bewertende Unternehmen verfügt, und drückt seine Fähigkeit aus, Jahr für Jahr zusätzlichen Wert zu schaffen.[18] Trifft man für die Entwicklung der Rentabilität in der Restwertphase Pauschalannahmen, kann dies mitunter zu einer erheblichen Verfälschung des Bewertungsergebnisses führen. Zudem sind diese Annahmen für den Betrachter häufig nicht transparent, da sie von den üblichen Modellen zur Restwertermittlung lediglich implizit erfasst werden.

---

[13] Vgl. Peemöller (2001), S. 1405.
[14] Vgl. Aders/Schröder (2004), S. 99.
[15] Vgl. Henselmann (2000), S. 151 und Wagner (2008), S. 53.
[16] Vgl. etwa Koller/Goedhart/Wessels (2005), S. 271 f.; Bausch/Pape (2005), S. 474 f. oder Albrecht (2004), S. 732.
[17] Vgl. Koller/Goedhart/Wessels (2005), S. 62 f.
[18] Vgl. Damodaran (2002), S. 290 und Rappaport (1998), S. 41.

Die vorliegende Arbeit soll einen Beitrag zur Verbesserung der Restwertermittlung auf Basis fundierter Annahmen für die Rentabilität leisten. Die Zielsetzung der Arbeit besteht darin, durch die Untersuchung des langfristigen Rentabilitätsverlaufs europäischer Unternehmen und die Bestimmung empirisch fundierter Modellparameter die pauschale „Restwertschätzung" zu verfeinern und somit ein differenzierteres Ergebnis bei der Unternehmensbewertung zu ermöglichen. Dabei soll zum einen der historische Rentabilitätsverlauf europäischer Unternehmen mithilfe eines geeigneten statistischen Verfahrens analysiert werden. Diese Analyse soll branchenspezifisch erfolgen, um die Unterschiede, die zwischen Unternehmen verschiedener Branchen bestehen, bei der Prognose im Rahmen der Unternehmensbewertung berücksichtigen zu können. Zum anderen soll die Möglichkeit einer Prognose des langfristigen Rentabilitätsverlaufs auf der Basis von Marktdaten diskutiert werden. Dieser Betrachtungsweise liegt die Annahme zugrunde, dass der Marktwert die Erwartungen der Marktteilnehmer hinsichtlich der zukünftigen Entwicklung des Unternehmens adäquat widerspiegelt. Abschließend soll aufgezeigt werden, wie sich die Untersuchungsergebnisse in ein Bewertungsmodell überführen lassen.

1.2 Stand der Forschung

In der einschlägigen Literatur zur Unternehmensbewertung fristet der Restwert „i. d. R. ein recht stiefmütterliches Dasein".[19] Einige Autoren widmen sich allerdings in letzter Zeit vermehrt dem Thema Restwert im Speziellen und liefern zum Teil erste Ansätze zur Überwindung der eingangs skizzierten Problematik.

HENSELMANN legt dar, wie die Pauschalannahmen in Bezug auf die Wachstumsrate der Einzahlungsüberschüsse in explizite Modellparameter umgewandelt werden können und geht auf die Anlagenstruktur des zu bewerten-

---

[19] Henselmann (2000), S. 151.

den Unternehmens, auf unterschiedliche Investitionszyklen sowie auf Wachstum bei umsatzabhängigen Beständen ein.[20] ALBRECHT diskutiert verschiedene Möglichkeiten zur plausiblen Festsetzung der Wachstumsrate im Modell der ewigen Rente.[21] Er untersucht dazu Inflation, reales Wirtschaftswachstum und unternehmensspezifisches Wachstum als Hauptbestandteile der Wachstumsrate und kommt zu dem Schluss, „dass das langfristige (nominale) Wachstumspotenzial in Deutschland bei 1,5 bis 3 Prozent liegen dürfte, wenn eine Inflationsrate von 1 bis 2 Prozent zugrunde gelegt wird."[22]

BAUSCH und PAPE geben einen umfassenden Überblick über die verschiedenen Verfahren zur Restwertermittlung und stellen die Anwendung dieser Verfahren anhand von Beispielunternehmen aus verschiedenen Branchen dar.[23] Sie kommen zu dem Ergebnis, dass ein Drei-Phasen-Modell – bestehend aus einer Detailplanungsphase, einer ersten Restwertphase („Überrenditephase") und einer zweiten Restwertphase – gegenüber dem üblicherweise angewandten Zwei-Phasen-Modell vorzuziehen ist.[24] ADERS und SCHRÖDER behandeln eine Reihe von Annahmen und praktischen Problemen, die mit dem Modell der ewigen Rente zur Ermittlung des Restwerts verbunden sind.[25] Sie thematisieren dabei u. a. die strategische Analyse, der eine entscheidende Rolle bei der korrekten Ermittlung der relevanten Unternehmenswerttreiber zukommt, und diskutieren ebenfalls die Anwendung eines Drei-Phasen-Modells für den Fall, dass der Horizont des Detailplanungszeitraums nicht ausreicht, um den Übergang in einen Gleichgewichtszustand abzubilden.[26]

---

[20] Vgl. Henselmann (2000).
[21] Vgl. Albrecht (2004).
[22] Albrecht (2004), S. 740.
[23] Vgl. Bausch/Pape (2005).
[24] Vgl. Bausch/Pape (2005), S. 483. Ähnlich wie Bausch und Pape verweist auch Peemöller auf die Vorzüge eines Drei-Phasen-Modells, vgl. Peemöller (2001), S. 1405.
[25] Vgl. Aders/Schröder (2004).
[26] Vgl. Aders/Schröder (2004), S. 107-109.

MOSER verdeutlicht, dass der Restwert nicht unerheblich durch die nach der Detailplanungsphase erforderlichen Investitionen bestimmt wird. Er argumentiert, dass es angesichts einer in vielen Fällen heterogenen Struktur des Anlagevermögens zu Beginn der Restwertphase nicht möglich ist, den Wert der Abschreibungen aus dem letzten Jahr des Detailplanungszeitraums fortzuschreiben. Vielmehr muss in einem solchen Fall das Anlagevermögen des Unternehmens detailliert analysiert und sein Reinvestitionszyklus bestimmt werden.[27] STREITFERDT untersucht, welche Annahmen bei Verwendung des Modells der ewigen Rente mit konstantem Wachstum implizit im Hinblick auf das Finanzierungsverhalten in der Restwertphase getroffen werden. Er demonstriert für zwei Varianten des DCF-Verfahrens, wie diese impliziten Finanzierungsannahmen bei der Bewertung berücksichtigt werden müssen, damit beide Varianten zu identischen Ergebnissen führen.[28]

Sehr ausführlich widmet sich STELLBRINK in seiner Dissertation der Restwertproblematik.[29] Der Schwerpunkt seiner Arbeit liegt auf der Analyse des Modells der ewigen Rente und seiner Komponenten. Er zeigt auf, dass Wachstum und Nettoinvestitionen nicht unabhängig voneinander betrachtet werden dürfen, dass die Höhe des Restwerts maßgeblich von der gewählten Finanzierungsprämisse beeinflusst wird und dass das Modell der ewigen Rente in aller Regel nur in modifizierter Form verwendet werden kann, da die Prämissen einer konstanten Wachstumsrate der finanziellen Überschüsse und einer konstanten Kapitalstruktur im Restwertzeitraum zumeist nicht erfüllt sind. Auch LOBE befasst sich in seiner Dissertationen mit der Restwertthematik.[30] Er untersucht dabei eine Vielzahl von Bewertungsmodellen auf die Frage, wie operatives Geschäft und Kapitalstruktur geplant werden können und welchen Einfluss Unsicherheit und Steuern auf diese Pläne haben.

---

[27] Vgl. Moser (2002).
[28] Vgl. Streitferdt (2003).
[29] Vgl. Stellbrink (2005).
[30] Vgl. Lobe (2006).

Die Verwendung empirischer Erkenntnisse zur differenzierten Prognose der langfristigen Rentabilitätsentwicklung wird bislang erst in wenigen Veröffentlichungen thematisiert. Das Bewertungsmodell der Unternehmensberatung BOSTON CONSULTING GROUP (BCG) unterstellt für die Rentabilität einen Konvergenzverlauf bis auf das Niveau der Kapitalkosten.[31] Zu den entsprechenden Annahmen wird lediglich angemerkt, dass sie sich „auf der Basis empirischer Untersuchungen nachweisen"[32] lassen. Neben der pauschalen Annahme eines Konvergenzverlaufs bis auf das Niveau der Kapitalkosten geht das Modell von einer einheitlichen Konvergenzrate für sämtliche zu bewertenden Unternehmen aus. So werden beispielsweise unternehmensspezifische Wettbewerbsvorteile, die zu einer Abweichung vom unterstellten Konvergenzverlauf führen können, nicht berücksichtigt.[33]

KOLLER, GOEDHART und WESSELS präsentieren in ihrem Lehrbuch ein „General pattern for ROIC over time" zur Beschreibung von häufig anzutreffenden Rentabilitätsverläufen bei Ein-Produkt-Unternehmen, welchem ebenfalls die Annahme zugrunde liegt, dass die Rentabilität eines Unternehmens durch verstärkte Wettbewerbsaktivitäten auf Dauer gegen seine Kapitalkosten konvergiert.[34] Zur Überprüfung dieser Annahme untersuchen KOLLER, GOEDHART und WESSELS die Rentabilität von über 5.000 US-amerikanischen Unternehmen. Sie können Konvergenzprozesse nachweisen, stellen aber fest, dass Unternehmen mit einer besonders hohen Rentabilität auch nach 15 Jahren noch nicht vollständig konvergiert sind und nach wie vor eine überdurchschnittlich hohe Rentabilität aufweisen.[35] Sie kommen außerdem zu dem Ergebnis, dass sowohl hinsichtlich der durchschnittlichen Rentabilität als auch bezüglich der Konvergenzgeschwindigkeit deutliche Branchenunterschiede

---

[31] Vgl. BCG (2002, Hrsg.), S. 75 f. und Lewis (1994), S. 109-117.
[32] Lewis (1994), S. 112.
[33] Vgl. hierzu auch Lehmann (1994), S. 185.
[34] Vgl. Koller/Goedhart/Wessels (2005), S. 135 f.
[35] Vgl. Koller/Goedhart/Wessels (2005), S. 151.

bestehen.[36] Eine unmittelbare Verbindung der empirischen Ergebnisse zum Bewertungsmodell erfolgt bei KOLLER, GOEDHART und WESSELS jedoch nicht.

WEILER entwickelt in seiner Dissertation ein heuristisches Prognosemodell zur Bestimmung des langfristigen Rentabilitätsverlaufs,[37] welches ebenfalls auf der Annahme basiert, dass die Rentabilität des zu bewertenden Unternehmens langfristig gegen die Kapitalkosten konvergiert.[38] Dabei führt WEILER keine eigene empirische Untersuchung durch, sondern nutzt die Erkenntnisse aus vergangenen Studien zur Entwicklung seines Modells, mit dessen Hilfe eine unternehmensindividuelle Anpassung bei der Modellierung des langfristigen Rentabilitätsverlaufs erreicht werden soll. Als Basis für den im Prognosemodell unterstellten Konvergenzverlauf greift er auf eine Untersuchung zum langfristigen Rentabilitätsverlauf britischer Unternehmen von GODDARD und WILSON zurück, die sich auf den Zeitraum von 1972 bis 1991 bezieht.[39] Weiler entwickelt ein normatives Modell in Form eines Punktbewertungsverfahrens, mit dem der von GODDARD und WILSON ermittelte durchschnittliche Konvergenzverlauf unter Zuhilfenahme strategischer Variablen unternehmensindividuell angepasst werden kann.

Einen gänzlich anderen Ansatz stellt das Konzept der *Market Implied Competitive Advantage Period (MICAP)* von MAUBOUSSIN und JOHNSON dar.[40] Dabei wird der Zeitraum, in dem ein Unternehmen voraussichtlich über Wettbewerbsvorteile verfügt und eine überdurchschnittliche Rentabilität aufweist, anhand des aktuellen Marktwerts des Unternehmens bestimmt. Dieses Konzept bietet die Möglichkeit, die Prognose des langfristigen Rentabilitätsverlaufs auf Basis der historischen Entwicklung um eine zukunftsorientierte Perspektive zu erweitern. Die MICAP wird zwar in mehreren wissenschaftlichen

---

[36] Vgl. Koller/Goedhart/Wessels (2005), S. 147 f.
[37] Vgl. Weiler (2005), S. 140 ff.
[38] Vgl. Weiler (2005), S. 183.
[39] Vgl. Goddard/Wilson (1999), S. 684 sowie Weiler (2005), S. 111 und 182.
[40] Vgl. Mauboussin/Johnson (1997).

Beiträgen zur Unternehmensbewertung erwähnt,[41] allerdings existiert nach Kenntnis des Autors bislang keine Untersuchung hinsichtlich der praktischen Anwendbarkeit dieses Konzepts für die Unternehmensbewertung.

Insgesamt kann festgehalten werden, dass sich die Veröffentlichungen zur Restwertthematik im Speziellen zumeist unterschiedlichen Teilproblemen widmen, die aus einer Bewertung auf der Grundlage von Pauschalannahmen resultieren. Die Zielsetzung, die Prognosegüte der Rentabilität im Restwertzeitraum durch die Verwendung empirischer Erkenntnisse zum langfristigen Rentabilitätsverlauf zu verbessern, wird bislang lediglich in der Arbeit von Weiler verfolgt. Kritisch ist dabei vor allem anzumerken, dass der im Modell von Weiler verwendete Basiswert einen Rentabilitätsdurchschnitt über sämtliche Branchen darstellt, wodurch erneut eine starke Pauschalisierung vorgenommen wird. Zudem wurde dieser Durchschnittswert in einer Untersuchung ermittelt, die sich ausschließlich auf britische Unternehmen bezieht.

Im Rahmen der vorliegenden Arbeit erfolgt eine eigene empirische Untersuchung, die Unternehmen aus sämtlichen großen europäischen Ländermärkten umfasst. Die Analyse wird für verschiedene Branchen durchgeführt, um den langfristigen Rentabilitätsverlauf auf Basis branchenspezifischer Modellparameter prognostizieren zu können. Nach Kenntnis des Autors existiert bislang noch keine Untersuchung, die die Zielsetzung einer differenzierteren Restwertermittlung mithilfe branchenspezifischer Parameter für europäische Unternehmen verfolgt. Die vorliegend Arbeit verbindet zudem die historische Perspektive mit einer zukunftsgerichteten Betrachtung, indem untersucht wird, inwieweit das MICAP-Konzept in die Prognose des langfristigen Rentabilitätsverlaufs integriert werden kann. Die Ausführungen zum Stand der Forschung verdeutlichen, dass dieses Konzept bislang zwar in einigen wissenschaftlichen Beiträgen zur Unternehmensbewertung erwähnt wird, dass

---

[41] Vgl. etwa Rappaport/Mauboussin (2001), S. 74; Damodaran (2002), S. 308 oder Aders/Schröder (2004), S. 109.

jedoch noch keine Untersuchung hinsichtlich der praktischen Anwendbarkeit des MICAP-Konzepts für die Unternehmensbewertung besteht.

1.3 Vorgehensweise

Der Aufbau der vorliegenden Arbeit ist in Abb. 1 dargestellt. Sie beginnt mit einer theoretischen Fundierung. In Kapitel 2 werden zunächst die relevanten Grundlagen zur Unternehmensbewertung und zur Restwertermittlung diskutiert. Zudem werden die Pauschalannahmen untersucht, die in Bezug auf die wesentlichen Werttreiber für den Restwertzeitraum üblicherweise getroffen werden. Dabei liegt der Schwerpunkt auf den Annahmen zur Rentabilität. Anschließend werden mehrere Modelle aufgezeigt, mit denen sich verschiedene Annahmen im Hinblick auf die langfristige Entwicklung von Rentabilität und Wachstumsrate rechnerisch abbilden lassen.

Kapitel 3 liefert die theoretische Fundierung der Konvergenzverläufe des Werttreibers Rentabilität, die im Rahmen der empirischen Untersuchung unterstellt werden. Dabei spielt einerseits das neoklassische Marktmodell als Ausgangspunkt für Konvergenzprozesse eine wichtige Rolle, andererseits wird auf mehrere Theorien eingegangen, mit denen in der strategischen Managementforschung Wettbewerbsvorteile begründet werden und die im Rahmen der vorliegenden Arbeit die theoretische Erklärungsgrundlage für die Widerstandsfähigkeit von Unternehmen gegen Konvergenzprozesse bilden.

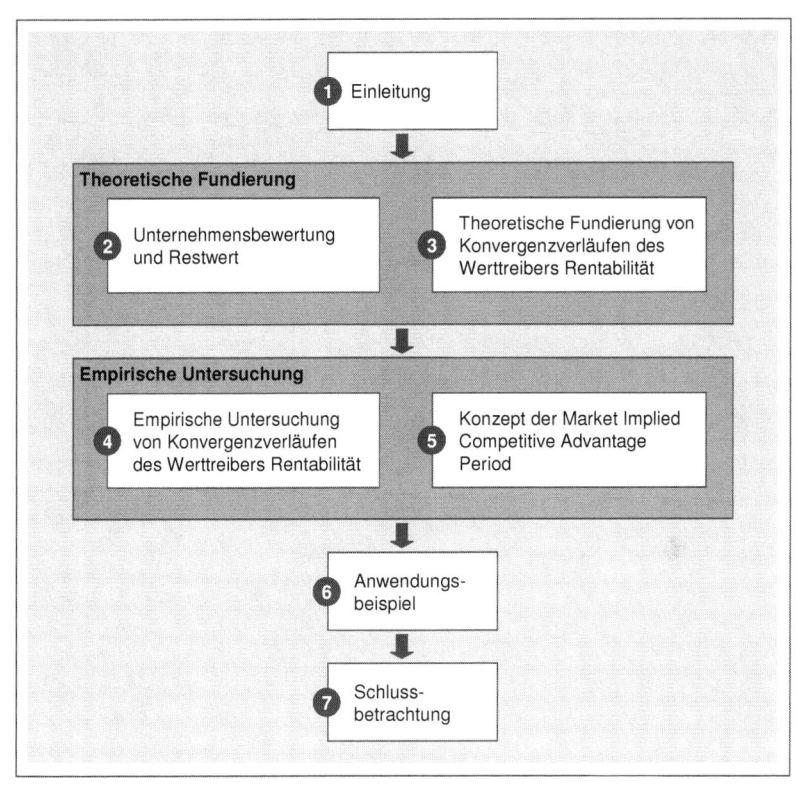

Abb. 1: Aufbau der Arbeit

Im Anschluss an die theoretische Fundierung erfolgt die empirische Untersuchung. In Kapitel 4 wird der historische Rentabilitätsverlauf europäischer Unternehmen mithilfe eines autoregressiven Modells analysiert. Die Untersuchung ist angelehnt an Forschungsarbeiten aus dem Bereich des strategischen Managements, die in der Literatur unter der Bezeichnung „Persistence of Profits" geläufig sind. Ausgehend von der Annahme, dass Über- und Unterrenditen einzelner Unternehmen Konvergenzprozessen unterliegen, sollen für verschiedene Branchen Parameter ermittelt werden, die diese Konvergenzprozesse abbilden und somit eine branchenspezifische Prognose des zukünftigen Rentabilitätsverlaufs ermöglichen.

In Kapitel 5 wird die Betrachtung der historischen Entwicklung langfristiger Rentabilitätsverläufe um eine zukunftsgerichtete, marktbasierte Perspektive erweitert. Dabei steht das MICAP-Konzept von MAUBOUSSIN und JOHNSON im Mittelpunkt der Betrachtung. Es wird untersucht, inwiefern sich das Konzept als Modellparameter für die Unternehmensbewertung eignet. Den Schwerpunkt dieser Analyse bildet die Reaktion der MICAP auf Änderungen der zugrunde liegenden Modellprämissen.

Kapitel 6 widmet sich schließlich der Anwendung der gewonnenen Erkenntnisse in der Unternehmensbewertung. Anhand eines Bewertungsbeispiels wird dargelegt, wie sich die empirisch ermittelten branchenspezifischen Rentabilitätsverläufe zur Prognose eines unternehmensindividuellen Verlaufs verwenden lassen. Außerdem wird auf die Möglichkeiten zur Plausibilisierung dieser Prognose mit Hilfe des MICAP-Konzepts eingegangen. Die Arbeit endet mit einer Schlussbetrachtung (Kapitel 7), in der die wesentlichen Ergebnisse zusammengefasst werden.

2 Unternehmensbewertung und Restwert

2.1 Grundlagen der Unternehmensbewertung

2.1.1 Theoretische Rahmenbedingungen

2.1.1.1 Bewertungsanlässe

Für die Durchführung einer Unternehmensbewertung gibt es eine Vielzahl von Anlässen, sodass eine Systematisierung dieser Anlässe zweckmäßig erscheint. Dabei hat sich in der Literatur die Unterscheidung zwischen entscheidungsabhängigen und entscheidungsunabhängigen Anlässen durchgesetzt.[1] Entscheidungsabhängige Anlässe liegen vor, wenn eine Änderung in der Zusammensetzung der Eigentümer stattfindet bzw. geplant ist. Diese Änderung ist bei entscheidungsunabhängigen Anlässen nicht gegeben.

Darüber hinaus lassen sich die Anlässe der Unternehmensbewertung in dominierte und nicht dominierte Situationen aufteilen.[2] Bei dominierten Situationen kann eine Partei die Änderung in der Eigentümerzusammensetzung bzw. den Anstoß für die Bewertungssituation auch gegen den Willen der anderen Partei durchsetzen, während diese Änderung bei nicht dominierten Situationen nur durch den Willen und die Mitwirkung aller beteiligten Parteien zustande kommen kann.[3] Häufig wird diese Unterscheidung in dominierte und nicht dominierte Anlässe lediglich für die entscheidungsabhängigen Anlässe getroffen.[4] Dabei ist es durchaus sinnvoll, diese Trennung auch für entscheidungsunabhängige Anlässe vorzunehmen, da hier ebenfalls sowohl dominierte Situationen, wie z. B. Sanierungsmaßnahmen oder Kreditwürdigkeits-

---

[1] Vgl. Künnemann (1985), S. 59; Ballwieser/Leuthier (1986), S. 546; Serfling/Pape (1995a), S. 808; Schultze (2003), S. 5 f.; Born (2003), S. 1 und Drukarczyk/Schüler (2007), S. 94. Mandl/Rabel unterscheiden analog zwischen transaktionsbezogenen und nicht transaktionsbezogenen Anlässen, vgl. Mandl/Rabel (1997), S. 13 f.

[2] Einige Autoren unterscheiden darüber hinaus in Anlässe vom Typ Kauf/Verkauf und in Anlässe vom Typ Fusion, vgl. Matschke (1979), S. 30; Künnemann (1985), S. 59 sowie Ballwieser/Leuthier (1986), S. 546. Weitere Klassifikationsmöglichkeiten finden sich außerdem bei Matschke/Brösel (2006), S. 76.

[3] Vgl. Ballwieser/Leuthier (1986), S. 546; Matschke (1979), S. 31-34 und Pape (2004), S. 43.

[4] Vgl. z. B. Künnemann (1985), S. 59; Ballwieser/Leuthier (1986), S. 546; Mandl/Rabel (1997), S. 13 f. oder Matschke/Brösel (2006), S. 76.

prüfungen, als auch nicht dominierte Situationen vorliegen können. Nicht dominierte, entscheidungsunabhängige Anlässe erfolgen zumeist auf eigenständige unternehmerische Initiative, beispielsweise im Rahmen einer wertorientierten Unternehmensführung.[5] Die Systematisierung der verschiedenen Anlässe einer Unternehmensbewertung sowie einige Beispiele je Kategorie sind in Abb. 2 dargestellt.

	(Potenzielle) Änderung der Eigentümerverhältnisse (entscheidungsabhängig)	Keine Änderung der Eigentümerverhältnisse (entscheidungsunabhängig)
Abhängig vom Willen der Eigentümer (nicht dominiert)	• Kauf oder Verkauf von Unternehmen bzw. Unternehmensanteilen • Verschmelzung von Unternehmen • Eintritt von Gesellschaftern in bestehende Unternehmen • Unternehmensgründung mit Einbringung • Börseneinführung bzw. Kapitalerhöhung	• Ermittlung des ökonomischen Gewinns • Buchwertermittlung • Wertorientierte strategische Planung • Wertorientierte Vergütung von Managern
Unabhängig vom Willen der Eigentümer (dominiert)	• Ausscheiden von Personengesellschaftern • Abfindung von Minderheitsgesellschaftern in bar oder in eigenen Aktien • Enteignung, Vergesellschaftung	• Sanierung • Kreditwürdigkeitsprüfung • Steuererklärung

Abb. 2: Anlässe der Unternehmensbewertung
Quelle: Pape 2004, S. 44.

2.1.1.2 Funktionale Unternehmensbewertung

Das seit Mitte der siebziger Jahre als „Status quo der Unternehmensbewertung"[6] geltende Paradigma der funktionalen Unternehmensbewertung geht davon aus, dass sich durch die oben beschriebene Vielzahl an Bewertungs-

---

[5] Vgl. hierzu auch Siepe (2002), S. 9; Schultze (2003), S. 6 f.; Pape (2004), S. 43 f. und Drukarczyk/Schüler (2007), S. 94.

[6] Pape (2004), S. 47.

anlässen unterschiedliche Funktionen ergeben, die die Unternehmensbewertung erfüllt.[7] Demnach gibt es nicht den einzig richtigen Unternehmenswert, dieser ist vielmehr in Abhängigkeit von der jeweiligen Funktion bzw. der Zwecksetzung des konkreten Bewertungsanlasses zu ermitteln.[8] Es wird daher auch von einer „Zweckadäquanz" der funktionalen Unternehmensbewertung gesprochen.[9]

In der Literatur existieren unterschiedliche Vorschläge zur Systematisierung der Bewertungsfunktionen.[10] Besonders zweckmäßig erscheint eine Unterteilung in Haupt- und Nebenfunktionen,[11] da diese beiden Kategorien sich aus den zuvor skizzierten Anlässen der Unternehmensbewertung ergeben. So beziehen sich die Hauptfunktionen der Unternehmensbewertung auf entscheidungsabhängige Bewertungsanlässe, während die Nebenfunktionen entscheidungsunabhängige Anlässe betreffen.[12]

Es werden im Allgemeinen drei Hauptfunktionen unterschieden: die Entscheidungs-, Vermittlungs- und Argumentationsfunktion.[13] Die *Entscheidungsfunktion* – auch als „Beratungsfunktion" bezeichnet[14] – zielt darauf ab, in Situationen, in denen eine konkrete Entscheidung (z. B. der Kauf eines

---

[7] Vgl. Matschke/Brösel, 2006, S. 22 f. Die funktionale Unternehmensbewertung geht zurück auf die „Kölner Schule", die mit den Arbeiten von Münstermann (1966), Jaensch (1966), Engels (1962), Busse von Colbe (1957), Sieben (1962 und 1977) und Matschke (1975) verbunden ist, vgl. Peemöller (2005a), S. 7. In der Literatur wird auch häufig von „Zweck" oder „Aufgabe" der Unternehmensbewertung gesprochen, wobei sich diese Begriffe weitestgehend synonym verwenden lassen.

[8] Vgl. Moxter (1983), S. 6 und Coenenberg/Schultze (2002a), S. 599.

[9] Vgl. Moxter (1983), S. 6 und Ballwieser (2007), S. 1.

[10] Für eine Übersicht vgl. Ballwieser (2007), S. 1.

[11] Vgl. Sieben (1983), S. 539 f.; Serfling/Pape (1995a), S. 811; Peemöller (2005a), S. 8; Born (2003), S. 22 und Matschke/Brösel (2006), S. 23.

[12] Vgl. Matschke (1979), S. 17 und Matschke/Brösel (2006), S. 23 f. Matschke/Brösel vermeiden den Begriff „entscheidungsunabhängig", da auch eine Bewertung im Rahmen der Nebenfunktion Entscheidungen nach sich ziehen kann.

[13] Darüber hinaus wird vom IDW noch die Funktion des neutralen Gutachters abgegrenzt, vgl. Wagner (2008), S. 8 f.

[14] Vgl. Ballwieser/Leuthier (1986), S. 546; Mandl/Rabel (1997), S. 17; Hering (1999), S. 3.; Peemöller (2005a), S. 8 und Pape (2004), S. 47.

Unternehmens) ansteht, Grundlagen für eine möglichst rationale Entscheidung zu liefern.[15] Ziel ist die Ermittlung eines Grenzpreises für potenzielle Käufer und Verkäufer, der höchstens so hoch sein darf, dass sich die Transaktion gerade noch lohnt (Preisobergrenze für den Käufer) bzw. der mindestens verlangt werden muss, damit sich die Transaktion überhaupt lohnt (Preisuntergrenze für den Verkäufer).[16] Dementsprechend ist der Grenzpreis, der gemäß seiner Funktion auch als „Entscheidungswert" bezeichnet wird,[17] ein subjektiver Wert.[18] Er sollte aus verhandlungstechnischen Gründen der jeweils anderen Partei nicht bekannt sein.[19]

Im Rahmen der *Vermittlungsfunktion* wird mithilfe der Unternehmensbewertung ein Preis bestimmt, der als Kompromiss zwischen den unterschiedlichen Interessen der Beteiligten aufzufassen ist.[20] Voraussetzung für die erfolgreiche Ermittlung des sogenannten Arbitriumwerts ist die Kenntnis der Entscheidungswerte beider Verhandlungspartner. Nur wenn der Grenzpreis des Käufers über dem Grenzpreis des Verkäufers liegt, existiert ein potenzieller „Einigungsbereich" und die Ermittlung des Arbitriumwerts ist möglich.[21]

Als dritte Hauptfunktion gilt die *Argumentationsfunktion*. Demnach wird ein Unternehmenswert („Argumentationswert") bestimmt, der als Instrument in Verhandlungen eingesetzt werden kann und darauf abzielt, das Erreichen eines gewünschten Verhandlungsergebnisses bestmöglich zu unterstützen.[22] Die Bestimmung eines solchen Argumentationswerts setzt sowohl die Kenntnis des eigenen Entscheidungswerts als auch begründete Vermutungen über

---

[15] Vgl. Matschke/Brösel (2006), S. 50.
[16] Vgl. Moxter (1983), S. 9; Pape (2004), S. 48; Born (2003), S. 22 und Peemöller (1993), S. 409.
[17] Vgl. Matschke/Brösel (2006), S. 50.
[18] Vgl. Drukarczyk/Schüler (2007), S. 102.
[19] Vgl. Born (2003), S. 22.
[20] Vgl. Matschke/Brösel (2006), S. 50 und Börner (1980), S. 115.
[21] Vgl. Peemöller (1993), S. 409 f.; Born (2003), S. 23 und Pape (2004), S. 48.
[22] Vgl. Matschke/Brösel (2006), S. 51; Mandl/Rabel (1997), S. 22; Born (2003), S. 24; Coenenberg/Schultze (2002a), S. 599 und Ballwieser/Leuthier (1986), S. 547.

den Entscheidungswert der anderen Partei voraus. Der Argumentationswert sollte so gewählt sein, dass der Abstand zum eigenen Entscheidungswert möglichst hoch ist, um den eigenen Vorteil aus der Transaktion zu maximieren, sich aber gleichzeitig noch innerhalb des Einigungsbereichs befinden, damit eine Einigung überhaupt erzielt werden kann.[23]

Zusätzlich zu den Hauptfunktionen der Unternehmensbewertung existieren eine Reihe von Nebenfunktionen. Im Gegensatz zu den Hauptfunktionen stellen diese jedoch keinen abgeschlossenen Katalog dar, sondern sind eher exemplarisch zu verstehen.[24] Zu den Nebenfunktionen zählen die Kommunikations- oder Bilanzfunktion, die Steuerbemessungsfunktion[25] sowie die Vertragsgestaltungsfunktion.[26] Genannt werden darüber hinaus in der Literatur die Funktion der Marktwertermittlung[27] sowie die Kreditierungsunterstützungs-, Steuerungs- und Allokationsfunktionen.[28] Auf eine ausführlichere Darstellung der Nebenfunktionen wird an dieser Stelle verzichtet.

2.1.2 Verfahren der Unternehmensbewertung
2.1.2.1 Überblick

Sowohl Theorie als auch Praxis der Unternehmensbewertung zeichnen sich durch eine Vielzahl an unterschiedlichen Bewertungsverfahren aus. Dabei lassen sich Gesamtbewertungs-, Einzelbewertungs- und Mischverfahren unterscheiden (vgl. Abb. 3).[29]

---

[23] Vgl. Drukarczyk/Schüler (2007), S. 105.
[24] Vgl. Sieben (1983), S. 539 und Matschke/Brösel (2006), S. 57.
[25] Vgl. Mandl/Rabel (1997), S. 15 f. und Peemöller (2005a), S. 8.
[26] Vgl. Matschke/Brösel (2006), S. 57.
[27] Vgl. Mandl/Rabel (1997), S. 18-21. Der Marktwert wird hier als Kapitalwert berechnet, die Funktion der Marktwertermittlung lässt sich daher im Prinzip auch unter der Entscheidungsfunktion subsumieren, vgl. Ballwieser (2007), S. 4.
[28] Vgl. Matschke/Brösel (2006), S. 62-64. Dabei umfasst die Allokationsfunktion u. a. auch die bereits genannte Vertragsgestaltungs- und Steuerbemessungsfunktion.
[29] Vgl. Mandl/Rabel (1997), S. 28-31. Drukarczyk/Schüler und Ballwieser ordnen die Vergleichsverfahren einer eigenen Kategorie zu, vgl. Drukarczyk/Schüler (2007), S. 103 und Ballwieser (2007), S. 8. Ballwieser bezeichnet diese als „Überschlagsrechnungen".

Gesamtbewertungs-verfahren	Einzelbewertungs-verfahren	Mischverfahren
Ertragswertverfahren	Substanzwertverfahren	Mittelwertverfahren
DCF-Verfahren	Liquidationsverfahren	Übergewinnverfahren
Vergleichsverfahren		
Residualgewinnverfahren		

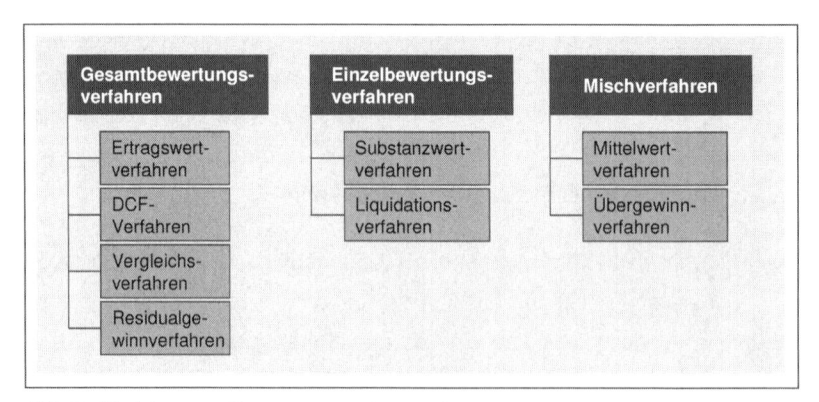

Abb. 3: Verfahren zur Bewertung von Unternehmen
Quelle: modifiziert nach Mandl/Rabel (1997), S. 30.

2.1.2.2 Gesamtbewertungsverfahren

Die Gesamtbewertungsverfahren betrachten das Unternehmen als eine Einheit.[30] Der Unternehmenswert wird aus dem Gesamtertrag berechnet, der aus der Nutzung aller im Unternehmen vorhandenen Aktiva und Passiva in Zukunft zu erwarten ist.[31] Zu den Gesamtbewertungsverfahren gehören Ertragswert-, Discounted-Cashflow (DCF)- und Vergleichsverfahren. Dabei basieren sowohl Ertragswert- als auch DCF-Verfahren auf dem Kapitalwertkalkül der Investitionstheorie, wonach die künftig zu erwartenden wirtschaftlichen Erfolge mit einem Kalkulationszinssatz auf den Bewertungsstichtag abgezinst werden.[32] Während beim Ertragswertverfahren Netto-Ausschüttungen an die Eigner diskontiert werden, die auf Basis einer Ertragsüberschussrechnung bestimmt werden, kennt das DCF-Verfahren sowohl Netto- als auch Bruttoansätze, wobei sich die zu diskontierenden Zahlungsströme jeweils aus einer Einzahlungsüberschussrechnung ergeben.[33]

---

[30] Vgl. Ballwieser/Leuthier (1986), S. 548; Coenenberg/Schultze (2002a), S. 601 und Stellbrink (2005), S. 10.

[31] Vgl. Mandl/Rabel (1997), S. 29 und Ballwieser (2007), S. 9.

[32] Vgl. Ballwieser (2007), S. 8 f.; Mandl/Rabel (2005), S. 52 und 64; Drukarczyk (1995), S. 329 und Serfling/Pape (1995b), S. 941.

[33] Vgl. Sieben (1995), S. 724; Schultze (2003), S. 483 und Coenenberg/Schultze (2002a), S. 603.

Ein weiterer wesentlicher Unterschied zwischen den beiden Verfahren besteht in der Bestimmung des Kalkulationszinssatzes. Dieser entspricht beim Ertragswertverfahren im Allgemeinen der individuellen Alternativrendite des Investors, wird hingegen beim DCF-Verfahren aus kapitalmarkttheoretischen Modellen abgeleitet. Damit wird Unsicherheit im Ertragswertverfahren durch subjektive Risikozuschläge auf den Kalkulationszinssatz oder durch Sicherheitsäquivalente (d. h. Risikoabschläge in der Erfolgsgröße) berücksichtigt, während im DCF-Verfahren nur das systematische, nicht durch Portfoliobildung vermeidbare Risiko erfasst wird.[34]

Die Vergleichsverfahren leiten den Unternehmenswert aus Börsenkursen oder realisierten Marktpreisen vergleichbarer Unternehmen ab.[35] Hierzu wird der Marktwert des Vergleichsunternehmens zu einer bestimmten Bezugsgröße ins Verhältnis gesetzt, die sich daraus ergebende Kennzahl (Multiplikator) wird dann mit der entsprechenden Bezugsgröße des zu bewertenden Unternehmens multipliziert.[36] Die Vergleichsverfahren basieren auf dem Grundprinzip des *„Law of one Price"*, wonach gleiche Vermögensgegenstände nicht zwei unterschiedliche Preise aufweisen können.[37] Es liegt die Annahme zugrunde, dass der Markt die entsprechenden Vergleichsunternehmen richtig bewertet und dass das zu bewertende Unternehmen sich in Zukunft ähnlich entwickelt wie die Vergleichsunternehmen.[38] Zudem wird unterstellt, die Unternehmenswerte des zu bewertenden Unternehmens und

---

[34] Vgl. Sieben (1995), S. 722 und Mandl/Rabel (2005), S. 73. Für eine ausführliche Diskussion der Unterschiede zwischen Ertragswert- und DCF-Verfahren vgl. zudem Ballwieser (2005); Schultze (2003), S. 481 ff.; Serfling/Pape (1996), S. 62 f.; Sieben (1995) und Drukarczyk (1995).

[35] Vgl. Barthel (1996), S. 154 und Mandl/Rabel (1997), S. 42.

[36] Vgl. Coenenberg/Schultze (2002b), S. 697; Löhnert/Böckmann (2005), S. 405 und Stellbrink (2005), S. 12.

[37] Vgl. Coenenberg/Schultze (2002b), S. 697 und Moser/Auge-Dickhut (2003a), S. 11.

[38] Vgl. Born (2003), S. 155.

des Vergleichsunternehmens stünden hinsichtlich der gewählten Bezugsgröße in linearer Beziehung zueinander.[39]

Zu den im Rahmen der Unternehmensbewertung häufig verwendeten Multiplikatoren gehören Kurs-Gewinn- und Marktwert-Buchwert-Verhältnis, Dividendenrendite sowie Umsatz-, EBIT- und EBITDA-Multiplikatoren.[40] Dabei wird unterschieden zwischen der Verwendung des Marktpreises börsennotierter Unternehmen *(Trading Comparables)* und dem Rückgriff auf den Preis, der bei außerbörslichen Transaktionen für vergleichbare Unternehmen gezahlt wurde *(Transaction Comparables)*.[41] Zwar erfreut sich das Vergleichsverfahren in der Praxis großer Beliebtheit, jedoch wird es in der Wissenschaft nicht zuletzt aufgrund seiner restriktiven Annahmen häufig sehr kritisch gesehen.[42]

Darüber hinaus wird in der Literatur die Residualgewinnmethode oder *Residual Income Method (RIM)* angeführt.[43] Dabei wird der Marktwert des Eigenkapitals als Summe aus Barwert der Übergewinne („Residualgewinne") und Buchwert des Eigenkapitals berechnet.[44] Der Übergewinn bzw. Residualgewinn ist definiert als der Gewinn eines Unternehmens abzüglich der Opportunitätskosten des gebundenen Kapitals.[45] Zwar bezeichnet BALLWIESER die Residualgewinnmethode als „Mischverfahren besonderer Art",[46] jedoch zählt

---

[39] Vgl. Coenenberg/Schultze (2002b), S. 697.

[40] Vgl. Born (2003), S. 156-158; Ballwieser (2007), S. 201 f.; Löhnert/Böckmann (2005), S. 411-414; Koller/Goedhart/Wessels (2005), S. 130 und Moser/Auge-Dickhut (2003b), S. 222 f.

[41] Vgl. Bausch (2000), S. 450. Die entsprechenden Verfahren zur Ableitung der Multiplikatoren bezeichnet man auch als *„Comparable Company Analysis"* und *„Comparable Transaction Analysis"*, vgl. Löhnert/Böckmann (2005), S. 414.

[42] Vgl. Coenenberg/Schultze (2002b), S. 702 f.; Löhnert/Böckmann (2005), S. 405-408; Ballwieser (1991), S. 62 f. und Ballwieser (1990), S. 199.

[43] Vgl. Coenenberg/Schultze (2002a), S. 605 f.; Ballwieser (2007), S. 194-197; Zimmermann/Prokop (2003), S. 134 f.; Prokop (2004), S. 189 f.; Schultze (2003), S. 110 ff. und Stellbrink (2005), S. 13 f.

[44] Vgl. Coenenberg/Schultze (2002a), S. 606.

[45] Vgl. Zimmermann/Prokop (2003), S. 135.

[46] Ballwieser (2007), S. 194.

die Mehrheit der Autoren diese Methode aufgrund der Bedeutung zukünftiger Zahlungsströme zu den Gesamtbewertungsverfahren.[47] Die Residualgewinnmethode führt theoretisch zum gleichen Bewertungsergebnis wie die anderen Diskontierungsmodelle, Voraussetzung ist allerdings, dass die Rechnungslegung des zu bewertenden Unternehmens der sogenannten *Clean Surplus Relation* genügt.[48] Insbesondere in Bezug auf die Bewertung deutscher Unternehmen muss konstatiert werden, dass die gängige Rechnungslegungspraxis diese Bedingung nicht erfüllt, sodass die Methode in vielen Fällen zu fehlerhaften Bewertungsergebnissen führen würde.[49]

2.1.2.3 Einzelbewertungsverfahren

Bei den Einzelbewertungsverfahren wird die Bilanz des Unternehmens zugrunde gelegt, der Unternehmenswert ergibt sich aus den Werten der einzelnen Aktiva und Passiva, die im Unternehmen vorhanden sind.[50] Es wird unterschieden zwischen Substanzwert- und Liquidationsverfahren.[51] Beim Substanzwertverfahren wird von einer Fortführung des Unternehmens ausgegangen, der Wert entspricht dem Betrag, der notwendig wäre, um das Unternehmen in der vorhandenen bilanziellen Struktur nachzubauen.[52] Dagegen wird beim Liquidationswert von der Zerschlagung des zu bewertenden Unternehmens ausgegangen. Der Liquidationswert entspricht dem Wert, der sich aus dem Verkauf aller Vermögensgegenstände nach Abzug von Schul-

---

[47] Vgl. Coenenberg/Schultze (2002a), S. 601; Weiler (2005), S. 28 und Stellbrink (2005), S. 14 f.

[48] Vgl. Prokop (2004), S. 189.

[49] Dies betrifft grundsätzlich sowohl internationale Rechnungslegungsstandards (US-GAAP, IFRS) als auch die Bilanzierungsregeln nach HGB, vgl. Zimmermann/Prokop (2003), S. 140 f.

[50] Vgl. Mandl/Rabel (1997), S. 29.

[51] Zum Teil werden die Einzelbewertungsverfahren auch beide als „Substanzwertverfahren" bezeichnet und dann analog zwischen „Substanzwertverfahren mit Reproduktionswerten" und „Substanzwertverfahren mit Liquidationswerten" unterschieden, vgl. Mandl/Rabel, 1997, S. 47 und Stellbrink, 2005, S. 11-13.

[52] Vgl. Ballwieser (2007), S. 10; Born (2003), S. 11; Mandl/Rabel (1997), S. 47 und Wagner (2008), S. 156.

den und Liquidationskosten ergibt.[53] Während der Substanzwert auf Wiederbeschaffungspreisen der einzelnen Vermögensgegenstände basiert, bezieht sich der Liquidationswert also auf Veräußerungspreise.[54] Da der Substanzwert gemeinhin immaterielle Vermögensgegenstände und Verbundeffekte unberücksichtigt lässt, verfügt er nur über eine sehr begrenzte Aussagekraft und ist als Entscheidungswert grundsätzlich ungeeignet.[55] Der Liquidationswert hat hingegen eine gewisse Bedeutung, da er als Untergrenze für den Unternehmenswert aufgefasst werden kann und daher in solchen Fällen relevant ist, in denen über Fortführung oder Liquidation des Unternehmens entschieden werden soll.[56]

2.1.2.4 Mischverfahren

Mischverfahren stellen Kombinationen aus Gesamt- und Einzelbewertungsverfahren dar. Dazu gehört zum einen das Mittelwertverfahren, bei dessen Anwendung ein arithmetischer oder gewichteter Mittelwert aus Substanz- und Ertragswert gebildet wird.[57] Zum anderen wird zu den Mischverfahren auch das Übergewinnverfahren gezählt. Der Unternehmenswert nach dem Übergewinnverfahren setzt sich aus dem Substanzwert und dem Barwert der zukünftig zu erwartenden Übergewinne („Firmenwert") zusammen. Dabei wird davon ausgegangen, dass ein Unternehmen für eine begrenzte Zeitdauer eine überdurchschnittliche Kapitalverzinsung – also eine Verzinsung über dem verwendeten Kalkulationszinssatz – erzielen kann.[58] Für beide Mischverfahren muss allerdings konstatiert werden, dass sie aufgrund der

---

[53] Vgl. Born (2003), S. 154; Ballwieser (2007), S. 10; Sieben/Maltry (2005), S. 379 und Wagner (2008), S. 141.

[54] Vgl. Moxter (1983), S. 41.

[55] Vgl. Mandl/Rabel (1997), S. 48; Born (2003), S. 11; Ballwieser (2007), S. 10 und Stellbrink (2005), S. 13. Im Wirtschaftsprüfer-Handbuch des IDW heißt es zum Substanzwert: „Der Unternehmenswert kann nicht als Substanzwert oder als Kombination von Substanz- und Zukunftserfolgswert ermittelt werden." Wagner (2008), S. 4.

[56] Vgl. Stellbrink (2005), S. 13 und Ballwieser (2007), S. 189.

[57] Vgl. Moxter (1983), S. 56 f.; Mandl/Rabel (1997), S. 49; Born (2003), S. 26-28; Pape (2004), S. 57 und Ballwieser (2007), S. 192.

[58] Vgl. Mandl/Rabel (1997), S. 50 f. und Born (2003), S. 28.

bereits am Substanzwert geäußerten Kritik ebenfalls nicht zu überzeugen vermögen.[59]

2.1.3 Discounted-Cashflow-Verfahren

2.1.3.1 Vorbemerkung

Die weiteren Ausführungen in diesem Kapitel konzentrieren sich auf das DCF-Verfahren, das sich in Theorie und Praxis der Unternehmensbewertung als Standard durchgesetzt hat.[60] Hinsichtlich der Restwertermittlung lassen sich jedoch die behandelten Aspekte prinzipiell auch auf das Ertragswertverfahren und die Residualgewinnmodelle übertragen.

Beim DCF-Verfahren wird zwischen Bruttoverfahren (*Entity Approach*) und Nettoverfahren (*Equity Approach*) unterschieden.[61] Bei den Bruttoverfahren erfolgt die Bewertung in zwei Schritten. Zunächst wird der Wert des gesamten Kapitals ermittelt, anschließend errechnet man durch Abzug des Fremdkapitals den Wert des Eigenkapitals.[62] Zu den Bruttoverfahren zählen der WACC-Ansatz *(Weighted Average Cost of Capital)*, der APV-Ansatz *(Adjusted Present Value)* und der TCF-Ansatz *(Total Cashflow)*.[63] Dagegen wird beim Nettoverfahren, welches auch als FTE-Ansatz *(Flow to Equity)* bezeichnet wird, der Wert des Eigenkapitals unmittelbar bestimmt.[64] Weitere wesentliche Unterschiede bestehen in Bezug auf die zu diskontierenden Cashflows, den Kapitalkostensatz sowie die Berücksichtigung finanzierungs-

---

[59] Vgl. hierzu auch die Anmerkung des IDW in Fußnote 55.

[60] Vgl. etwa Bausch/Pape (2005), S. 474; Koller/Goedhart/Wessels (2005), S. 103; Streitferdt (2003), S. 273; Born (2003), S. 75 oder Pellens/Tomaszewski/Weber (2000), S. 1827.

[61] Vgl. Wagner (2008), S. 81 ff.; Drukarczyk/Schüler (2007), S. 138 ff.; Perridon/Steiner (2007), S. 209 ff.; Koller/Goedhart/Wessels (2005), S. 101 ff.; Hayn (2003), S. 193 ff. und Schultze (2003), S. 359 ff.

[62] Vgl. Ballwieser (2007), S. 116; Baetge/Niemeyer/Kümmel (2005), S. 270 und Pape (2004), S. 96 f.

[63] Beim TCF-Ansatz handelt es sich um eine Unterform des WACC-Ansatzes, der weniger gebräuchlich ist, vgl. Ballwieser (1998), S. 81; Baetge/Niemeyer/Kümmel (2005), S. 275 und Stellbrink (2005), S. 14. Auf den TCF-Ansatz wird daher im Folgenden nicht weiter eingegangen.

[64] Vgl. Ballwieser (1998), S. 81 und Pape (2004), S. 96.

bedingter Steuervorteile *(Tax Shield).*[65] Die Unterschiede zwischen den Varianten des DCF-Verfahrens sind in Abb. 4 im Überblick dargestellt. Wählt man – insbesondere bezüglich der Kapitalstruktur – einheitliche Prämissen bei der Berechnung, führen sämtliche Varianten zum gleichen Ergebnis.[66] Die unterschiedlichen Ansätze werden benötigt, da sich je nach Finanzierungsstrategie und Berechnungsmethode bestimmte Ansätze einfacher und problemloser anwenden lassen.[67]

	Bruttoverfahren			Nettoverfahren
	WACC	APV	TCF	FTE
Zahlungsgröße (Cashflow)	Freier Cashflow bei Eigenfinanzierung	Freier Cashflow bei Eigenfinanzierung	Gesamt-Cashflow inklusive Steuerersparnis	Flow to Equity
Kapitalkostensatz	Gewichteter Kapitalkostensatz (inklusive Steuerersparnis)	Differenzierte Kapitalkostensätze für die verschiedenen Barwerte	Gewichteter Kapitalkostensatz (ohne Steuerersparnis)	Eigenkapitalkostensatz
Berücksichtigung der Steuerersparnis (Tax Shield)	Im Kapitalkostensatz	Als Barwert finanzierungsbedingter Nebeneffekte	In der Zahlungsgröße	In der Zahlungsgröße

Abb. 4: Varianten des DCF-Verfahrens
Quelle: in Anlehnung an Pape (2004), S. 98.

2.1.3.2 WACC-Ansatz

Beim WACC-Ansatz, der die in der Praxis am weitesten verbreitete Variante des DCF-Verfahrens darstellt,[68] wird zunächst der Wert des Gesamtkapitals

---

[65] Vgl. Bausch/Pape (2005), S. 475 und Drukarczyk/Schüler (2007), S. 144 f.
[66] Vgl. Ballwieser (1998), S. 82; Prokop (2003), S. 85 und Drukarczyk/Schüler (2007), S. 139.
[67] Vgl. Baetge/Niemeyer/Kümmel (2005), S. 297.
[68] Vgl. Mandl/Rabel (1997), S. 311 und Pape (2004), S. 99.

des zu bewertenden Unternehmens ermittelt, indem die zukünftigen freien Cashflows mit dem gewichteten Kapitalkostensatz diskontiert werden:[69]

(2-1) $$GUW = \sum_{t=1}^{\infty} \frac{FCF_t}{(1+k_{WACC})^t}$$

GUW = Gesamtunternehmenswert
FCF_t = Freier Cashflow in der Periode t
k_{WACC} = Gewichteter Kapitalkostensatz

Der freie Cashflow ist definiert als der „nach Abzug von Steuern sowie Ersatz- und Erweiterungsinvestitionen verbleibende periodenbezogene Einzahlungsüberschuss, der für die Bedienung von Eigen- und Fremdkapitalgebern zur Verfügung steht."[70] Er setzt sich nach folgendem Schema zusammen:[71]

---

[69] Vgl. Ballwieser (1998), S. 84; Damodaran (2002), S. 13; Prokop (2003), S. 85; Pape (2004), S. 100 und Baetge/Niemeyer/Kümmel (2005), S. 272 f. Nicht betriebsnotwendiges Vermögen *(Non-operating Assets)* wird hier nicht berücksichtigt.
[70] Bausch/Pape (2005), S. 476.
[71] Vgl. Mandl/Rabel (2005), S. 64; Koller/Goedhart/Wessels (2005), S. 164 f. und Pape (2004), S. 107.

	Betriebliches Ergebnis vor Zinsen und Steuern (EBIT)
−	Steuern auf das betriebliche Ergebnis vor Zinsen
	Betriebliches Ergebnis nach Steuern (NOPLAT)*
+/−	Abschreibungen/Zuschreibungen
+	Nettozuführungen zu langfristigen Rückstellungen
	Betrieblicher Cashflow
−	Ersatz- und Erweiterungsinvestitionen in das Anlagevermögen
−/+	Zunahme/Abnahme des Working Capital
	Freier Cashflow (FCF)

* NOPLAT steht für Net Operating Profit less Adjusted Tax. Der Begriff „Adjusted" macht deutlich, dass das steuerliche Ergebnis um Zinszahlungen und nicht betriebliche Ergebnisbestandteile bereinigt wird.

Abb. 5: Berechnungsschema zur Ermittlung des freien Cashflows

Es wird deutlich, dass Fremdkapitalzinsen keinen Einfluss auf die Höhe des freien Cashflows haben. Der durch Fremdkapitalzinsen entstehende Steuervorteil wird bei der Berechnung zunächst nicht berücksichtigt, betrachtet wird vielmehr der Cashflow aus einem fiktiv rein eigenfinanzierten Unternehmen inklusive der Steuern, die ein solches Unternehmen zu entrichten hätte.[72] Der Tax Shield wird bei der Bestimmung des Diskontierungszinssatzes berücksichtigt, indem dieser entsprechend gemindert wird.[73] Durch diese Vorgehensweise wird sichergestellt, dass der für die Bewertung verwendete freie Cashflow nicht von Außenfinanzierungsmaßnahmen der Eigen- und Fremdkapitalgeber beeinflusst ist.[74]

---

[72] Vgl. Ballwieser (2007), S. 117 und Mandl/Rabel (1997), S. 38 f.
[73] Vgl. Baetge/Niemeyer/Kümmel (2005), S. 273.
[74] Vgl. Mandl/Rabel (1997), S. 39.

Der Diskontierungszinssatz entspricht beim WACC-Ansatz dem durchschnittlichen gewichteten Kapitalkostensatz des Unternehmens:[75]

(2-2) $\quad k_{WACC} = r_{EK} \cdot \dfrac{EK}{EK+FK} + r_{FK} \cdot (1-s) \cdot \dfrac{FK}{EK+FK}$

r_{EK} = Eigenkapitalkostensatz
r_{FK} = Fremdkapitalkostensatz
s = Unternehmenssteuersatz
EK = Marktwert des Eigenkapitals
FK = Marktwert des Fremdkapitals

Der durchschnittliche gewichtete Kapitalkostensatz ergibt sich aus einer Gewichtung von Eigen- und Fremdkapitalkostensatz mit der jeweiligen Eigen- bzw. Fremdkapitalquote des Unternehmens auf der Basis von Marktwerten.[76] Die Fremdkapitalkosten lassen sich relativ einfach anhand der laufenden Zinsverpflichtungen des Unternehmens ermitteln, die Eigenkapitalkosten werden hingegen i. d. R. mithilfe kapitalmarkttheoretischer Modelle bestimmt.[77] Dabei hat sich das *Capital Asset Pricing Model (CAPM)* als Standardmodell etabliert.[78] Beim CAPM wird die Renditeerwartung eines einzelnen Wertpapiers berechnet als Summe aus risikoloser Rendite und einer Risikoprämie, die wiederum einer unternehmensindividuell angepassten Marktrisikoprämie entspricht.[79] Im Rahmen des WACC-Ansatzes wird für gewöhnlich unterstellt, dass sich die durchschnittlichen gewichteten Kapital-

---

[75] Vgl. Mandl/Rabel (2005), S. 65; Baetge/Niemeyer/Kümmel (2005), S. 273; Perridon/Steiner (2007), S. 211; Hering (2006), S. 209 und Koller/Goedhart/Wessels (2005), S. 111.
[76] Vgl. Koller/Goedhart/Wessels (2005), S. 322 und Prokop (2003), S. 87.
[77] Vgl. Baetge/Niemeyer/Kümmel (2005), S. 290.
[78] Vgl. Kruschwitz (2002), S. 19 und Koller/Goedhart/Wessels (2005), S. 294.
[79] Zur ausführlichen Erläuterung und Diskussion des CAPM vgl. beispielsweise Pape (2009), S. 354 ff.; Baetge/Niemeyer/Kümmel (2005), S. 290 ff.; Brealey/Myers/Allen (2008), S. 214 ff.; Koller/Goedhart/Wessels (2005), S. 294 ff.; Kruschwitz (2007), S. 398-403; Kruschwitz (2002), S. 18 ff. oder Hayn (2003), S. 409 ff.

kosten im Zeitablauf nicht ändern.[80] Die freien Cashflows werden daher mit einem einheitlichen Diskontierungszinssatz abgezinst, der auf Basis einer Zielkapitalstruktur definiert ist, die für die Zukunft als konstant angenommen wird.[81]

2.1.3.3 APV-Ansatz

Auch beim APV-Ansatz handelt es sich um ein Bruttoverfahren. Der Unterschied zum WACC-Ansatz besteht in der Art und Weise, in der der Tax Shield bei der Bewertung berücksichtigt wird.[82] Beim APV-Ansatz wird der Marktwert des Unternehmens zunächst unter der Prämisse der vollständigen Eigenfinanzierung des Unternehmens ermittelt. Dazu werden die freien Cashflows mit den Eigenkapitalkosten eines fiktiven, ausschließlich mit Eigenkapital finanzierten Unternehmens diskontiert.[83]

In dem so ermittelten Marktwert sind die finanzierungsbedingten Steuervorteile, über die ein verschuldetes Unternehmen verfügt, noch nicht berücksichtigt.[84] Anschließend wird daher dieser Tax Shield für jede Periode separat berechnet und ebenfalls diskontiert. Vereinfachend wird dabei häufig angenommen, dass die Fremdkapitalkosten dem risikolosen Zinsfuß entsprechen, mit dem anschließend der Tax Shield diskontiert wird. Der gesamte Unternehmenswert ergibt sich durch die Addition von Marktwert bei vollständiger Eigenfinanzierung und Gesamtwert des Tax Shields:[85]

---

[80] Vgl. Mandl/Rabel (1997), S. 314 f. sowie die Ausführungen in Abschnitt 2.2.4.4. Zu periodenspezifischen gewichteten Kapitalkosten vgl. Kruschwitz (2002), S. 7.

[81] Vgl. Mandl/Rabel (1997), S. 315 und Koller/Goedhart/Wessels (2005), S. 322 f.

[82] Vgl. Baetge/Niemeyer/Kümmel (2005), S. 275 f.

[83] Vgl. Born (2003), S. 78 und Baetge/Niemeyer/Kümmel (2005), S. 285.

[84] Vgl. Stellbrink (2005), S. 17.

[85] Vgl. Baetge/Niemeyer/Kümmel (2005), S. 276; Ballwieser (2007), S. 118 f. und Mandl/Rabel (1997), S. 373 f.

Grundlagen der Unternehmensbewertung 29

(2-3) $\quad GUW = \sum_{t=1}^{\infty} \frac{FCF_t}{(1+r_{EK}^u)^t} + \sum_{t=1}^{\infty} \frac{TS_t}{(1+r_{FK})^t} \quad$ mit $TS_t = s \cdot r_{FK} \cdot FK_{t-1}$

r_{EK}^u = Eigenkapitalkosten bei reiner Eigenfinanzierung
TS_t = Tax Shield in der Periode t
FK_{t-1} = Zinspflichtiges Fremdkapital zu Beginn der Periode t

2.1.3.4 Equity-Ansatz

Im Gegensatz zu den Bruttoverfahren wird beim Equity-Ansatz unmittelbar der Marktwert des Eigenkapitals bestimmt, indem die Cashflows an die Eigentümer *(Flow to Equity)* mit deren risikoäquivalenter Renditeforderung diskontiert werden:[86]

(2-4) $\quad EK = \sum_{t=1}^{\infty} \frac{FTE_t}{(1+r_{EK})^t}$

FTE_t = Flow to Equity der Periode t

Damit finden beim Equity-Ansatz auch Cashflows aus der Außenfinanzierung Berücksichtigung. So wird der Flow to Equity durch Fremdkapitalzinsen und Kredittilgungen verringert, während die Aufnahme von Fremdkapital den Flow to Equity erhöht.[87] Anders als bei den Bruttoverfahren, die einen im Zeitablauf konstanten Kapitalkostensatz und dementsprechend eine konstante Kapitalstruktur unterstellen, werden durch die Einbeziehung von Cashflows aus der Außenfinanzierung beim Equity-Ansatz Änderungen der Kapitalstruktur in jeder Periode berücksichtigt. Es ergibt sich folgendes Schema für die Berechnung des Flow to Equity:[88]

---

[86] Vgl. Baetge/Niemeyer/Kümmel (2005), S. 276 und Perridon/Steiner (2007), S. 209.
[87] Vgl. Baetge/Niemeyer/Kümmel (2005), S. 277.
[88] Vgl. Mandl/Rabel (1997), S. 368 f.

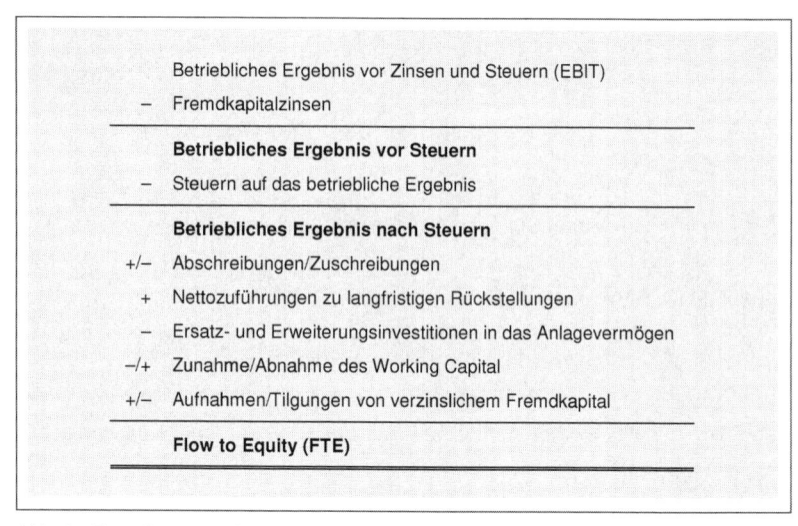

Betriebliches Ergebnis vor Zinsen und Steuern (EBIT)
− Fremdkapitalzinsen
Betriebliches Ergebnis vor Steuern
− Steuern auf das betriebliche Ergebnis
Betriebliches Ergebnis nach Steuern
+/− Abschreibungen/Zuschreibungen
+ Nettozuführungen zu langfristigen Rückstellungen
− Ersatz- und Erweiterungsinvestitionen in das Anlagevermögen
−/+ Zunahme/Abnahme des Working Capital
+/− Aufnahmen/Tilgungen von verzinslichem Fremdkapital
Flow to Equity (FTE)

Abb. 6: Berechnungsschema zur Ermittlung des Flow to Equity

Das Vorgehen beim Equity-Ansatz entspricht grundsätzlich dem Ertragswertverfahren.[89] Unterschiede können jedoch hinsichtlich der Ermittlung der Kapitalkosten bestehen. Während diese im Rahmen des Equity-Ansatzes immer mithilfe des CAPM bestimmt werden, kann beim Ertragswertverfahren auch auf die individuelle Alternativrendite des Investors, die mithilfe einer Vergleichsinvestition bestimmt wird, zurückgegriffen werden.[90]

2.2 Restwert im Discounted-Cashflow-Verfahren

2.2.1 Prognoseproblematik und Phasenbildung

Bei sämtlichen Varianten des DCF-Verfahrens wird der Unternehmenswert durch die Diskontierung der zukünftig zu erwartenden Cashflows bestimmt.[91] Dazu müssen prinzipiell für jede Periode in der Zukunft die Cashflows ge-

---

[89] Vgl. Ballwieser (2007), S. 175 und Mandl/Rabel (2005), S. 70.
[90] Vgl. Mandl/Rabel (1997), S. 131 f. und Ballwieser (1998), S. 81 f.. Vgl. außerdem Fußnote 34 zum Vergleich zwischen Ertragswert- und DCF-Verfahren im Allgemeinen.
[91] Vgl. Abschnitt 1.1.2.

schätzt werden. Während dies für die ersten Planungsjahre relativ einfach auf Basis vorhandener Informationen wie z. B. der Geschäftsplanung des zu bewertenden Unternehmens möglich ist,[92] wird eine detaillierte Vorhersage der jährlichen Cashflows für die Zeit danach immer schwieriger.[93] Die Planung der zukünftigen Entwicklung eines Unternehmens geht mit einer Vielzahl von Unsicherheitsfaktoren einher, sodass die Sicherheit der Prognose mit zunehmendem zeitlichen Abstand zum Bewertungsstichtag abnimmt.[94]

Bei der Mehrheit der Bewertungsanlässe wird von einer unendlichen Fortsetzung der Unternehmenstätigkeit ausgegangen (*Going-Concern-Prämisse*), sodass die Prognose der Cashflows für einen unendlichen Planungszeitraum ohnehin unmöglich ist.[95] Auch wenn man in den wenigsten Fällen tatsächlich davon ausgehen wird, dass ein Unternehmen unendlich lange existiert, wird diese Prämisse dennoch aus pragmatischen Gründen gewählt: es fehlt für gewöhnlich die Möglichkeit, eine endliche Laufzeit zu begründen bzw. den tatsächlichen Zeitpunkt zu bestimmen, zu dem die Unternehmenstätigkeit beendet wird.[96] Zudem wird die Going-Concern-Prämisse dadurch gerechtfertigt, dass die wertmäßige Bedeutung der zukünftigen Cashflows mit zunehmender zeitlicher Entfernung vom Bewertungsstichtag immer weiter abnimmt und somit die Auswirkungen eines Verstoßes gegen die Prämisse auf den Unternehmenswert vertretbar sind.[97]

Angesichts der geschilderten Prognoseproblematik wird der Bewertungszeitraum im Rahmen der DCF-Methode üblicherweise in zwei Phasen unter-

---

[92] Vgl. Aders/Schröder (2004), S. 99.
[93] Vgl. Henselmann (1999), S. 118; Kruschwitz/Löffler (1998), S. 1042 und Streitferdt (2003), S. 273.
[94] Vgl. Peemöller (2001), S. 1405. Das IDW bemerkt hierzu: „Sowohl aus unternehmensinternen Gründen [...] als auch aus unternehmensexternen Gründen [...] ergibt sich zwangsläufig ein Horizont für die Zukunftsbetrachtung, jenseits dessen die Quantifizierung der finanziellen Überschüsse nur noch auf pauschalisierte Annahmen gestützt werden kann." Wagner (2008), S. 52, im Original teils in Fettdruck.
[95] Vgl. Bausch/Pape (2005), S. 476 und Aders/Schröder (2004), S. 99.
[96] Vgl. Ballwieser (2002), S. 737 und Kruschwitz/Löffler (1998), S. 1041.
[97] Vgl. Kruschwitz/Löffler (1998), S. 1041 und Stellbrink (2005), S. 43.

teilt, in eine Detailplanungsphase und eine Restwertphase.[98] Für die Detailplanungsphase wird im Allgemeinen ein Zeitraum von drei bis fünf Jahren angesetzt, in dem die jährlichen Cashflows sehr genau prognostiziert werden.[99] Die Cashflows der Folgejahre werden aufgrund der stark eingeschränkten Prognostizierbarkeit zu einem Restwert verdichtet.[100] Abb. 7 veranschaulicht diese Vorgehensweise.

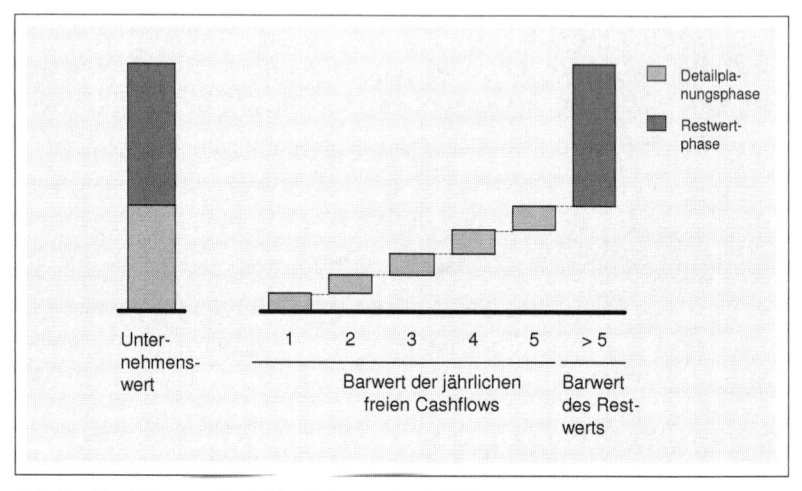

Abb. 7: Zwei-Phasen-Modell im Rahmen der DCF-Bewertung

Für den Gesamtunternehmenswert ergibt sich im Zwei-Phasen-Modell folgende Berechnungsformel:[101]

---

[98] Vgl. Bausch/Pape (2005), S. 474; Aders/Schröder (2004), S. 99; Klosterberg (2007), S. 308; Moser (2002), S. 17 und Steiner/Wallmeier (1999), S. 1 f.

[99] Vgl. Henselmann (1999), S. 118; Aders/Schröder (2004), S. 99; Frühling (2004), S. 741 und Peemöller (2001), S. 1405. Ein Zeitraum von drei bis fünf Jahren für die Länge der Detailplanungsphase entspricht auch der aktuellen Empfehlung des IDW, vgl. Wagner (2008), S. 53.

[100] Vgl. Henselmann (2000), S. 151 und Wagner (2008), S. 53. Für den Restwert finden sich in der Literatur auch die Bezeichnungen „Fortführungswert", „Endwert" oder „Residualwert" bzw. die englischen Begriffe „Terminal Value" und „Continuing Value", vgl. Albrecht (2004); Aders/Schröder (2004); Cheridito/Schneller (2004); Harvard Business School (1998, Hrsg.) und Koller/Goedhart/Wessels (2005).

[101] Im Folgenden werden die verschiedenen Methoden zur Berechnung des Restwerts anhand der Formeln für den WACC-Ansatz aufgezeigt. Die Ausführungen lassen sich jedoch auch auf die anderen DCF-Verfahren übertragen.

(2-5) $$GUW = UW_{DP} + RW_0 = \sum_{t=1}^{n} \frac{FCF_t}{(1+k_{WACC})^t} + \frac{RW_n}{(1+k_{WACC})^n}$$

UW_{DP} = Barwert der Cashflows aus der Detailplanungsphase
RW_0 = Restwert zum Bewertungsstichtag
RW_n = Restwert am Ende der Detailplanungsphase
n = Länge der Detailplanungsphase

Es sei an dieser Stelle darauf hingewiesen, dass die Unterteilung des Bewertungszeitraums in zwei Phasen auch zweckmäßig sein kann, wenn nicht von der Going-Concern-Prämisse ausgegangen wird. Wird etwa unterstellt, dass das zu bewertende Unternehmen nach einigen Jahren liquidiert oder verkauft werden soll, bietet sich ebenfalls ein Zwei-Phasen-Modell an. In der ersten Phase werden die Cashflows bis zum Zeitpunkt der Liquidation bzw. des Verkaufs detailliert prognostiziert und auf den Bewertungsstichtag diskontiert. Anschließend wird der Restwert in Form des Liquidations- oder Verkaufserlöses mit einem geeigneten Verfahren berechnet, ebenfalls diskontiert und zum Barwert der Cashflows aus der Detailplanungsphase addiert.[102]

2.2.2 Bedeutung des Restwerts am Gesamtunternehmenswert

Anders als die Bezeichnung „Restwert" vermuten lassen könnte, handelt es sich wertmäßig keineswegs nur um einen „Rest" des gesamten Unternehmenswerts, der sich neben dem Wertbeitrag der Detailplanungsphase ergibt.[103] Vielmehr macht der Restwert zumeist deutlich über die Hälfte des gesamten Unternehmenswerts aus und kann bei Wachstumsunternehmen sogar über 100 Prozent des gesamten Unternehmenswerts betragen.[104] Grund für den besonders hohen Anteil bei Wachstumsunternehmen können

---

[102] Vgl. hierzu ausführlich Abschnitt 2.2.3.
[103] Vgl. Henselmann (2000), S. 151.
[104] Vgl. Koller/Goedhart/Wessels (2005), S. 271 f.; Bausch/Pape (2005), S. 474 f.; Albrecht (2004), S. 732; Henselmann (2000), S. 151-153; Klosterberg (2007), S. 307; Günther (2003), S. 349; Berkman/Bradbury/Ferguson (1998), S. 27 und Siegert et al. (1997), S. 475 f.

negative Cashflows in den Anfangsjahren sein, die sich aufgrund von Anfangsinvestitionen und Anlaufverlusten ergeben.[105] Dies bedeutet jedoch nicht, dass ein Großteil des Unternehmenswerts in der Restwertphase geschaffen wird. Vielmehr wird gerade bei Wachstumsunternehmen durch eine verstärkte Investitionstätigkeit in den ersten Jahren eine Grundlage geschaffen, um hohe Cashflows in den späteren Jahren erwirtschaften zu können.[106] Abb. 8 zeigt exemplarisch den Anteil des Restwerts am Gesamtunternehmenswert für vier Branchen:[107]

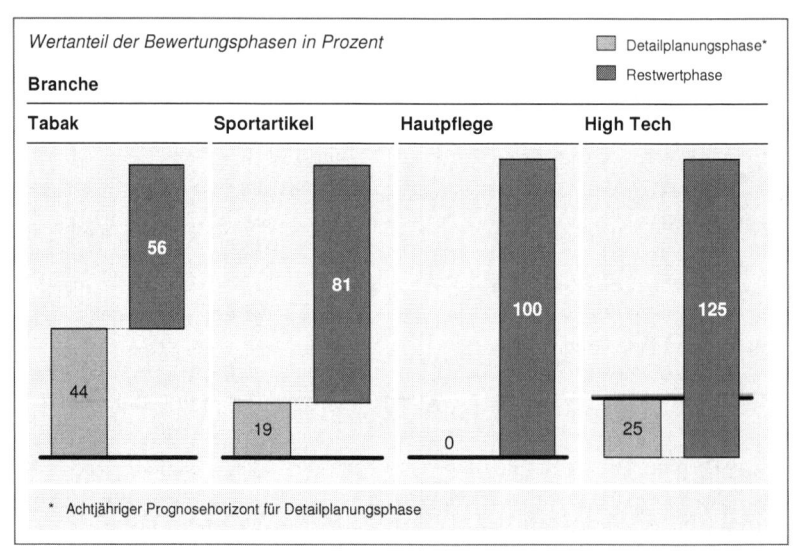

Wertanteil der Bewertungsphasen in Prozent				Detailplanungsphase*
Branche				Restwertphase
Tabak	Sportartikel	Hautpflege	High Tech	
44 / 56	19 / 81	0 / 100	25 / 125	

*Achtjähriger Prognosehorizont für Detailplanungsphase

Abb. 8: **Anteil des Restwerts am Gesamtunternehmenswert am Beispiel von vier Branchen**
Quelle: Koller/Goedhart/Wessels (2005), S. 272.

Unterstellt man einen gleichmäßigen Verlauf der Cashflows, so wird die anteilige Bedeutung des Restwerts von drei Determinanten beeinflusst: von der

---

[105] Vgl. Stellbrink (2005), S. 57 f. und Hayn (2003), S. 189.

[106] Vgl. Koller/Goedhart/Wessels (2005), S. 271 f. und Rappaport (1998), S. 49.

[107] Der Berechnungszeitpunkt für die Restwertanteile je Branche ist im Beispiel von Koller, Goedhart und Wessels nicht angegeben. Es ist zu vermuten, dass sich diese Anteile im Laufe der Zeit verändern können. An der Erkenntnis, dass der Anteil des Restwerts am Gesamtunternehmenswert je nach Branche zwischen 50 und über 100 Prozent betragen kann, ändert dies allerdings nichts.

Länge der Detailplanungsphase, von den langfristigen Wachstumserwartungen und vom Kapitalkostensatz.[108] Dies soll anhand eines einfachen Beispiels gezeigt werden. Betrachtet wird zunächst ein Unternehmen mit einem konstanten jährlichen Wachstum des freien Cashflows von 2 Prozent und gewichteten Kapitalkosten von 10 Prozent. Unterteilt man den Bewertungszeitraum in eine Detailplanungs- und eine Restwertphase, ergibt sich für den Anteil des Restwerts am Gesamtunternehmenswert in Abhängigkeit von der Länge der Detailplanungsphase folgendes Bild:

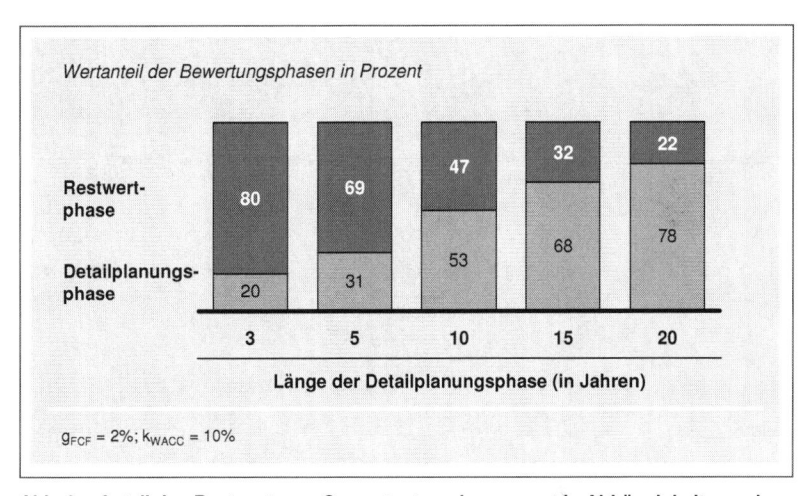

Wertanteil der Bewertungsphasen in Prozent

Länge der Detailplanungsphase (in Jahren)	3	5	10	15	20
Restwertphase	80	69	47	32	22
Detailplanungsphase	20	31	53	68	78

$g_{FCF} = 2\%$; $k_{WACC} = 10\%$

Abb. 9: Anteil des Restwerts am Gesamtunternehmenswert in Abhängigkeit von der Länge der Detailplanungsphase

Setzt man nun die Länge der Detailplanungsphase mit fünf Jahren fest und variiert die Höhe der Kapitalkosten, verändert sich der Anteil des Restwerts folgendermaßen:

---

[108] Vgl. Bausch/Pape (2005), S. 474.

Wertanteil der Bewertungsphasen in Prozent

Gewichtete Kapitalkosten (in Prozent)	6	8	10	12	14
Restwertphase	83	75	69	63	57
Detailplanungsphase	17	25	31	37	43

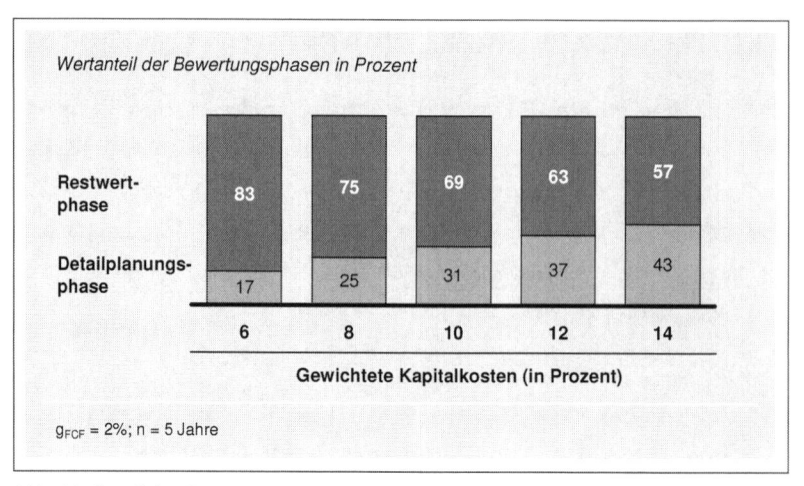

$g_{FCF} = 2\%$; $n = 5$ Jahre

Abb. 10: Anteil des Restwerts am Gesamtunternehmenswert in Abhängigkeit von der Höhe der Kapitalkosten

Schließlich kann der Anteil des Restwerts für unterschiedliche Wachstumsraten bei einer Detailplanungsphase von fünf Jahren und einem Kapitalkostensatz von 10 Prozent betrachtet werden:

Wertanteil der Bewertungsphasen in Prozent

Jährliche Wachstumsrate (in Prozent)	-2	0	2	4	6
Restwertphase	56	62	69	76	83
Detailplanungsphase	44	38	31	24	17

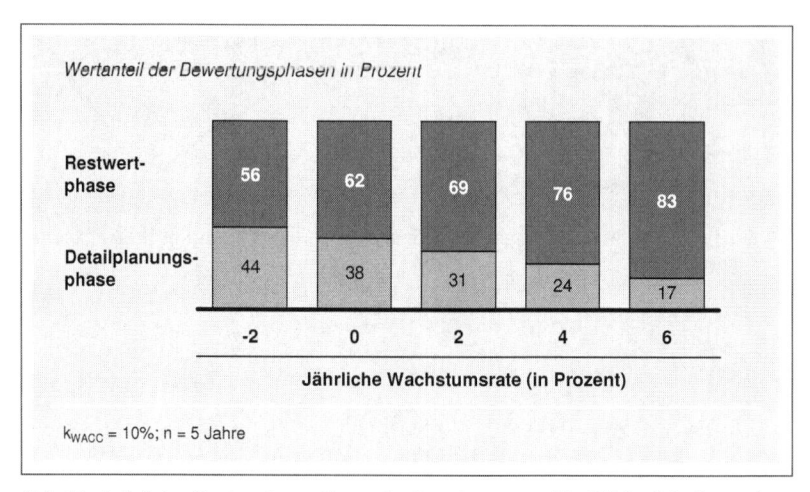

$k_{WACC} = 10\%$; $n = 5$ Jahre

Abb. 11: Anteil des Restwerts am Gesamtunternehmenswert in Abhängigkeit von der Höhe der jährlichen Wachstumsrate

Unter einer Ceteris-paribus-Betrachtung der jeweils anderen beiden Determinanten lässt sich festhalten, dass der Anteil des Restwerts am Gesamtunternehmenswert umso kleiner ist, je länger die Detailplanungsphase bzw. je höher die Kapitalkosten sind, und dass der Anteil des Restwerts umso größer ist, je höher die Wachstumsrate des freien Cashflows ist. Auch im Beispiel liegt der Anteil des Restwerts am gesamten Unternehmenswert in sämtlichen Szenarien, die eine in der Praxis übliche Detailplanungsphase von unter zehn Jahren unterstellen, bei über 50 Prozent.

2.2.3 Verfahren zur Restwertbestimmung

2.2.3.1 Vorbemerkung

Der Restwert entspricht dem gesamten Unternehmenswert am Ende der Detailplanungsphase, sodass – mit einigen Einschränkungen aufgrund der geschilderten Probleme bei der Prognostizierbarkeit – grundsätzlich die in Abschnitt 2.1.2 vorgestellten Bewertungsverfahren auch im Rahmen der Restwertermittlung zur Anwendung kommen. Dabei kann die Wahl eines geeigneten Verfahrens zur Restwertermittlung ebenfalls nicht unabhängig vom Bewertungszweck erfolgen. Es wurde bereits erläutert, dass bei der Mehrheit der Unternehmensbewertungen von einer unendlichen Fortsetzung der Unternehmenstätigkeit ausgegangen wird. Im folgenden Abschnitt soll daher nur kurz auf die Möglichkeit eines Unternehmensverkaufs oder einer Zerschlagung des Unternehmens am Ende der Detailplanungsphase eingegangen werden, bevor anschließend die Restwertermittlung unter der Going-Concern-Prämisse thematisiert wird. Im weiteren Verlauf dieser Arbeit wird dann ausschließlich die Gültigkeit der Going-Concern-Prämisse unterstellt.

2.2.3.2 Bestimmung des Restwerts bei Verkauf oder Zerschlagung (Ausstiegswerte)

Bei Ausstiegswerten *(Exit Values)* wird davon ausgegangen, dass die Eigenkapitalgeber sich zum Ende der Detailplanungsphase aus dem Unternehmen zurückziehen. So kann das Unternehmen entweder liquidiert (Ausstiegswert als Zerschlagungswert) oder veräußert werden (Ausstiegswert als Verkaufswert).[109] Im Falle einer Zerschlagung des Unternehmens zum Ende der Detailplanungsphase muss der Liquidationserlös bestimmt werden, der sich durch den Verkauf der einzelnen Vermögensgegenstände des Unternehmens erzielen lässt. Diese Vorgehensweise entspricht dem Einzelbewertungsverfahren mit Liquidationswerten (vgl. Abschnitt 2.1.2.3). Die Anwendung des Substanzwertverfahrens ist – abgesehen von der grundsätzlich an diesem Verfahren zu äußernden Kritik – im Falle der Zerschlagung des Unternehmens nicht zur Bewertung geeignet, da dieses Verfahren auf Wiederbeschaffungspreisen der einzelnen Vermögensgegenstände basiert.[110]

Soll das Unternehmen zum Ende der Detailplanungsphase nicht zerschlagen, sondern als Ganzes veräußert werden, kann der Verkaufswert mithilfe von Vergleichsverfahren (Multiplikatormethode) abgeschätzt werden. Dabei müssen sowohl Multiplikatoren als auch Bezugsgrößen mit ihrem Wert zum Ende der Detailplanungsphase angesetzt werden, da erst zu diesem Zeitpunkt der Verkauf des Unternehmens unterstellt wird. Vereinfachend lassen sich auch aktuelle Multiplikatoren verwenden, die dann ggf. entsprechend der erwarteten Branchenentwicklung angepasst werden müssen.[111] Als geeignete Multiplikatoren zur Restwertermittlung werden Umsatz-Multiplikator und Marktwert-Buchwert-Verhältnis genannt.[112] Ebenso werden in der Literatur Kurs-Gewinn-Verhältnis und EBIT-Multiplikator angeführt.[113]

2.2.3.3 Bestimmung des Restwerts unter der Going-Concern-Prämisse (Fortführungswerte)

Der Restwert wird als Fortführungswert *(Perpetuity Value)* berechnet, wenn von der Going-Concern-Prämisse ausgegangen wird.[114] Wie bereits erläutert, erfolgt die Prognose der Cashflows für die Zeit nach der Detailplanungspha-

---

[109] Vgl. Bausch/Pape (2005), S. 477.
[110] Vgl. Sieben/Maltry (2005), S. 379.
[111] Vgl. Bausch/Pape (2005), S. 478 f.
[112] Vgl. Harvard Business School (1998, Hrsg.), S. 3 f. und Bausch/Pape (2005), S. 479.
[113] Vgl. Stellbrink, 2005, S. 84-96.
[114] Vgl. Bausch/Pape (2005), S. 480 und Serfling/Pape (1996), S. 60.

se unter Zuhilfenahme von Pauschalannahmen. Dabei wird i. d. R. auf das sogenannte Gordon-Wachstumsmodell zurückgegriffen, welches einen nachhaltig erzielbaren freien Cashflow zu Beginn der Restwertphase unterstellt, der bis in die Ewigkeit jedes Jahr mit einer konstanten Rate wächst.[115] Der Restwert berechnet sich dann nach folgender Formel:[116]

(2-6) $$RW_n = \frac{FCF_{n+1}}{k_{WACC} - g}$$

FCF_{n+1} = Freier Cashflow im ersten Jahr der Restwertphase
g = Konstante Wachstumsrate des freien Cashflows

Unter der Annahme, dass der nachhaltig erzielbare freie Cashflow in der Zukunft nicht weiter ansteigt, sondern für immer konstant bleibt, gilt das Modell der ewigen Rente. Dabei handelt es sich um einen Spezialfall des Gordon-Wachstumsmodells, bei dem die Wachstumsrate den Wert Null annimmt:[117]

(2-7) $$RW_n = \frac{FCF_{n+1}}{k_{WACC}}$$

Das Gordon-Wachstumsmodell erfreut sich in der Praxis großer Beliebtheit.[118] Problematisch ist jedoch, dass eine Vielzahl von teilweise unrealistischen Pauschalannahmen getroffen wird, gleichzeitig aber – wie in Abschnitt 2.2.2 gezeigt – ein Großteil des gesamten Unternehmenswerts auf den Restwert entfällt. Diese Pauschalannahmen basieren auf der Prämisse des Gleichgewichtszustands, die im folgenden Abschnitt ausführlich diskutiert wird.

---

[115] Vgl. Aders/Schröder (2004), S. 99; Coenenberg/Schultze (2002a), S. 607; Schultze (2003), S. 142 und Streitferdt (2003), S. 273.
[116] Vgl. Koller/Goedhart/Wessels (2005), S. 56; Wagner (2008), S. 76; Schultze (2003), S. 74; Mandl/Rabel (2005), S. 68 und Damodaran (2002), S. 305.
[117] Vgl. Aders/Schröder (2004), S. 99; Henselmann (1999), S. 119 f. und Steiner/Wallmeier (1999), S. 2.
[118] Vgl. Henselmann (1999), S. 119.

2.2.4 Prämisse des Gleichgewichtszustands im Gordon-Wachstumsmodell
2.2.4.1 Vorbemerkung

Das Gordon-Wachstumsmodell unterstellt, dass sich das zu bewertende Unternehmen zu Beginn der Restwertphase in einem Gleichgewichtszustand *(Steady State)* befindet, in dem der jährliche Cashflow bis in die Ewigkeit mit einer konstanten Rate wächst.[119] Gilt der Spezialfall der ewigen Rente, wird sogar unterstellt, dass sich der Cashflow im Zeitablauf gar nicht mehr ändert. Durch die Annahme eines Gleichgewichtszustands zu Beginn der Restwertphase werden allerdings implizit auch Annahmen für sämtliche Werttreiber des freien Cashflows getroffen. Eine wichtige Rolle spielt dabei die Rentabilität des zu bewertenden Unternehmens, die zwar als direkte Determinante in der Formel des Gordon-Wachstumsmodells nicht unmittelbar ersichtlich ist, aber einen wesentlichen Werttreiber des freien Cashflows darstellt. Die Annahmen, die hinsichtlich der langfristigen Entwicklung der Rentabilität getroffen werden, beeinflussen in entscheidendem Maße die Höhe des gesamten Restwerts. Aus diesem Grund steht die Prognose der langfristigen Rentabilitätsentwicklung im Mittelpunkt der vorliegenden Arbeit.

Im weiteren Verlauf dieses Kapitels werden die impliziten Annahmen des Gordon-Wachstumsmodells aufgezeigt und diskutiert. In Abschnitt 2.2.4.2 wird zunächst der freie Cashflow mitsamt seinen Werttreibern betrachtet. Dabei wird auch auf den Zusammenhang zwischen diesen Werttreibern und der im Gordon-Modell unterstellten Wachstumsrate für die freien Cashflows eingegangen. Abschnitt 2.2.4.3 widmet sich der Rentabilität und den mit der Annahme einer konstanten Rentabilität in der Restwertphase verbundenen Implikationen. Diskutiert wird zum einen die Beziehung zwischen Rentabilität und Wachstumsrate, zum anderen wird erläutert, warum die im Rahmen des Gordon-Wachstumsmodells getroffene Annahme einer konstanten Rentabilität häufig problematisch ist und zu einem verfälschten Bewertungsergebnis führen kann. Schließlich widmet sich Abschnitt 2.2.4.4 den Kapitalkosten des

---

[119] Vgl. Koller/Goedhart/Wessels (2005), S. 62; Coenenberg/Schultze (2002a), S. 607 sowie Wagner (2008), S. 61 und 82-84.

zu bewertenden Unternehmens, die als verbleibende Komponente des Gordon-Wachstumsmodells ebenfalls einen wesentlichen Einfluss auf die Höhe des Restwerts besitzen.

2.2.4.2 Freier Cashflow und Wachstumsrate

Die Höhe des freien Cashflows wird von einer Reihe von Werttreibern bestimmt:[120]

- **NOPLAT** (Net Operating Profit Less Adjusted Taxes) – betriebliches Ergebnis nach Steuern

- **Nettoinvestitionen** – Zunahme an investiertem Kapital von einem Jahr auf das folgende

- **Investiertes Kapital** – Summe aus betrieblichem Working Capital, betrieblichem Anlagevermögen und sonstigem Nettovermögen des Unternehmens

- **ROIC** (Return on Invested Capital) – Verzinsung, die das Unternehmen auf das investierte Kapital erwirtschaftet

- **Investitionsquote** – der Teil des betrieblichen Ergebnisses, der jährlich zur Erweiterung des Anlage- oder Umlaufvermögens in das Unternehmen investiert wird

Der freie Cashflow eines Jahres lässt sich verkürzt ausdrücken durch die Differenz aus NOPLAT und Nettoinvestitionen:[121]

(2-8) $\quad FCF_t = NOPLAT_t - NI_t$

$\quad NOPLAT_t = NOPLAT$ in Periode t

$\quad NI_t \quad = Nettoinvestitionen$ in Periode t

---

[120] Vgl. Koller/Goedhart/Wessels (2005), S. 61.

[121] Bei dieser verkürzten Darstellung wird unterstellt, dass keine Zuführungen zu Rückstellungen erfolgen.

Die Nettoinvestitionen sind der Teil der jährlichen Investitionen, der die Ersatzinvestitionen in Höhe der Abschreibungen übersteigt und in der betreffenden Periode zur Erweiterung des Anlage- oder Umlaufvermögens in das Unternehmen investiert wird.[122] Sie entsprechen der Veränderung des investierten Kapitals von einem Jahr auf das folgende:

(2-9) $NI_t = IC_t - IC_{t-1}$

IC_t = Investiertes Kapital am Ende von Periode t

IC_{t-1} = Investiertes Kapital zu Beginn von Periode t (bzw. am Ende von Periode t–1)

Im Rahmen des Werttreibermodells nach KOLLER, GOEDHART und WESSELS wird das investierte Kapital definiert als der Betrag, der benötigt wird, um die betrieblichen Aktivitäten eines Unternehmens zu finanzieren.[123] Es setzt sich zusammen aus betrieblichem Working Capital, betrieblichem Anlagevermögen und sonstigem Nettovermögen (vgl. Abb. 12).

	Betriebliches Umlaufvermögen
−	Betriebliche kurzfristige Verbindlichkeiten
	Betriebliches Working Capital
+	Betriebliches Anlagevermögen
+	Sonstiges Nettoanlagevermögen (sonstiges Anlagevermögen − sonstige langfristige Verbindlichkeiten)
	Investiertes Kapital (ohne Goodwill)

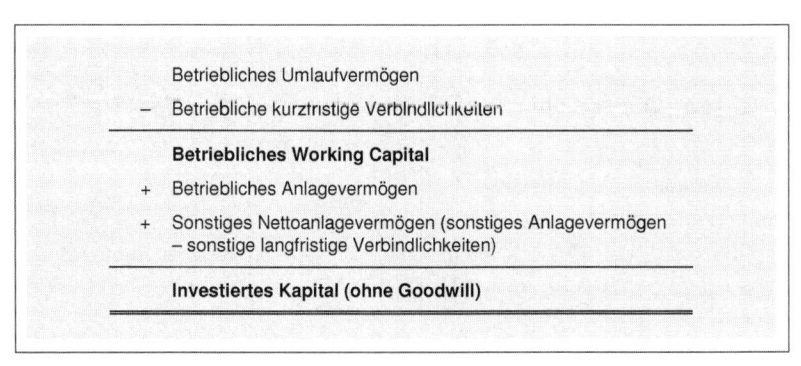

Abb. 12: Berechnungsschema zur Ermittlung des investierten Kapitals
Quelle: in Anlehnung an Koller/Goedhart/Wessels (2005), S. 165-167.

Der Return on Invested Capital (ROIC) ist eine Kennziffer zur Messung der durchschnittlichen Kapitalrentabilität für alle Fremd- und Eigenkapitalgeber

---

[122] Dabei wird vereinfachend unterstellt, dass sich Buch- und Marktwerte entsprechen.
[123] Vgl. Koller/Goedhart/Wessels (2005), S. 160.

und entspricht der Verzinsung, die in einer Periode auf das investierte Kapital zu Beginn der Periode erwirtschaftet wird:[124]

(2-10) $$ROIC_t = \frac{NOPLAT_t}{IC_{t-1}}$$

Analog zum Begriff „Nettoinvestition" ist auch die Investitionsquote als Nettogröße zu verstehen und bezeichnet den Teil des NOPLAT, der in jeder Periode zur Erweiterung des Anlage- oder Umlaufvermögens investiert wird:

(2-11) $$IR_t = \frac{NI_t}{NOPLAT_t}$$

IR_t = Investitionsquote in der Periode t

Abb. 13 fasst die Zusammenhänge zwischen den Werttreibern und dem freien Cashflow zusammen:

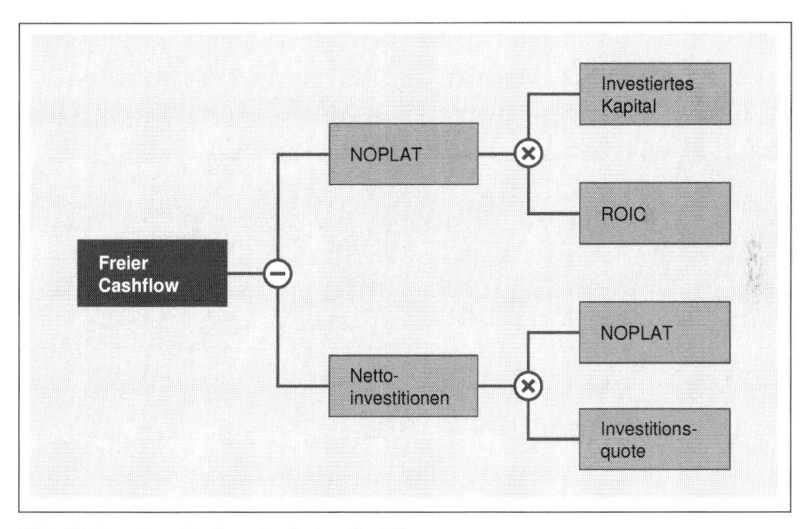

Abb. 13: Hauptwerttreiber des freien Cashflows

---

[124] Die Begriffe Rentabilität und Rendite werden im Rahmen der vorliegenden Arbeit synonym verwendet. Es wird an dieser Stelle angenommen, dass der ROIC auf Nettoinvestitionen dem ROIC auf das bereits investierte Kapital entspricht.

Das Gordon-Wachstumsmodell unterstellt nicht nur eine konstante Wachstumsrate des freien Cashflows, sondern impliziert auch einen konstanten ROIC im Zeitablauf.[125] Hiermit sind weitere Annahmen verbunden, die durch die Anwendung des Gordon-Wachstumsmodells implizit getroffen werden: bei konstanter Wachstumsrate der freien Cashflows und konstanter Rentabilität wachsen NOPLAT, investiertes Kapital und Nettoinvestitionen mit der gleichen Rate wie die freien Cashflows, außerdem nimmt die Investitionsquote im Zeitablauf einen konstanten Wert an. Diese Zusammenhänge werden im Folgenden verdeutlicht.[126]

Die Wachstumsrate des NOPLAT entspricht der prozentualen Veränderung des NOPLAT von einem Jahr auf das folgende. Es gilt:

(2-12) $$g_{NOPLAT} = \frac{NOPLAT_{t+1} - NOPLAT_t}{NOPLAT_t}$$

g_{NOPLAT} = Wachstumsrate des NOPLAT

Das NOPLAT entspricht bei konstantem ROIC zu jeder Zeit einem konstanten Anteil am investierten Kapital des Vorjahres. Somit wächst das NOPLAT mit der gleichen Rate wie das zugrunde gelegte investierte Kapital:

(2-13) $$g_{NOPLAT} = \frac{NOPLAT_{t+1} - NOPLAT_t}{NOPLAT_t} = \frac{IC_t \cdot ROIC - IC_{t-1} \cdot ROIC}{IC_{t-1} \cdot ROIC}$$

$$= \frac{(IC_t - IC_{t-1}) \cdot ROIC}{IC_{t-1} \cdot ROIC} = \frac{IC_t - IC_{t-1}}{IC_{t-1}} = g_{IC}$$

g_{IC} = Wachstumsrate des investierten Kapitals

---

[125] Vgl. Koller/Goedhart/Wessels (2005), S. 63 und Aders/Schröder (2004), S. 104 f.

[126] Vgl. für die hier dargestellten Zusammenhänge auch Koller/Goedhart/Wessels (2005), S. 61 f. und Stellbrink (2005), S. 134-136.

Der gleiche Zusammenhang gilt für die Wachstumsrate von NOPLAT und Nettoinvestitionen. Die Wachstumsrate des NOPLAT kann wie folgt dargestellt werden:

$$(2\text{-}14) \quad g_{NOPLAT} = \frac{IC_t \cdot ROIC - IC_{t-1} \cdot ROIC}{NOPLAT_t} = \frac{(IC_t - IC_{t-1}) \cdot ROIC}{NOPLAT_t}$$

$$= \frac{NI_t \cdot ROIC}{NOPLAT_t}$$

Durch Umformen erhält man für die Nettoinvestitionen:

$$(2\text{-}15) \quad NI_t = NOPLAT_t \cdot \frac{g_{NOPLAT}}{ROIC}$$

Für die Wachstumsrate der Nettoinvestitionen gilt:

$$(2\text{-}16) \quad g_{NI} = \frac{NI_{t+1} - NI_t}{NI_t} = \frac{NOPLAT_t \cdot \frac{g_{NOPLAT}}{ROIC} - NOPLAT_{t-1} \cdot \frac{g_{NOPLAT}}{ROIC}}{NOPLAT_{t-1} \cdot \frac{g_{NOPLAT}}{ROIC}}$$

$$= \frac{(NOPLAT_t - NOPLAT_{t-1}) \cdot \frac{g_{NOPLAT}}{ROIC}}{NOPLAT_{t-1} \cdot \frac{g_{NOPLAT}}{ROIC}} = \frac{NOPLAT_t - NOPLAT_{t-1}}{NOPLAT_{t-1}}$$

$$= g_{NOPLAT}$$

Schließlich lässt sich der freie Cashflow folgendermaßen ausdrücken:

$$(2\text{-}17) \quad FCF_t = NOPLAT_t - NI_t = NOPLAT_t - NOPLAT_t \cdot \frac{g_{NOPLAT}}{ROIC}$$

$$= NOPLAT_t \cdot \left(1 - \frac{g_{NOPLAT}}{ROIC}\right)$$

Damit wird deutlich, dass unter den oben angeführten Prämissen der freie Cashflow einen konstanten Anteil am NOPLAT darstellt. Es gilt:[127]

$$(2\text{-}18) \quad g_{FCF} = \frac{FCF_t}{FCF_{t-1}} - 1 = \frac{NOPLAT_t \cdot \left(1 - \frac{g_{NOPLAT}}{ROIC}\right)}{NOPLAT_{t-1} \cdot \left(1 - \frac{g_{NOPLAT}}{ROIC}\right)} - 1$$

$$= \frac{NOPLAT_t}{NOPLAT_{t-1}} - 1 = g_{NOPLAT} = g$$

Für den Restwert ergibt sich durch Einsetzen von Gleichung (2-17) in die Formel des Gordon-Wachstumsmodells:

$$(2\text{-}19) \quad RW_n = \frac{NOPLAT_{t+1} \cdot \left(1 - \frac{g}{ROIC}\right)}{k_{WACC} - g}$$

Dieser Ausdruck wird von KOLLER, GOEDHART und WESSELS auch als *„Key Value Driver Formula"* bezeichnet. Er liefert das gleiche Ergebnis wie die Formel des Gordon-Wachstumsmodells, jedoch sind neben Kapitalkosten und Wachstumsrate auch NOPLAT und ROIC als wesentliche Treiber des Unternehmenswerts explizit berücksichtigt.[128] Zusammenfassend zeigt Abb. 14 noch einmal die Prämissen, die mit der Anwendung des Gordon-Wachstumsmodells in Bezug auf die zentralen Werttreiber des freien Cashflows implizit getroffen werden.

---

[127] Vgl. hierzu auch Stellbrink (2005), S. 136. Aufgrund der gezeigten Äquivalenz der verschiedenen Wachstumsraten kann in dieser Formel die Wachstumsrate für NOPLAT, investiertes Kapital, Nettoinvestitionen und freien Cashflow einheitlich durch *g* ausgedrückt werden.

[128] Vgl. Koller/Goedhart/Wessels (2005), S. 62 f.

Werttreiber	Gordon-Wachstumsmodell (g ≠ 0)	Sonderfall der ewigen Rente (g = 0)
NOPLAT	Konstantes Wachstum mit Wachstumsrate g	konstant
Netto-investitionen	Konstantes Wachstum mit Wachstumsrate g	konstant
Investiertes Kapital	Konstantes Wachstum mit Wachstumsrate g	konstant
ROIC	konstant	konstant
Investitions-quote	konstant (entspricht g/ROIC)	null

Abb. 14: Prämissen des Gleichgewichtszustands im Gordon-Wachstumsmodell

2.2.4.3 ROIC

Die vorangegangenen Ausführungen haben verdeutlicht, dass das Gordon-Modell mit und ohne Wachstum einen Gleichgewichtszustand zu Beginn der Restwertphase impliziert, in dem sich die Rentabilität nicht mehr ändert, sondern auf ewig konstant ist. Im Folgenden soll gezeigt werden, dass diese Annahme problematisch ist, weil der ROIC ein wesentlicher Werttreiber des freien Cashflows ist und somit eine pauschale Annahme hinsichtlich der Höhe des ROIC in der Restwertphase das Bewertungsergebnis stark verzerren kann.

In der Literatur wird hervorgehoben, dass die Wachstumsrate einen entscheidenden Bestimmungsfaktor für die Höhe des Restwerts darstellt.[129] Tatsächlich reagiert der Unternehmenswert in den meisten Fällen sehr sensibel auf Änderungen der Wachstumsrate.[130] Voraussetzung dafür ist jedoch, dass die Rentabilität nicht den Kapitalkosten des Unternehmens entspricht (ROIC ≠ WACC). Nur wenn ökonomische Renten erwirtschaftet werden (ROIC > WACC), kann zusätzliches Wachstum den Unternehmenswert stei-

---

[129] Vgl. Henselmann/Weiler (2007), S. 355 und Mandl/Rabel (1997), S. 200 f.
[130] Vgl. Damodaran (2002), S. 305.

gern. Im umgekehrten Fall (ROIC < WACC) wird durch eine hohe Wachstumsrate kein Wert geschaffen, sondern Wert vernichtet.[131]

Diese Zusammenhänge sollen anhand eines einfachen Beispiels verdeutlicht werden. Betrachtet wird ein Unternehmen mit investiertem Kapital von 1.000 Mio. EUR und Kapitalkosten von 13 Prozent. Abhängig von der Wachstumsrate wird der Unternehmenswert für drei Szenarien berechnet: für den Fall positiver ökonomischer Renten (ROIC = 15 Prozent), für den Fall negativer ökonomischer Renten (ROIC = 11 Prozent) und für den Fall, dass sich ROIC und Kapitalkosten genau entsprechen, also weder Wert geschaffen noch vernichtet wird (ROIC = WACC = 13 Prozent). Das Ergebnis ist in Abb. 15 dargestellt.

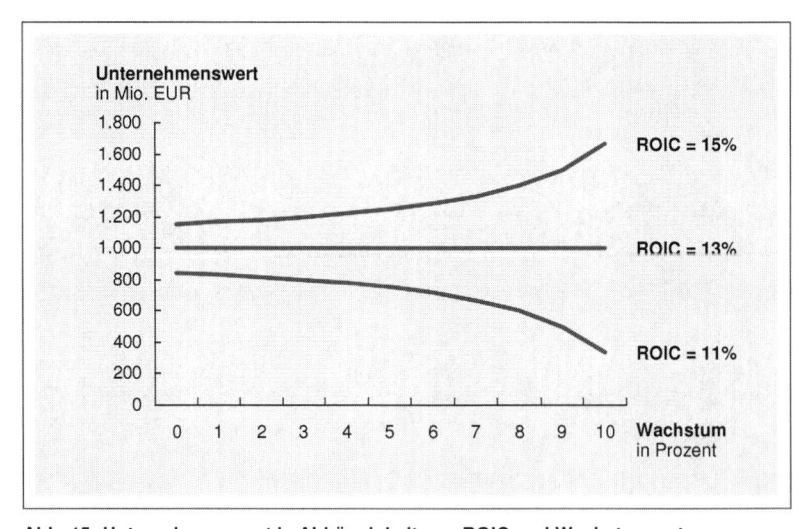

Abb. 15: Unternehmenswert in Abhängigkeit von ROIC und Wachstumsrate

Die Abbildung verdeutlicht, dass eine Veränderung der Wachstumsrate für den Fall ROIC ≠ WACC den Unternehmenswert stark beeinflusst. Dieser Einfluss nimmt mit steigender Wachstumsrate zu.[132] Gleichzeitig ist aber er-

---

[131] Vgl. auch Koller/Goedhart/Wessels (2005), S. 60 und Rappaport/Mauboussin (2001), S. 15 f.

[132] Für g → WACC wird der Unternehmenswert bei ROIC > WACC unendlich groß und bei

kennbar, dass der Unternehmenswert unabhängig von der Wachstumsrate ist, wenn das Unternehmen genau seine Kapitalkosten verdient (ROIC = WACC). In diesem Fall werden in der Zukunft keine ökonomischen Renten erzielt, der Unternehmenswert entspricht genau dem am Bewertungsstichtag investierten Kapital.

Auch in dem hier gewählten Beispiel wurde vereinfachend unterstellt, dass die Rentabilität im Zeitablauf konstant ist. Diese Annahme ist insbesondere dann kritisch zu hinterfragen, wenn zum Ende der Detailplanungsphase ein ROIC erwirtschaftet wird, der die Kapitalkosten übersteigt, und wenn dieser ROIC als konstanter Wert für die Restwertphase übernommen wird. Übersteigt der ROIC die Kapitalkosten des Unternehmens, werden ökonomische Renten oder sogenannte Überrenditen (*Excess Returns*) erwirtschaftet. Überrenditen sind Ausdruck bestimmter Wettbewerbsvorteile, über die das Unternehmen verfügt. Solange diese Wettbewerbsvorteile bestehen und das Unternehmen Überrenditen erwirtschaftet, wird Jahr für Jahr zusätzlicher Wert geschaffen.[133] Setzt man nun für die gesamte Restwertphase einen konstanten ROIC an, der über den Kapitalkosten liegt, wird unterstellt, dass es dem Unternehmen gelingt, bis in die Ewigkeit über Wettbewerbsvorteile zu verfügen und in jedem Jahr Wert zu schaffen.[134]

Mehrere empirische Untersuchungen belegen, dass die Rentabilität eines Unternehmens Konvergenzprozessen unterliegt.[135] So kann man im Allgemeinen beobachten, dass eine überdurchschnittlich hohe Rentabilität im Zeitablauf absinkt und sich langfristig auf einem bestimmten Wert einpendelt.[136] Dieser Wert muss nicht unbedingt den Kapitalkosten des Unterneh-

---

ROIC < WACC unendlich klein.

[133] Vgl. Damodaran (2002), S. 290 und Rappaport (1998), S. 41.

[134] Vgl. Cheridito/Schneller (2004), S. 737 und Coenenberg/Schultze (2002a), S. 607 f.

[135] Vgl. hierzu ausführlich Kapitel 4.

[136] Vgl. Henselmann/Weiler (2007), S. 356. Auch bei Unternehmen mit unterdurchschnittlichen Renditen lässt sich eine Konvergenz beobachten, hier nehmen die Unterrenditen mit der Zeit ab.

mens entsprechen, jedoch verharrt die Rentabilität selten konstant auf einem hohen, überdurchschnittlichen Niveau.[137] Ein Gleichgewichtszustand mit konstantem ROIC, wie er durch die Anwendung des Gordon-Wachstumsmodells bereits zu Beginn der Restwertphase unterstellt wird, ist erst dann erreicht, wenn dieser Konvergenzprozess vollständig abgeschlossen ist.

Die Auswirkungen dieser Pauschalannahme auf den Unternehmenswert soll kurz anhand eines Zahlenbeispiels demonstriert werden. Gegeben sei ein Unternehmen, das zu Beginn der Restwertphase über investiertes Kapital in Höhe von 1.000 Mio. EUR verfügt. Das investierte Kapital wächst jährlich mit einer Wachstumsrate von 3 Prozent, die Kapitalkosten des Unternehmens betragen 10 Prozent und zu Beginn der Restwertphase erwirtschaftet das Unternehmen einen ROIC von 20 Prozent. Abb. 16 zeigt die Unternehmenswerte für drei verschiedene Szenarien im Hinblick auf den ROIC-Verlauf in der Restwertphase.

---

[137] Geht man davon aus, dass sich Überrenditen über Zeit komplett auflösen und gegen die Kapitalkosten des jeweiligen Unternehmens konvergieren, so bezeichnet man die endliche Periode, in der es einem Unternehmen gelingt, ökonomische Renten zu erwirtschaften, als „Competitive Advantage Period" der „Value Growth Duration", vgl. Maboussin/Johnson (1997), S. 3 und Rappaport (1998), S. 71. Das Konzept der Competitive Advantage Period wird ausführlich in Kapitel 5 untersucht und diskutiert.

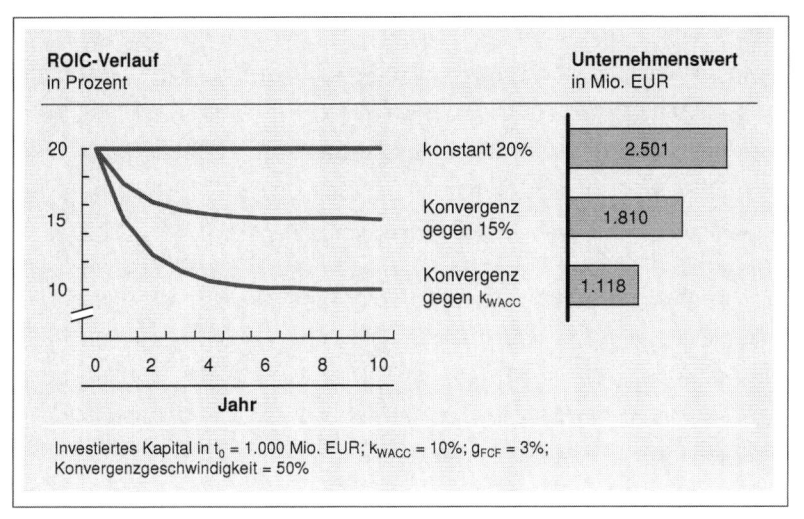

Abb. 16: Rechenbeispiel mit unterschiedlichen ROIC-Verläufen

Unter der Pauschalannahme eines konstanten ROIC zu Beginn der Restwertphase beläuft sich der Unternehmenswert auf 2.501 Mio. EUR. Unterstellt man hingegen einen Konvergenzverlauf des ROIC gegen einen Wert von 15 Prozent, verringert sich der Unternehmenswert auf 1.810 Mio. EUR. Geht man gar von einem Rückgang des ROIC bis zu den Kapitalkosten von 10 Prozent aus, beträgt der Unternehmenswert 1.118 Mio. EUR und damit nur noch knapp 45 Prozent des mithilfe des Gordon-Wachstumsmodells ermittelten Werts. Selbst unter der Annahme, dass die Rentabilität nicht bis zu den Kapitalkosten konvergiert, sondern in der Restwertphase lediglich um fünf Prozentpunkte auf 15 Prozent abnimmt, ergibt sich ein um etwa 28 Prozent niedrigerer Unternehmenswert.

Das Beispiel verdeutlicht, dass der Unternehmenswert sehr sensibel auf die Annahmen reagiert, die hinsichtlich des Rentabilitätsverlaufs in der Restwertphase getroffen werden. Der differenzierten Prognose dieses Verlaufs im Rahmen der Restwertbestimmung kommt daher eine wichtige Bedeutung zu. Pauschale Annahmen, wie der durch das Gordon-Wachstumsmodell implizierte, konstante ROIC, sind problematisch. Gleiches gilt für die ebenfalls pauschale Annahme eines ROIC-Rückgangs bis auf das Niveau der Kapitalkosten. Durch die Untersuchung langfristiger Rentabilitätsverläufe europäischer Unternehmen im Rahmen der vorliegenden Arbeit sollen daher empirisch validierte Parameter abgeleitet werden, die eine differenziertere Prognose des Rentabilitätsverlaufs in der Restwertphase ermöglichen, sodass sich der Rückgriff auf die üblichen Pauschalannahmen für diesen Werttreiber im Rahmen der Unternehmensbewertung vermeiden lässt.

Abschließend sei erwähnt, dass der ROIC im Vergleich zu anderen gebräuchlichen Rentabilitätskennziffern, wie z. B. Return on Assets (ROA) oder Return on Equity (ROE),[138] mehrere Vorteile bietet. Zum einen stellt er als durchschnittliche Kapitalrentabilität für alle Fremd- und Eigenkapitalgeber gewissermaßen das Äquivalent der gewichteten Kapitalkosten (WACC) dar und ermöglicht somit die direkte und exakte Bestimmung des ökonomischen Gewinns. Eine Gegenüberstellung etwa von ROA und WACC ist dagegen problematisch, da die gewichteten Kapitalkosten ausschließlich auf dem verzinslichen Kapital basieren, der ROA jedoch auch nicht verzinsliches Kapital umfasst.[139] Zum anderen bezieht sich der ROIC ausschließlich auf das operative Geschäft eines Unternehmens, sodass nur eine vergleichsweise geringe Verzerrungsgefahr durch buchhalterische Effekte zu erwarten ist. Anders als beim ROA, der das gesamte bilanzielle Vermögen eines Unternehmens umfasst und dessen Aussagekraft daher beispielsweise durch den Einfluss nicht operativer Vermögensbestandteile eingeschränkt sein kann, sind diese im ROIC nicht enthalten. Aus dem gleichen Grund eignet sich der ROIC besonders gut für die Untersuchung der Rentabilitätsentwicklung über Zeit, da auch keine Verzerrung durch Sondereffekte in einzelnen Jahren zu erwarten ist.

---

[138] Vgl. Kuhner (2006), S. 4984 zu den verschiedenen Rentabilitätskennziffern.
[139] Vgl. Damodaran (2007), S. 13.

2.2.4.4 Kapitalkosten

Eine weitere Voraussetzung für den durch das Gordon-Wachstumsmodell implizierten Gleichgewichtszustand besteht darin, dass das zu bewertende Unternehmen konstante Kapitalkosten im Zeitablauf aufweisen muss.[140] Dies setzt einerseits voraus, dass sich weder Eigen- noch Fremdkapitalkosten im Zeitablauf ändern; andererseits muss die Kapitalstruktur bzw. der Verschuldungsgrad des Unternehmens konstant sein.[141] Bei der Bestimmung der Kapitalkosten sollte daher für die Gewichtung von Eigen- und Fremdkapitalkosten eine langfristige „Ziel-Kapitalstruktur" gewählt werden. Diese kann von der aktuellen Kapitalstruktur des Unternehmens abweichen, wenn letztere beispielsweise durch eine kurzfristige Veränderung des Aktienkurses verzerrt ist.[142]

Für den Spezialfall der ewigen Rente ohne Wachstum impliziert eine konstante Kapitalstruktur, dass sowohl Eigen- als auch Fremdkapitalvolumen im Zeitablauf konstant sind. Liegt ein Gleichgewichtszustand mit auf ewig konstanten Cashflows vor, kann davon ausgegangen werden, dass der Jahresüberschuss vollständig an die Aktionäre ausgeschüttet wird (Vollausschüttungshypothese) und kein zusätzlicher Kapitalbedarf besteht. In diesem Fall entsprechen die Investitionen in jeder Periode genau den Abschreibungen des Unternehmens.[143]

Nimmt man hingegen an, dass die Cashflows in der Restwertphase mit einer konstanten Rate wachsen (Gordon-Wachstumsmodell), ist die Vollausschüttungshypothese problematisch. Durch die Prämisse einer konstanten Kapitalstruktur in der Restwertphase wird unterstellt, dass der Fremdkapitalbestand des Unternehmens mit exakt der gleichen konstanten Wachs-

---

[140] Vgl. Streitferdt (2003), S. 277.
[141] Vgl. Stellbrink (2005), S. 139 und 207 sowie Koller/Goedhart/Wessels (2005), S. 275.
[142] Vgl. Koller/Goedhart/Wessels (2005), S. 322 f.
[143] Vgl. Stellbrink (2005), S. 207 und Rappaport (1998), S. 42. Zu einer Diskussion dieser Prämisse beim Modell der ewigen Rente vgl. ausführlich Moser (2002).

tumsrate ansteigt wie die jährlichen Cashflows.[144] Ginge man von der Vollausschüttungshypothese aus, würde das Eigenkapital des Unternehmens auf einem konstanten Niveau verharren. Bei gleichzeitig konstant wachsendem Fremdkapital hätte dies eine rückläufige Eigenkapitalquote zur Folge, sodass die Annahme einer konstanten Kapitalstruktur verletzt wäre. Ein Gleichgewichtszustand im Sinne des Gordon-Wachstumsmodells liegt nur dann vor, wenn die Jahresüberschüsse des Unternehmens jedes Jahr anteilig thesauriert werden und damit der Wert des Eigenkapitals mit der gleichen Wachstumsrate wie das Fremdkapital ansteigt.[145] Ballwieser weist außerdem darauf hin, dass eine rückläufige Eigenkapitalquote, wie sie durch die Vollausschüttungshypothese impliziert wird, dazu führen würde, dass das Wachstum zwingend vollständig fremdfinanziert wäre. Dies hätte zur Folge, dass das Unternehmen nach einer gewissen Zeit einen so hohen Verschuldungsgrad erreicht hat, dass es keine Kredite mehr erhalten würde und das unterstellte Wachstum nicht mehr finanzieren könnte.[146]

2.2.4.5 Zwischenfazit

Die vorangegangenen Ausführungen haben verdeutlicht, dass bei Anwendung des Gordon-Wachstumsmodells mehrere Annahmen getroffen werden, die in der Realität häufig nicht erfüllt sind. Viele dieser Annahmen werden zudem implizit getroffen, wodurch eine Überprüfung hinsichtlich ihrer Plausibilität erschwert wird. Es konnte gezeigt werden, dass die Rentabilität einen bedeutenden Einfluss auf den Unternehmenswert ausübt, gleichzeitig jedoch bei Anwendung des Gordon-Wachstumsmodells auf eine differenzierte Prognose der Rentabilität in der Restwertphase verzichtet wird. Im folgenden Abschnitt werden daher alternative Verfahren zum Gordon-Wachstumsmodell vorgestellt, mit deren Hilfe sich differenziertere Prognosen rechentechnisch abbilden lassen.

---

[144] Vgl. Streitferdt (2003), S. 277 und Stellbrink (2005), S. 144.
[145] Vgl. detailliert zu dieser Problematik Stellbrink (2005), S. 225-230.
[146] Vgl. Ballwieser (2007), S. 65.

2.2.5 Berücksichtigung variabler Werttreiber in der Restwertphase

2.2.5.1 Vorbemerkung

In der Literatur werden unterschiedliche Modelle sowohl zur Abbildung bestimmter Wachstumsverläufe in der Restwertphase als auch zur Berücksichtigung variabler Rentabilität diskutiert. Die entsprechenden Modelle weisen eine Reihe von Gemeinsamkeiten auf, sodass im Folgenden sowohl auf den Fall einer variablen Wachstumsrate als auch auf den Fall einer variablen Rentabilität eingegangen wird. Es ist darauf hinzuweisen, dass an dieser Stelle lediglich die modelltechnische Abbildung von bestimmten Verläufen dieser Werttreiber aufgezeigt wird. Die entsprechenden Modelle stellen gewissermaßen die für eine differenziertere Unternehmensbewertung notwendigen Hilfsmittel dar. Sie ersetzen jedoch nicht eine empirisch fundierte Verlaufsprognose. Die empirische Fundierung einer solchen Verlaufsprognose für den Werttreiber Rentabilität ist Gegenstand der nachfolgenden Kapitel.

2.2.5.2 Variable Wachstumsrate

2.2.5.2.1 Überblick

Durch den Gleichgewichtszustand im Gordon-Wachstumsmodell wird unterstellt, dass die Cashflows des zu bewertenden Unternehmens bis in die Ewigkeit mit einer konstanten Rate wachsen. Diese Annahme einer auf ewig konstanten Wachstumsrate ist i. d. R. nicht realistisch.[147] Problematisch ist die Anwendung des Gordon-Wachstumsmodells insbesondere bei hohen Wachstumsraten, da kein Unternehmen langfristig stärker wachsen kann als der Markt, in dem es tätig ist.[148]

Das Problem lässt sich lösen, indem die Prämisse einer auf ewig konstanten Wachstumsrate aufgegeben wird und stattdessen differenzierte Annahmen für die Entwicklung der Wachstumsrate in der Restwertphase getroffen werden. Dabei kann z. B. unterstellt werden, dass die Wachstumsrate abrupt zu

---

[147] Vgl. Koller/Goedhart/Wessels (2005), S. 151-157.
[148] Vgl. Albrecht (2004), S. 738 f. und Damodaran (2001a), S. 305.

einem bestimmten Zeitpunkt, linear über einen begrenzten Zeitraum oder kontinuierlich über die gesamte Restwertphase abfällt. Im Ergebnis lassen sich drei Modelle unterscheiden (vgl. Abb. 17), die nachfolgend diskutiert werden.[149]

	Häufigkeit und Art der Änderung	Graphische Darstellung des Wachstumsverlaufs
Drei-Phasen-Modell mit abrupter Änderung der Wachstumsrate	Einmalige, abrupte Änderung der Wachstumsrate zum Zeitpunkt m	Wachstumsrate g; DP, RW 1, RW 2; g_1, g_2; n, m, Zeit t
Drei-Phasen-Modell mit linearem Rückgang der Wachstumsrate	Einmaliger, linearer Änderungsprozess der Wachstumsrate in der ersten Restwertphase	Wachstumsrate g; DP, RW 1, RW 2; g_N; n, m, Zeit t
Konvergenz-Modell mit exponentiellem Rückgang der Wachstumsrate (Zwei-Phasen-Modell)	Kontinuierliche Änderung der Wachstumsrate um einen konstanten Konvergenzfaktor bis in die Ewigkeit	Wachstumsrate g; DP, RW; g_N; n, Zeit t

DP = Detailplanungsphase; RW = Restwertphase

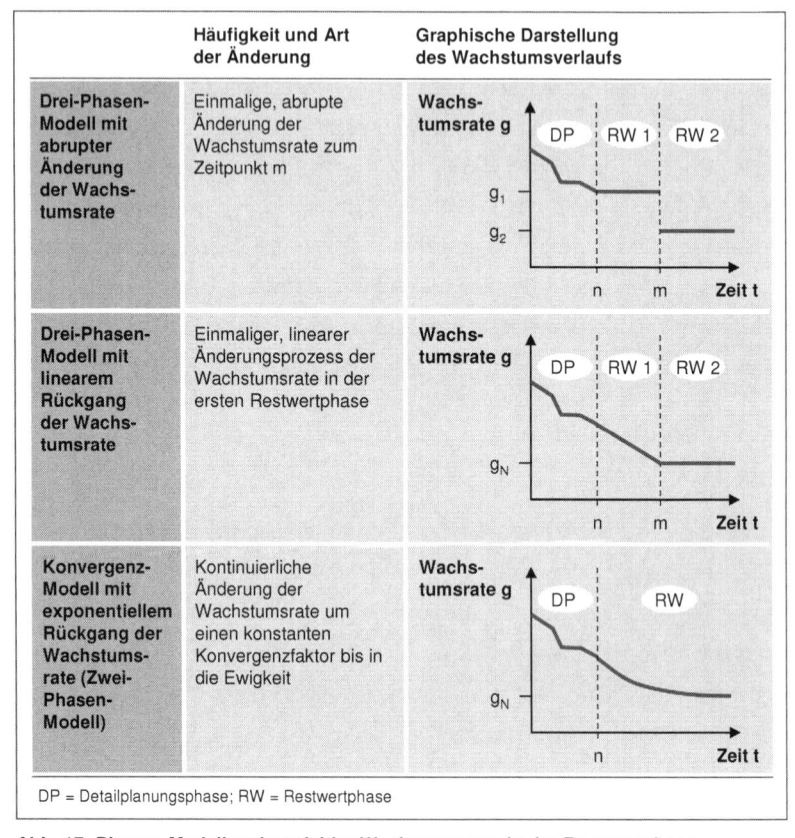

Abb. 17: Phasen-Modelle mit variabler Wachstumsrate in der Restwertphase

---

[149] Vgl. zu den folgenden Ausführungen auch Henselmann (1999), S. 118-123 sowie Stellbrink (2005), S. 70-78. Die Bezeichnung der Modelle bezieht auch die Detailplanungsphase mit ein, sodass der Restwertzeitraum bei einem Drei-Phasen-Modell nur zwei Phasen umfasst.

2.2.5.2.2 Drei-Phasen-Modell mit abrupter Änderung der Wachstumsrate

Weist das zu bewertende Unternehmen auch nach Ende der Detailplanungsphase hohe Wachstumsraten auf, kann es sinnvoll sein, den Restwertzeitraum in zwei Phasen zu unterteilen. In der ersten Restwertphase wird zunächst für einen begrenzten Zeitraum eine hohe Wachstumsrate g_1 unterstellt, bevor diese zu einem bestimmten Zeitpunkt m schlagartig abfällt und die Cashflows in der anschließenden zweiten Restwertphase auf ewig mit der niedrigeren Rate g_2 wachsen.[150] Für den Restwert gilt dann folgende Formel:[151]

$$(2\text{-}20) \quad RW_n = \sum_{t=n+1}^{m} \frac{FCF_n \cdot (1+g_1)^{t-n}}{(1+k_{WACC})^{t-n}} + \sum_{t=m+1}^{\infty} \frac{FCF_n \cdot (1+g_1)^{m-n} \cdot (1+g_2)^{t-m}}{(1+k_{WACC})^{t-n}}$$

$$= FCF_n \cdot (1+g_1) \cdot \frac{1-\left(\frac{1+g_1}{1+k_{WACC}}\right)^{m-n}}{k_{WACC}-g_1} + \frac{FCF_{m+1}}{(k_{WACC}-g_2)\cdot(1+k_{WACC})^{m-n}}$$

FCF_n = Freier Cashflow zu Beginn der Restwertphase

FCF_{m+1} = $FCF_n \cdot (1+g_1)^{m-n} \cdot (1+g_2)$ = Freier Cashflow im ersten Jahr der zweiten Restwertphase

g_1 = Wachstumsrate des freien Cashflows bis zum Zeitpunkt m

g_2 = Wachstumsrate des freien Cashflows ab dem Zeitpunkt m

Unter Bezug auf Gleichung (2-5) ergibt sich für den Gesamtunternehmenswert:

$$(2\text{-}21) \quad GUW = UW_{DP} + RW_0 = UW_{DP} + \frac{RW_n}{(1+k_{WACC})^n}$$

---

[150] Vgl. auch Koller/Goedhart/Wessels (2005), S. 287 f.
[151] Vgl. Henselmann (1999), S. 120 f.

2.2.5.2.3 Drei-Phasen-Modell mit linearem Rückgang der Wachstumsrate

Die Annahme abrupt fallender Wachstumsraten lässt sich allerdings kritisch hinterfragen. Alternativ zum Drei-Phasen-Modell mit abrupter Änderung der Wachstumsrate kann es daher sinnvoll sein, einen allmählichen Rückgang der Wachstumsrate in der ersten Restwertphase zu modellieren, der so lange anhält, bis das Unternehmen seinen Gleichgewichtszustand erreicht hat, in dem die Cashflows nur noch mit der nachhaltigen Wachstumsrate g_N ansteigen (zweite Restwertphase):[152]

$$(2\text{-}22) \quad RW_n = \sum_{t=n+1}^{m} \frac{FCF_n \cdot \prod_{s=n+1}^{t}(1+g_s)}{(1+k_{WACC})^{t-n}} + \sum_{t=m+1}^{\infty} \frac{FCF_n \cdot \left(\prod_{s=n+1}^{m}(1+g_s)\right) \cdot (1+g_N)^{t-m}}{(1+k_{WACC})^{t-n}}$$

$$= \sum_{t=n+1}^{m} \frac{FCF_n \cdot \prod_{s=n+1}^{t}(1+g_s)}{(1+k_{WACC})^{t-n}} + \frac{FCF_{m+1}}{(k_{WACC} - g_N) \cdot (1+k_{WACC})^{m-n}}$$

g_s = Periodenspezifische Wachstumsrate des freien Cashflows im Zeitraum von n bis m

g_N = Nachhaltige Wachstumsrate des freien Cashflows im Gleichgewichtszustand

Für den Gesamtunternehmenswert gilt Gleichung (2-21) analog. Die Anwendung eines Drei-Phasen-Modells, welches nach der Detailplanungsphase eine Phase vorsieht, in der für einen Zeitraum von bis zu fünf Jahren allgemeine Trenderwartungen berücksichtigt werden können, wurde früher auch vom Institut der Wirtschaftsprüfer (IDW) vorgeschlagen.[153] Die aktuelle Empfehlung des IDW sieht jedoch lediglich zwei Phasen vor.[154] In der Literatur wird

---

[152] Vgl. Henselmann (1999), S. 121 f.
[153] Vgl. Dörner (1992), S. 50.
[154] Vgl. Wagner (2008), S. 52-54.

zum Teil explizit darauf hingewiesen, dass dieses Schema nicht als zwingende Vorgabe zu verstehen ist.[155]

2.2.5.2.4 Konvergenzmodell mit exponentiellem Rückgang der Wachstumsrate

Ein drittes Szenario für die Entwicklung der Wachstumsrate geht davon aus, dass sich die Wachstumsrate ab Beginn der Restwertphase Jahr für Jahr mit einem bestimmten Faktor verringert und somit kontinuierlich gegen die nachhaltige Wachstumsrate konvergiert. Bei diesem Konvergenzmodell reduziert sich die Differenz zwischen dem Wachstum der Vorperiode und dem nachhaltigen Wachstum in jeder Periode um einen konstanten Konvergenzfaktor a (0 < a < 1).[156] Für die Wachstumsrate in der Periode t (g_t) gilt dann:

(2-23) $\quad g_t = g_{t-1} - (g_{t-1} - g_N) \cdot a$

g_{t-1} = Wachstumsrate der Vorperiode

g_N = nachhaltige Wachstumsrate

Für den Restwert ergibt sich folgende Formel:

(2-24) $\quad RW_n = \sum\limits_{t=n+1}^{\infty} \dfrac{FCF_n \cdot \prod\limits_{s=n+1}^{t}(1+g_s)}{(1+k_{WACC})^{t-n}}$

g_s = Periodenspezifische Wachstumsrate des freien Cashflows in der Restwertphase

Auch hier gilt für den Gesamtunternehmenswert Gleichung (2-21) analog.

Im Prinzip ließen sich die Phasen-Modelle und die zugrunde liegenden Annahmen hinsichtlich der Wachstumsrate beliebig erweitern und kombinieren.

---

[155] Vgl. Peemöller (2001), S. 1405. Auch Bausch und Pape sowie Hayn verweisen darauf, dass das Drei-Phasen-Modell seit einiger Zeit nicht mehr in den Empfehlungen des IDW Berücksichtigung findet, vgl. Bausch/Pape (2005), S. 481 und Hayn (2003), S. 183 f.

[156] Vgl. Weiler (2005), S. 130 und Henselmann (1999), S. 122.

Zu bedenken ist allerdings, dass nicht allein das Modellieren möglichst vieler expliziter Annahmen das Bewertungsergebnis verbessert. Insofern könnte bei einer Erweiterung dieser Modelle auf mehr als drei Phasen durchaus von einer Scheingenauigkeit gesprochen werden, die nicht der Realität entspricht.[157]

2.2.5.3 Variable Rentabilität

2.2.5.3.1 Überblick

Die Diskussion in Abschnitt 2.2.4 hat verdeutlicht, dass die Annahme einer konstanten Rentabilität in der Restwertphase zumeist nicht zutrifft und das Bewertungsergebnis stark verzerren kann. Die Rentabilität unterliegt i. d. R. Konvergenzprozessen, die durch das Gordon-Wachstumsmodell nicht abgebildet werden können. Alternativ lassen sich auch für die Rentabilität – analog zu den in Abschnitt 2.2.5.2 diskutierten Modellen mit variabler Wachstumsrate – unterschiedliche Verläufe in der Restwertphase modellieren. Im Folgenden wird dies für das Drei-Phasen-Modell mit linearem Rückgang der Rentabilität und für das Konvergenzmodell erläutert.[158]

2.2.5.3.2 Drei-Phasen-Modell mit linearem Rückgang der Rentabilität

Um der Existenz von Konvergenzprozessen beim Werttreiber Rentabilität in gebührendem Maße Rechnung zu tragen, wird in der Literatur ein Drei-Phasen-Modell vorgeschlagen, welches zwischen Detailplanungs- und Restwertphase eine Überrenditephase oder Fade-Periode vorsieht.[159] Analog zum Drei-Phasen-Modell mit einer nach der Detailplanungsphase linear abfallenden Wachstumsrate kann in dieser Überrenditephase eine rückläufige Entwicklung der Rentabilität in Richtung der Kapitalkosten modelliert werden.[160]

---

[157] Vgl. Weiler (2005), S. 65.

[158] Im Falle einer Unterrendite nimmt die Rentabilität in der Restwertphase zu, die entsprechenden Modelle gelten analog. Auf die Darstellung eines Drei-Phasen-Modells mit abruptem Rückgang der Rentabilität wird an dieser Stelle verzichtet.

[159] Vgl. Koller/Goedhart/Wessels (2005), S. 287 f.; Bausch/Pape (2005), S. 481 f.; Aders/Schröder (2004), S. 107-109 und Peemöller (2001), S. 1405.

[160] Vgl. Bausch/Pape (2005), S. 482.

Folglich wird unterstellt, dass das Unternehmen erst am Ende der Überrenditephase seinen Gleichgewichtszustand erreicht hat, sodass das Gordon-Wachstumsmodell zur Ermittlung des Wertbeitrags der letzten Phase herangezogen werden darf.[161]

Grundsätzlich kann ein linearer Verlauf der Rentabilität gegen einen beliebigen Zielwert modelliert werden, der nicht unbedingt den Kapitalkosten des Unternehmens entsprechen muss. Der Begriff „Überrenditephase" impliziert aber, dass die Rentabilität zum Ende dieser Phase den Kapitalkosten des Unternehmens entspricht. In diesem Fall wird von der Existenz einer endlichen *Competitive Advantage Period (CAP)* ausgegangen, die sich aus Detailplanungsphase und Überrenditephase zusammensetzt und an deren Ende das Unternehmen über keine Wettbewerbsvorteile mehr verfügt.[162] Die pauschale Annahme eines Rentabilitätsverlaufs bis zu den Kapitalkosten ist jedoch ebenfalls kritisch zu bewerten.

2.2.5.3.3 Konvergenzmodell mit exponentiellem Rückgang der Rentabilität

Statt einer zeitlich begrenzten Überrenditephase lässt sich auch für die Rentabilität ein exponentieller Rückgang gegen einen nachhaltigen Zielwert modellieren. Dabei reduziert sich wie beim Konvergenzmodell für die Wachstumsrate die Differenz aus Rentabilität der Vorperiode und langfristigem Rentabilitätsniveau jährlich um einen konstanten Konvergenzfaktor.[163] Analog zu Gleichung (2-23) gilt:

---

[161] Vgl. auch Rappaport (1998), S. 41 f. Erwirtschaftet das Unternehmen am Ende der Überrenditephase keine Überrenditen mehr, kann auch das zu diesem Zeitpunkt investierte Kapital des Unternehmens als Fortführungswert angesetzt und auf den Bewertungsstichtag diskontiert werden, vgl. Aders/Schröder (2004) S. 109.

[162] Vgl. Mauboussin/Johnson (1997), S. 3. Das Konzept der Competitive Advantage Period wird ausführlich in Kapitel 5 diskutiert.

[163] Vgl. zur theoretischen Fundierung eines solchen Verlaufs ausführlich Kapitel 3.

(2-25) $ROIC_t = ROIC_{t-1} - (ROIC_{t-1} - ROIC^{LT}) \cdot a$

$ROIC_{t-1}$ = Rentabilität der Vorperiode
$ROIC^{LT}$ = Langfristiges Rentabilitätsniveau
a = Konvergenzfaktor mit $0 < a < 1$

Je größer der Konvergenzfaktor, desto schneller konvergiert die Rentabilität gegen ihren Zielwert. Das Konvergenzmodell ist zur Modellierung von Konvergenz sowohl für über- als auch für unterdurchschnittliche Renditen geeignet. Über den Konvergenzfaktor kann zudem die Geschwindigkeit des Konvergenzprozesses explizit bei der Bewertung berücksichtigt werden. Der Zielwert muss dabei nicht zwingend den Kapitalkosten des Unternehmens entsprechen. Vielmehr wird die Differenz aus aktueller Rentabilität und langfristigem Rentabilitätsniveau als kurzfristige Über- bzw. Unrendite interpretiert. Diese Differenz unterliegt Konvergenzprozessen und nimmt jährlich ab. Liegt das langfristige Rentabilitätsniveau über den Kapitalkosten des Unternehmens, erwirtschaftet das Unternehmen auch dann noch Überrenditen, wenn die Konvergenz der kurzfristigen Überrendite abgeschlossen ist. Das Konvergenzmodell entspricht im Wesentlichen dem Modell der partiellen Anpassung, welches die Grundlage der empirischen Untersuchung langfristiger Rentabilitätsverläufe in Kapitel 4 darstellt.

2.3 Zwischenfazit

In Kapitel 2 wurde aufgezeigt, dass der Restwert einen großen Anteil am Unternehmenswert ausmacht. Bei der Bestimmung des Restwerts erfreut sich das Gordon-Wachstumsmodell großer Beliebtheit, welches aufgrund der schlechten Prognostizierbarkeit der in der Zukunft liegenden Einzahlungsüberschüsse auf einer Reihe von Pauschalannahmen beruht. Besonders kritisch ist dabei die Annahme einer auf ewig konstanten Rentabilität zu bewerten. Die Rentabilität stellt einen der wesentlichen Unternehmenswerttreiber dar und unterliegt in der Realität zumeist Konvergenzprozessen, die durch das Gordon-Wachstumsmodell nicht abgebildet werden können. Gleichermaßen problematisch ist jedoch auch die ebenfalls pauschale Annahme eines Renditeverlaufs bis auf das Niveau der Kapitalkosten als Alternative zum Gordon-Wachstumsmodell.

Unter Zuhilfenahme verschiedener Bewertungsmodelle für die Restwertphase können Szenarien abgebildet werden, die differenziertere Annahmen hinsichtlich des Renditeverlaufs berücksichtigen. Durch die Modellierung einer höheren Anzahl an expliziten Annahmen allein lässt sich allerdings noch keine Verbesserung des Bewertungsergebnisses erreichen. Dazu ist neben den geeigneten Modellen auch die entsprechende Qualität der Parameter erforderlich, mit der möglichst plausible Annahmen sichergestellt werden können. Die Zielsetzung der vorliegenden Arbeit besteht in der Bestimmung der entsprechenden Bewertungsparameter für den Werttreiber Rentabilität, mit denen eine Verbesserung der Prognosequalität erreicht werden kann. In Kapitel 3 erfolgt zunächst eine theoretisch fundierte Begründung für die Existenz von Konvergenzprozessen, die für den langfristigen Rentabilitätsverlauf unterstellt werden. Diese Begründung bildet die Grundlage für die anschließende Untersuchung, in der diese Konvergenzprozesse empirisch nachgewiesen werden sollen.

3 Theoretische Fundierung von Konvergenzverläufen des Werttreibers Rentabilität

3.1 Überdurchschnittliche Rentabilität und Wettbewerbsvorteile

Die langfristige Entwicklung des Werttreibers Rentabilität steht im Fokus der vorliegenden Arbeit. Die Rentabilität misst den wirtschaftlichen Erfolg eines Unternehmens über die Effektivität des Kapitaleinsatzes.[1] Wesentliche Grundlage dafür, dass ein Unternehmen wirtschaftlich erfolgreich ist und eine hohe Rentabilität erwirtschaften kann, sind Wettbewerbsvorteile. Unter Wettbewerbsvorteilen versteht man Positionsvorteile eines Unternehmens im Vergleich zu seinen Konkurrenten.[2] Dabei kann es sich beispielsweise um eine vorteilhafte Kostenstruktur handeln oder um bestimmte Produktvorzüge für Kunden, die von anderen Unternehmen nicht angeboten werden.[3]

Der Zusammenhang zwischen Wettbewerbsvorteilen und dem Erfolg eines Unternehmens in Form einer überdurchschnittlich hohen Rentabilität ist in der Literatur unbestritten: *„The reigning incumbent explanation for the heterogeneity of firm economic performance is based on the concept of competitive advantage."*[4] Eine der zentralen Aufgaben der strategischen Managementforschung besteht in der Untersuchung der Ursachen, die zu Wettbewerbsvorteilen führen und damit den unterschiedlichen Erfolg von Unternehmen erklären.[5] Dabei lässt sich eine Vielzahl von Wettbewerbsvorteilen unterscheiden, ebenso gibt es verschiedene Ursachen, die Unternehmen zu Wettbewerbsvorteilen verhelfen. Beide Aspekte werden im weiteren Verlauf dieses Kapitels eingehend diskutiert.

---

[1] Vgl. Kuhner (2006), S. 4981.
[2] Vgl. Corsten (1998), S. 11 und Schmid/Kutschker (2002), S. 1242.
[3] Vgl. Fitzroy/Hulbert (2005), S. 29.
[4] Wiggins/Ruefli (2002), S. 82. Vgl. außerdem Porter (1991), S. 96; Camphausen (2007), S. 29; Reed/deFillippi (1990), S. 90 und Bamberger/Wrona (2004), S. 15.
[5] Vgl. Camphausen (2007), S. 28-30 und Wiggins/Ruefli (2002), S. 82.

Für die dynamische Betrachtungsweise spielt der Begriff des nachhaltigen Wettbewerbsvorteils *(Sustainable Competitive Advantage)* eine wichtige Rolle. Man spricht von einem nachhaltigen Wettbewerbsvorteil, wenn Konkurrenzunternehmen auch über einen längeren Zeitraum nicht in der Lage sind, den Wettbewerbsvorteil bzw. die darauf aufbauenden Wettbewerbsstrategien eines Unternehmens nachzuahmen, und der entsprechende Positionsvorteil langfristig bestehen bleibt.[6] Die Erkenntnis, dass nicht alle Wettbewerbsvorteile nachhaltig sind, sondern häufig im Laufe der Zeit aufgrund von Wettbewerbskräften nachlassen oder vollständig verschwinden, bildet die Erklärungsgrundlage für Konvergenzprozesse des Werttreibers Rentabilität.

Diese Zusammenhänge sind in Abb. 18 dargestellt und werden im weiteren Verlauf dieses Kapitels ausführlich erläutert. Wettbewerbskräfte sorgen dafür, dass Überrenditen im Laufe der Zeit kleiner werden, was am absteigenden Verlauf der Kurve erkennbar ist. Theoretisch kann dieser Sachverhalt mithilfe des neoklassischen Marktmodells erklärt werden, in dem vollkommene Konkurrenz herrscht und Überrenditen eine Marktunvollkommenheit darstellen, die durch den Markt korrigiert wird. Gleichzeitig erklären mehrere Theorien, die auch zur theoretischen Fundierung des strategischen Managements herangezogen werden, dass die Annahmen des neoklassischen Marktmodells in der Realität zumeist nicht vollständig erfüllt sind, sondern dass einige Unternehmen über nachhaltige Wettbewerbsvorteile verfügen, die es ihnen ermöglichen, auch langfristig Überrenditen zu erwirtschaften. Dies zeigt sich zum einen durch den vergleichsweise langsamen Rückgang der Rentabilität im Zeitablauf – erkennbar am flachen Kurvenverlauf – und zum anderen durch den positiven Zielwert, gegen den die Rentabilität langfristig konvergiert. Nach einer bestimmten Zeit ist der Konvergenzverlauf zwar abgeschlossen, ein Teil der anfänglichen Überrendite bleibt aufgrund nachhaltiger Wettbewerbsvorteile jedoch bestehen.

---

[6] Vgl. Barney (1991), S. 102; Bharadwaj/Varadarajan/Fahy (1993), S. 84 und Porter (1985), S. 20.

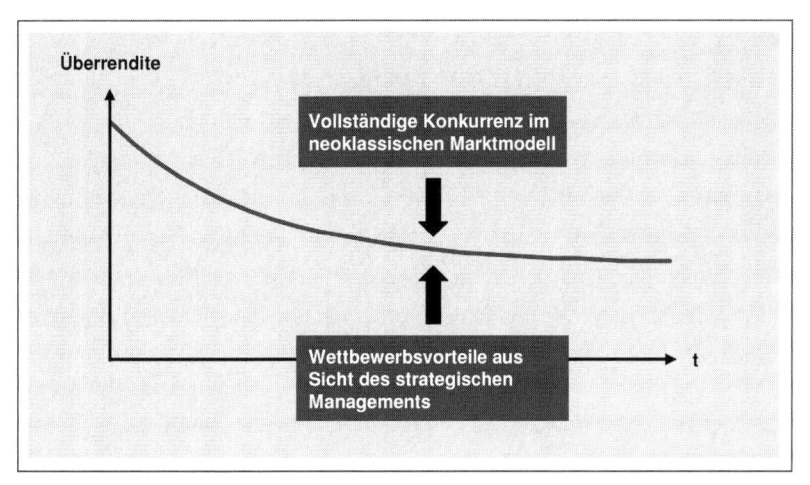

Abb. 18: Theoretischer Bezugsrahmen von Konvergenzverläufen des Werttreibers Rentabilität
Quelle: in Anlehnung an Weiler (2005), S. 72.

Im weiteren Verlauf dieses Kapitels wird zunächst auf das neoklassische Marktmodell eingegangen (Abschnitt 3.2). Dieses stellt die theoretische Fundierung für Konvergenzprozesse beim Werttreiber Rentabilität dar. Anschließend werden in Abschnitt 3.3 mehrere Theorien vorgestellt und diskutiert, anhand derer sich nachhaltige Wettbewerbsvorteile begründen lassen. Diese Theorien bilden die Erklärungsgrundlage dafür, warum diese Konvergenzprozesse nicht für alle Unternehmen langfristig gegen einen Durchschnittswert verlaufen und es stattdessen einigen Unternehmen gelingt, auch langfristig Überrenditen zu erwirtschaften.

3.2 Neoklassisches Marktmodell als Ausgangspunkt für Konvergenzprozesse

3.2.1 Grundlagen und zentrale Annahmen

Das neoklassische Marktmodell wurde zum ersten Mal in den siebziger Jahren des neunzehnten Jahrhunderts in den Arbeiten der Ökonomen WILLIAM

JEVONS, CARL MENGER und LEON WALRAS beschrieben.[7] Zentrales Merkmal ist das Vorherrschen vollständiger Konkurrenz, es gilt die Marktform des bilateralen Polypols, bei der sich sämtliche Marktteilnehmer als Preisnehmer und Mengenanpasser verhalten.[8] Der Marktpreis gilt für alle Marktteilnehmer und stellt unter der Prämisse der Nutzenmaximierung einen Gleichgewichtspreis dar, der sich aus Angebot und Nachfrage ergibt.[9] Für jedes Unternehmen im Markt ist die Elastizität der Nachfrage unendlich, sodass bereits eine minimale Preiserhöhung durch ein einzelnes Unternehmen dazu führen würde, dass dieses nichts mehr verkauft.[10]

Das neoklassische Marktmodell basiert auf einer Reihe von Annahmen, die im Folgenden kurz vorgestellt werden:

(1) Atomistische Angebots- bzw. Nachfragestruktur

Im Rahmen des neoklassischen Marktmodells wird unterstellt, dass eine große Anzahl Anbieter und Nachfrager am Markt auftreten und keiner dieser Marktteilnehmer im Vergleich zu den anderen einen besonders hohen Marktanteil besitzt.[11] Jedem Marktteilnehmer stehen genügend Auswahlmöglichkeiten auf der Gegenseite zur Verfügung, sodass es in der Folge zu Wettbewerb kommt.[12] Sämtliche Marktteilnehmer sind Preisnehmer und kein Marktteilnehmer kann durch einzelne Aktionen den Marktpreis direkt beeinflussen.[13]

---

[7] Vgl. Jevons (1871), Menger (1871) und Walras (1874), zitiert nach Campus (1987), S. 320 und Graf (2002), S. 154.
[8] Vgl. Franke (1996), S. 179 f. und Graf (2002), S. 71 f.
[9] Vgl. Krol/Schmid (2002), S. 209; Woll (2007), S. 85 und Siebert/Lorz (2007), S. 52 f.
[10] Vgl. Besanko/Dranove/Shanley (2004), S. 208.
[11] Vgl. Schumann/Meyer/Ströbele (2007), S. 215 und Siebert/Lorz (2007), S. 131.
[12] Vgl. Franke (1996), S. 179.
[13] Vgl. Scherer/Ross (1990), S. 16.

(2) Homogene Güter

Es wird angenommen, dass die auf dem Markt gehandelten Güter sachlich gleichartig sind, d. h., es bestehen keine Qualitätsunterschiede zwischen ihnen.[14] Gleichzeitig existieren seitens der Marktteilnehmer keine zeitlichen, räumlichen, persönlichen oder sachlichen Präferenzen.[15] In diesem Fall wird von den Anbietern keiner der Nachfrager – beispielsweise in Form von Preisnachlässen – bevorzugt, ebenso wenig besteht aus Sicht der Nachfrager ein Unterschied zwischen den verschiedenen Anbietern und ihren Gütern.[16] In der Praxis ist die Annahme homogener Güter am ehesten in Bezug auf Finanz- oder Rohstoffmärkte zutreffend.[17]

(3) Keine Transaktionskosten und volle Mobilität der Produktionsfaktoren

Transaktionskosten entstehen im Zusammenhang mit der Übertragung von Verfügungsrechten über Güter und Leistungen.[18] Dabei kann es sich beispielsweise um Transportkosten, Kosten der Informationssuche über die Zuverlässigkeit des Partners oder Kosten zur Kontrolle der Vertragserfüllung handeln.[19] Im Rahmen des neoklassischen Marktmodells wird unterstellt, dass zwischen Anbietern und Nachfragern freie Tauschhandlungen stattfinden, die nicht mit Transaktionskosten verbunden sind. Ebenso entstehen den Marktteilnehmern keine Kosten durch staatliche Interventionen oder beim Marktein- und austritt.[20] Sämtliche Produktionsfaktoren sind mobil und für alle Marktteilnehmer zum gleichen Preis erhältlich. Dies betrifft auch Arbeitskräfte, die zwischen unterschiedlichen Arbeitsorten frei beweglich sind und ihre Präferenzen entsprechend der jeweils vorherr-

---

[14] Vgl. Arnold/Geiger (2007), S. 14.
[15] Vgl. Siebert/Lorz (2007), S. 131.
[16] Vgl. Scherer/Ross (1990), S. 291 und Schumann/Meyer/Ströbele (2007), S. 215.
[17] Vgl. Arnold/Geiger (2007), S. 14 und Grant/Nippa (2006), S. 305.
[18] Vgl. Bamberger/Wrona (2004), S. 52.
[19] Vgl. Siebert/Lorz (2007), S. 110.
[20] Vgl. Kortmann (2006), S. 355.

schenden Arbeitsmarkt- und Lohnsituation anpassen.[21] Durch die Annahme mobiler Produktionsfaktoren wird zudem implizit davon ausgegangen, dass jederzeit ausreichend Kapazitäten vorhanden sind.[22] Steigt beispielsweise die Gesamtnachfrage aufgrund eines gesunkenen Gleichgewichtspreises, wird angenommen, dass sich die Unternehmen umgehend an die veränderte Situation anpassen und ihre Produktion erhöhen können, um die gestiegene Nachfrage zu bedienen.

(4) Vollständige Transparenz

Vollständige Transparenz impliziert, dass sämtliche Marktteilnehmer gänzlich über die Gegebenheiten des Marktes informiert sind.[23] Nachfrager kennen das Güterangebot auf dem Markt und es herrscht Transparenz im Hinblick auf die zustande gekommenen Preise.[24] Durch diese Annahme wird auch unterstellt, dass Unternehmen die Preise für alle Produktionsfaktoren sowie ihre eigenen Nachfrage- und Kostenfunktionen exakt kennen.[25]

(5) Rationales Entscheidungsverhalten

Für die Marktteilnehmer wird im Rahmen des neoklassischen Marktmodells unterstellt, dass sie sich rational verhalten. Demnach ist ihr Entscheidungsverhalten ausschließlich auf das Ziel der Gewinn- bzw. Nutzenmaximierung ausgerichtet. Dies wird unter anderem auch anhand der zuvor beschriebenen Annahmen deutlich. Die Rationalität der Marktteilnehmer äußert sich beispielsweise darin, dass keine persönlichen Präferenzen hinsichtlich bestimmter Anbieter oder Nachfrager bestehen.[26]

---

[21] Vgl. Thompson/Formby (1993), S. 266 f.
[22] Vgl. hierzu auch Besanko/Dranove/Shanley (2004), S. 210-212.
[23] Vgl. Arnold/Geiger (2007), S. 14.
[24] Vgl. Siebert/Lorz (2007), S. 131 und Schumann/Meyer/Ströbele (2007), S. 216.
[25] Vgl. Thompson/Formby (1993), S. 267.
[26] Vgl. Franke (1996), S. 178 f.

3.2.2 Wettbewerbsvorteile im neoklassischen Marktmodell

Grundsätzlich existieren im neoklassischen Marktmodell keine Wettbewerbsvorteile: *„in ‚efficient' markets [...] competitive advantage is absent; market prices reflect all available information, prices adjust instantaneously to new information, and traders can only expect normal returns."*[27] Entsprechend stellen Überrenditen bei vollständiger Konkurrenz allenfalls ein kurzfristiges Phänomen dar. Dies soll mit einem Beispiel verdeutlicht werden.[28] Der rechte Graph in Abb. 19 zeigt ein vermeintliches Marktgleichgewicht bei vollkommener Konkurrenz. Die kurzfristige Angebotskurve S_1 ergibt sich aus den individuellen Grenzkostenfunktionen sämtlicher Anbieter zum Zeitpunkt t_1, der Marktpreis beträgt P_1 und gilt für alle Marktteilnehmer als gegeben. Der linke Graph stellt die Situation eines typischen Unternehmens in diesem Markt dar. Der Grenzertrag des Unternehmens entspricht genau dem Marktpreis, das Unternehmen maximiert also seinen Ertrag bei der Produktionsmenge, bei der die Grenzkosten des Unternehmens – ausgedrückt durch die Kurve GK – dem Marktpreis P_1 entsprechen.[29] In dieser Situation beträgt die Produktionsmenge des Unternehmens X_1, es erwirtschaftet ökonomische Renten (dargestellt durch die schraffierte Fläche), da der Verkaufspreis P_1 über den durchschnittlichen Gesamtkosten des Unternehmens DK_1 liegt.

---

[27] Grant (1991), S. 123.
[28] Vgl. für die folgenden Ausführungen Scherer/Ross (1990), S. 19 f. und Besanko/Dranove/Shanley (2004), S. 31-35.
[29] Vgl. Siebert/Lorz (2007), S. 131-134 zur Preisbildung bei vollkommener Konkurrenz.

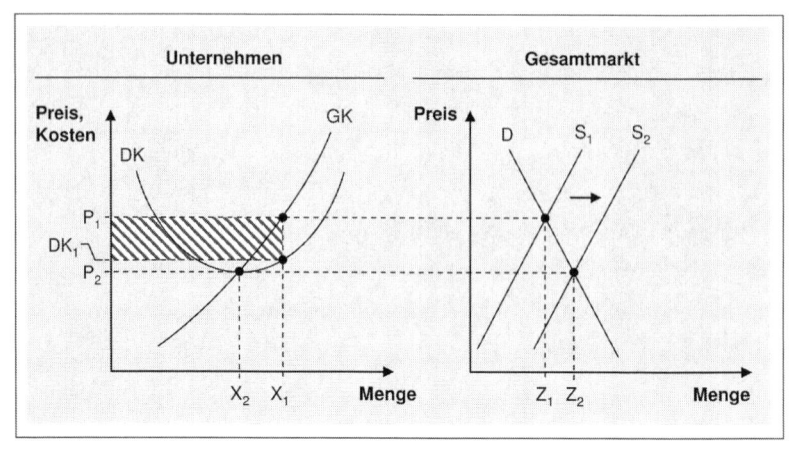

Abb. 19: Marktgleichgewicht bei vollkommener Konkurrenz
Quelle: Scherer/Ross (1990), S. 19 f.

Im Rahmen des neoklassischen Marktmodells wird unterstellt, dass der Markteintritt neuer Wettbewerber – ebenso wie der Marktaustritt etablierter Unternehmen – jederzeit möglich ist. Der in Abb. 19 dargestellte Markt befindet sich zum Zeitpunkt t_1 nicht im Gleichgewicht, da die Marktteilnehmer ökonomische Renten erwirtschaften. Dies wird neue Wettbewerber anziehen, was eine Ausweitung des Angebots zur Folge hat (ausgedrückt durch eine Rechtsverschiebung der Angebotskurve von S_1 nach S_2). Durch diese Ausweitung des Angebots setzt ein Rückgang des Marktpreises ein, der solange anhält, bis keine zusätzlichen Wettbewerber mehr in den Markt eintreten. Dies ist dann der Fall, wenn der Gleichgewichtspreis den durchschnittlichen Gesamtkosten DK eines typischen Unternehmens im Markt entspricht und sich keine ökonomischen Renten mehr erzielen lassen, sodass ein Markteintritt nicht mehr lohnenswert wäre. Dieser Gleichgewichtszustand ist beim Preis P_2 erreicht, die Produktionsmenge des Beispielunternehmens reduziert sich auf X_2.[30]

---

[30] Die Kapitalkosten des Unternehmens sind in den durchschnittlichen Gesamtkosten enthalten. Entsprechen die durchschnittlichen Gesamtkosten genau dem erzielbaren Marktpreis, so erzielt das Unternehmen einen buchhalterischen Gewinn, erwirtschaftet jedoch keine ökonomischen Renten mehr.

Wie im Beispiel dargelegt, verschwinden ökonomische Renten im neoklassischen Marktmodell durch den Eintritt neuer Wettbewerber, da dieser Eintritt steigende Produktionsmengen (bezogen auf den Gesamtmarkt) und sinkende Marktpreise zur Folge hat. Durch den Anstieg der Produktionsmengen steigt die Nachfrage nach den benötigten Produktionsfaktoren und somit auch deren Preise, was sich ebenfalls negativ auf die Rendite der Marktteilnehmer auswirkt.[31] Ein Preisanstieg der Produktionsfaktoren muss jedoch nicht zwangsläufig Folge einer gestiegenen Produktionsmenge durch den Markteintritt neuer Wettbewerber sein. Im neoklassischen Marktmodell wird unterstellt, dass die unterschiedlichen Produktionsfaktoren frei beweglich und jedem Unternehmen zugänglich sind. Gelingt es einem Unternehmen, kurzfristig ökonomische Renten zu erwirtschaften, da es über einen Wettbewerbsvorteil in Form eines besonders günstigen oder anderweitig überlegenen Produktionsfaktors verfügt, werden die anderen Marktteilnehmer sofort versuchen, ebenfalls an diesen Produktionsfaktor zu gelangen, und dadurch seinen Preis so lange in die Höhe treiben, bis er sich nicht mehr zur Erzielung ökonomischer Renten eignet. Der betreffende Produktionsfaktor stellt dann keinen Wettbewerbsvorteil mehr dar.[32] Aufgrund der oben diskutierten Annahmen vollständiger Transparenz und unbeschränkter Mobilität der Produktionsfaktoren finden diese Anpassungsprozesse innerhalb kürzester Zeit statt, sodass Marktungleichgewichte in Form von Wettbewerbsvorteilen keinen Bestand haben.

Zusammenfassend lässt sich aus Sicht des neoklassischen Marktmodells festhalten: *„In the long run, economic profit for any firm in a competitive industry is zero."[33]* Nachhaltige Wettbewerbsvorteile einzelner Unternehmen sind nicht möglich und kein Unternehmen kann im Vergleich zu seinen Konkurrenten dauerhaft Überrenditen erwirtschaften. Es wurde allerdings bereits

---

[31] Dieser Zusammenhang wird auch als *„Input Price Effect"* bezeichnet, vgl. Hirshleifer/Glazer/Hirshleifer (2005), S. 201 f.

[32] Vgl. Hirshleifer/Glazer/Hirshleifer (2005), S. 202.

[33] Hirshleifer/Glazer/Hirshleifer (2005), S. 202.

darauf hingewiesen, dass die Annahmen des neoklassischen Marktmodells in der Realität kaum uneingeschränkt gültig sind. Daher kann auch nicht pauschal davon ausgegangen werden, dass kein Unternehmen über Wettbewerbsvorteile verfügt und es dauerhaft in jedem Markt zu einem Gleichgewichtspreis kommt, bei dem kein Unternehmen Überrenditen erzielt. Dennoch sorgen die hier beschriebenen Wettbewerbsprozesse häufig dafür, dass Überrenditen langfristig deutlich reduziert werden, wenn Unternehmen nicht die geeigneten Maßnahmen treffen, um ihre Wettbewerbsvorteile zu sichern bzw. neue Wettbewerbsvorteile zu generieren.[34]

3.3 Überrenditen und Wettbewerbsvorteile aus Sicht des strategischen Managements

3.3.1 Vorbemerkung

Bevor im weiteren Verlauf dieses Kapitels verschiedene Theorien des strategischen Managements diskutiert werden, soll zunächst eine kurze terminologische Abgrenzung vorgenommen werden. Der Begriff des strategischen Managements bezeichnet Denkweisen, Interaktionen und Handlungen, die darauf abzielen, die Entwicklung von Unternehmen zu gestalten.[35] Das strategische Management umfasst die Gestaltung und gegenseitige Abstimmung von Planung, Kontrolle, Information, Organisation, Unternehmenskultur und strategischen Leistungspotenzialen.[36] Damit ist neben der Planung von Strategien auch die Steuerung und Kontrolle der Strategieumsetzung ein wesentlicher Bestandteil des strategischen Managements.[37] Strategien sind dabei als Maßnahmen zur Sicherung des langfristigen Unternehmenserfolgs zu

---

[34] „Of course, in an ever-changing world long-run equilibrium may never come about. But the tendency towards zero economic profit, stemming from downward pressure on product prices and upward pressure on input prices, is always operating." Hirshleifer/Glazer/Hirshleifer (2005), S. 202.

[35] Vgl. ähnlich Müller-Stewens/Lechner (2005), S. 20 f.

[36] Vgl. Bea/Haas (2005), S. 20.

[37] Vgl. Welge/Al-Laham (2008), S. 14.

verstehen.[38] Sie müssen sowohl Charakteristika des Unternehmens als auch Eigenschaften der Unternehmensumwelt berücksichtigen.[39] Allerdings ist der Strategiebegriff nicht auf geplante Maßnahmen beschränkt, sondern umfasst auch das sich ungeplant ergebende Entscheidungs- und Handlungsmuster eines Unternehmens.[40]

Im deutschsprachigen Raum werden teilweise die Begriffe „strategisches Management" und „strategische Unternehmensführung" voneinander abgegrenzt. KIRSCH sieht das strategische Management als strategische Führung in professionalisierter Weise.[41] Bei BAMBERGER und WRONA steht der Ausdruck „strategisches Management" für eine Variante der strategischen Unternehmensführung. Der Begriff „strategische Unternehmensführung" bezeichnet demnach „die Entscheidungen, Handlungen und Interaktionen, die sich in signifikanter Weise auf die Entwicklung und die Erhaltung von Erfolgspotenzialen beziehen und über welche die Lenkung, Gestaltung und Entwicklung der Unternehmung erfolgt."[42] Im Rahmen der vorliegenden Arbeit wird auf eine Unterscheidung der beiden Begriffe verzichtet, der Begriff „Management" wird als Synonym für Unternehmensführung verwendet.[43]

Die Frage nach den Bedingungen für (dauerhafte) Wettbewerbsvorteile ist eine zentrale Aufgabe der strategischen Managementforschung.[44] Wettbewerbsvorteile sind vielschichtig und können verschiedene Ursachen haben, sodass zur Beantwortung dieser Frage auch unterschiedliche Theorien herangezogen werden können. Häufig werden dazu in der Literatur die industrieökonomischen Ansätze und die ressourcenbasierten Ansätze gegenüber-

---

[38] Vgl. Bea/Haas (2005), S. 51.
[39] Vgl. Schmid/Kutschker (2002), S. 1238.
[40] Vgl. Kutschker/Schmid (2008), S. 824.
[41] Vgl. Kirsch (1997), S. 3.
[42] Bamberger/Wrona (2004), S. 30.
[43] Vgl. entsprechend Macharzina/Wolf (2005), S. 38.
[44] Vgl. Bamberger/Wrona (2004), S. 25 und Teece (1990), S. 45.

gestellt.⁴⁵ Auf diese beiden Ansätze wird ausführlich in den Abschnitten 3.3.2 und 3.3.3 eingegangen. Darüber hinaus existiert jedoch eine Reihe weiterer theoretischer Strömungen, die sich ebenfalls zur Erklärung von Wettbewerbsvorteilen anführen lassen. In Abschnitt 3.3.5 werden ergänzend die institutionenökonomischen Ansätze, der institutionalistische Ansatz, die Evolutionstheorien, die verhaltenswissenschaftliche Entscheidungstheorie und die kognitiv-interpretativen Ansätze sowie der Netzwerkansatz vorgestellt. Ziel ist es, anhand dieser Theorieansätze aufzuzeigen, dass eine Begründung von Wettbewerbsvorteilen nicht ausschließlich aus industrieökonomischer oder ressourcenbasierter Perspektive erfolgen muss. Stattdessen soll durch die Berücksichtigung mehrerer Ansätze ein theoretischer Bezugsrahmen aufgespannt werden, der den vielschichtigen Arten und Ursachen von Wettbewerbsvorteilen gerecht wird. Wenn im Folgenden von „Theorien des strategischen Managements" gesprochen wird, soll damit zum Ausdruck kommen, dass sämtliche Theorien in der Literatur auch zur Fundierung des strategischen Managements herangezogen werden.⁴⁶ Das bedeutet nicht, dass die diskutierten Theorien allesamt der strategischen Managementforschung entstammen.

3.3.2 Industrieökonomische Ansätze
3.3.2.1 Structure-Conduct-Performance-Paradigma

Die industrieökonomischen Ansätze (IO-Ansätze) – im Englischen als „Theory of Industrial Organization" bezeichnet – bilden gewissermaßen die Schnittstelle zwischen Wettbewerbstheorie und strategischem Management.⁴⁷ Sie finden ihren Ursprung in der Volkswirtschaftslehre und gehen zurück auf die Ökonomen EDWARD MASON und JOE BAIN von der Harvard Business

---

⁴⁵ Vgl. etwa Steinle (2005), S. 245-255; Fitzroy/Hulbert (2005), S. 8-11; Kutschker/Schmid (2008), S. 838-843; Corsten (1998), S. 16-23; Keuper (2001), S. 24-28 oder McGahan/Porter (1997), S. 15.

⁴⁶ Vgl. etwa Bamberger/Wrona (2004), S. 39 ff.

⁴⁷ Vgl. Graumann (1994), S. 143 und Rumelt/Schendel/Teece (1991), S. 5.

School.[48] Die Ansätze basieren auf dem sogenannten Structure-Conduct-Performance-Paradigma (SCP-Paradigma). Demnach bestimmt die Struktur *(Structure)* einer Branche das Verhalten *(Conduct)* der Unternehmen in dieser Branche; dieses Verhalten besitzt wiederum einen entscheidenden Einfluss auf die Leistungsfähigkeit *(Performance)* der Unternehmen.[49]

Structure steht für die Eigenschaften eines Marktes bzw. einer Branche, die das Wettbewerbsverhalten der Marktteilnehmer in entscheidendem Maße beeinflussen: „*In other words, market structure [...] means those characteristics of the organization of a market which seem to influence strategically the nature of competition and pricing within the market.*"[50] Als wesentliche Elemente der Marktstruktur werden in den Arbeiten BAINS der Konzentrationsgrad auf Käufer- und Verkäuferseite, das Ausmaß an Produktdifferenzierung und die Bedingungen des Markteintritts genannt.[51]

Conduct beschreibt das Verhaltensmuster, dem Unternehmen folgen, um sich den Märkten anzupassen, in denen sie als Käufer oder Verkäufer auftreten.[52] Dies bezieht sich beispielsweise auf die Festsetzung von Preisen und Produktionsmengen, die Umsetzung bestimmter Sortimentsstrategien oder den Einsatz von Werbung und anderer verkaufsfördernder Maßnahmen. Die Verhaltensmuster von Unternehmen umfassen auch Maßnahmen zur Koordinierung und zur gegenseitigen Anpassung der Strategien miteinander konkurrierender Unternehmen. Ebenso können Abwehrtaktiken beobachtet werden, die sich gegen vorhandene Konkurrenten oder potenzielle Markteinsteiger richten.[53]

---

[48] Vgl. Mason (1939) und Bain (1956, 1959, 1972). Die Ursprünge der IO-Ansätze werden daher auch als „*Harvard Tradition*" bezeichnet, vgl. Tirole (1989), S. 1.
[49] Vgl. Scherer/Ross (1990), S. 4 f. und Tirole (1989), S. 1.
[50] Bain (1959), S. 7.
[51] Vgl. Bain (1959), S. 8.
[52] Vgl. Bain (1959), S. 9.
[53] Vgl. Bain (1959), S. 9 f.

Performance ist in den Arbeiten BAINS zur Industrieökonomik nicht ausschließlich auf den Rentabilitätsbegriff beschränkt, sondern wird vergleichsweise breit im Sinne einer „*Social Performance*" definiert: „*Market performance [...] is the crucial indicator and measure of how well the market activity of enterprises contributes to the enhancement of general material welfare.*"[54] Betrachtet wird die Gesamtheit der erzielten Endergebnisse, beispielsweise in Form von Preis, Kosten, Produktionsmenge oder Produktgestaltung und Qualität.[55] Will man die aggregierte Performance einer gesamten Volkswirtschaft beurteilen, lassen sich nach BAIN sechs Kriterien unterscheiden: (1) die Anzahl der zur Verfügung stehenden Arbeitsplätze, (2) die Effizienz der Produktion, (3) die zeitliche Stabilität von Ausbringungsmenge und Beschäftigung, (4) die Wachstumsrate der Volkswirtschaft, (5) die Zusammensetzung der Ausbringungsmenge hinsichtlich alternativer Produkte und (6) die Einkommensverteilung unter den potenziellen Einkommensempfängern.[56]

Zentral für die frühen industrieökonomischen Ansätze nach MASON und BAIN ist die Betrachtung der Branche als homogene Einheit. Es wird postuliert, dass eine Branche durch die Marktmacht der in der Branche etablierten Unternehmen gekennzeichnet ist, die vornehmlich aus der Existenz von strukturellen Markteintrittsbarrieren resultiert. Diese Markteintrittsbarrieren beschützen die etablierten Firmen in einer Branche gleichermaßen vor neuen Wettbewerbern und führen zu einer gegenseitigen Abhängigkeit dieser Firmen untereinander, wodurch der Wettbewerb innerhalb der Branche begrenzt ist. Die Unternehmen teilen sich die Marktmacht entsprechend ihrer Größe untereinander auf. Hohe Renditen in einer Branche sind Ausdruck dieser geteilten Marktmacht und die Renditen der Unternehmen in einer Branche sollten sich mit Ausnahme zufälliger Schwankungen nicht unterscheiden.[57] Im Gegensatz zum neoklassischen Marktmodell schließt BAIN

---

[54] Bain (1959), S. 340. Vgl. hierzu auch Porter (1981), S. 611.
[55] Vgl. Bain (1959), S. 11.
[56] Vgl. Bain (1959), S. 13 f.
[57] Vgl. Porter (1979), S. 214. Diese Sichtweise wird auch als „*Shared Asset Theory of Mar-*

jedoch nicht aus, dass es auch langfristig zu unterschiedlichen Renditen zwischen Unternehmen aus verschiedenen Branchen kommen kann.[58] Weisen die Unternehmen in einer bestimmten Branche besonders hohe Renditen auf, ist dies Ausdruck einer gewissen Monopolmacht, die die Unternehmen in dieser Branche aufgrund von Markteintrittsbarrieren besitzen und die sie vor potenziellen Wettbewerbern schützt.[59]

Vertreter des strategischen Managements kritisieren den Determinismus des SCP-Paradigmas nach BAIN und MASON, wonach die Branchenstruktur als exogen gegeben betrachtet und somit unterstellt wird, dass Strategie und Performance eines Unternehmens von dieser Struktur vollständig bestimmt werden. Vielmehr sei davon auszugehen, dass Unternehmen die Struktur in einer Branche durch die Wahl ihrer Strategie maßgeblich beeinflussen können und es zu sogenannten *Feedback Loops* kommt.[60] Darüber hinaus besteht auch die Möglichkeit, dass die vergangene Performance der Unternehmen in einer Branche die strategischen Handlungsoptionen der Unternehmen mitbestimmt.[61] Abb. 20 veranschaulicht die unterschiedlichen Sichtweisen, die bezüglich des SCP-Paradigmas zwischen den frühen industrieökonomischen Ansätzen nach BAIN und MASON und den Vertretern des strategischen Managements bestehen:

---

ket Power" bezeichnet.

[58] Vgl. hierzu auch die Diskussion bei Conner (1991), S. 125.

[59] Vgl. Jacobson (1992), S. 782.

[60] Vgl. Porter (1981), S. 615 f. und Scherer/Ross (1990), S. 6. So können beispielsweise gestiegene Werbeausgaben ein zunehmendes Ausmaß an Produktdifferenzierung verursachen und damit zu erhöhten Markteintrittsbarrieren für neue Wettbewerber führen, vgl. Comanor/Wilson (1974), S. 130-132 und Caves/Porter/Spence (1980), S. 6.

[61] Vgl. Porter (1981), S. 616.

Frühe industrieökonomische Ansätze nach Bain und Mason

Industry Structure ⟶ Conduct (Strategy) ⟶ Performance

Strategisches Management

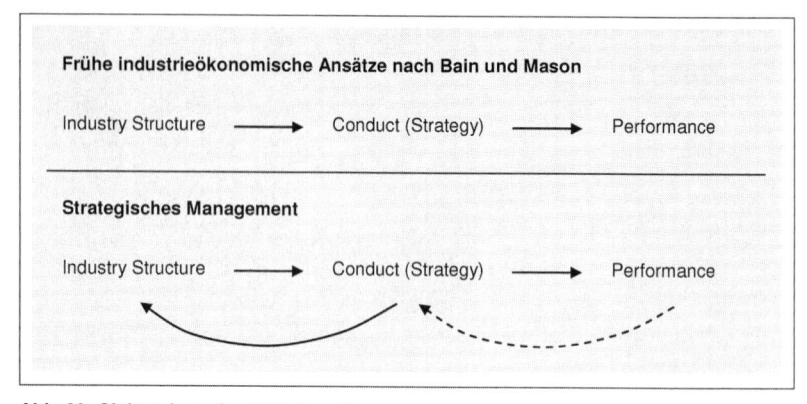

Industry Structure ⟶ Conduct (Strategy) ⟶ Performance

Abb. 20: Sichtweisen des SCP-Paradigmas
Quelle: in Anlehnung an Porter (1981), S. 611 und 616.

Verbindungen der frühen industrieökonomischen Ansätze zum Bereich des strategischen Managements gab es zunächst kaum. Dies lässt sich zum einen mit dem oben beschriebenen Determinismus begründen, der dazu führt, dass der Fokus ausschließlich auf Unterschieden zwischen einzelnen Branchen, nicht jedoch auf Unterschieden zwischen Unternehmen innerhalb einer Branche lag: „*IO theory implicitly assumed that all firms in an industry are identical in an economic sense, except for differences in their size; the other differences are random noise.*"[62] Ein weiterer Grund für die fehlende Verbindung zum strategischen Management ist im sehr weit gefassten Performance-Begriff der frühen IO-Ansätze zu sehen, der auf einem volkswirtschaftlichen Bezugsrahmen basierte, während für das strategische Management primär die Frage nach dem Erfolg einzelner Unternehmen im Vordergrund stand.[63]

3.3.2.2 Theorie der strategischen Gruppen

Maßgeblich für den Einzug der industrieökonomischen Ansätze in die strategische Managementforschung waren die Arbeiten MICHAEL PORTERS von der

---

[62] Porter (1981), S. 612.
[63] Vgl. Porter (1981), S. 612.

Harvard Business School.[64] PORTER gilt bis heute als der „wohl prominenteste und exponierteste Vertreter der IO-Ansätze".[65] Seine Arbeiten fanden binnen kurzer Zeit große Beachtung sowohl in Forschung und Lehre als auch in der Managementpraxis.[66] PORTER verwarf die strikte Annahme einer homogenen, nicht veränderbaren Industriestruktur und das damit verbundene Postulat identischer Renditen innerhalb einer Branche: *„All firms in the typical industry are clearly not alike: [...] An industry's member firms also frequently earn rates of return on invested capital that exhibit considerable variance."*[67]

Die innerhalb einer Branche zu beobachtenden Unterschiede zwischen Unternehmen erklärt PORTER mithilfe von sogenannten strategischen Gruppen.[68] Bei einer strategischen Gruppe handelt es sich um eine Gruppe von Unternehmen aus derselben Branche, die eine vergleichbare Wettbewerbsstrategie verfolgen.[69] Unternehmen, die einer bestimmten strategischen Gruppe angehören, stellen hinsichtlich ihrer Handlungs- und Reaktionsweise eine homogene Einheit dar. Zwischen verschiedenen strategischen Gruppen einer Branche können deutliche Unterschiede insbesondere in Bezug auf Markteintritts- bzw. Mobilitätsbarrieren bestehen. Mobilitätsbarrieren verhindern, dass ein Unternehmen von einer bestimmten strategischen Gruppe in eine andere wechselt. Ihre Höhe stellt einen wesentlichen Einflussfaktor auf Wettbewerbsvorteile und Renditepotenziale der Unternehmen in einer strategischen Gruppe dar.[70] Strategische Gruppen, die hohe Mobilitätsbarrieren aufweisen, sind im Vergleich zu anderen strategischen Gruppen in derselben

---

[64] Vgl. insbesondere Porter (1979, 1980a, 1980b und 1985).

[65] Kutschker/Schmid (2008), S. 838. Zum Teil wird die strategische Schule, die auf den industrieökonomischen Ansätzen basiert, in der Literatur auch als *„Market-based View"* bezeichnet, vgl. Welge/Al-Laham (2008), S. 79 und Macharzina/Wolf (2005), S. 67.

[66] Vgl. Rumelt/Schendel/Teece (1991), S. 8.

[67] Porter (1979), S. 214.

[68] Vgl. Porter (1979), S. 215. Das Konzept der *Strategic Groups* geht zurück auf die grundlegenden Arbeiten von Michael Hunt und Howard Newman, vgl. Hunt (1972) und Newman (1978).

[69] Vgl. Macharzina/Wolf (2005), S. 315.

[70] Vgl. Böbel (1984), S. 114 f.

Branche durch eine geringere Wettbewerbsintensität, eine stärkere Verhandlungsmacht gegenüber Lieferanten und eine geringere Elastizität der Nachfrage ihrer Konsumenten gekennzeichnet. Dies drückt sich letztendlich in höheren Renditen der zugehörigen Unternehmen aus.[71]

3.3.2.3 Five-Forces-Framework

Besondere Bedeutung für das strategische Management erlangten die Arbeiten PORTERS mit der Entwicklung des *Five-Forces-Frameworks*, das der Analyse des Wettbewerbsumfelds in einer Branche dient und mit dessen Hilfe sich Strategien zur Erlangung eines Wettbewerbsvorteils formulieren lassen.[72] Abb. 21 stellt dieses graphisch dar:

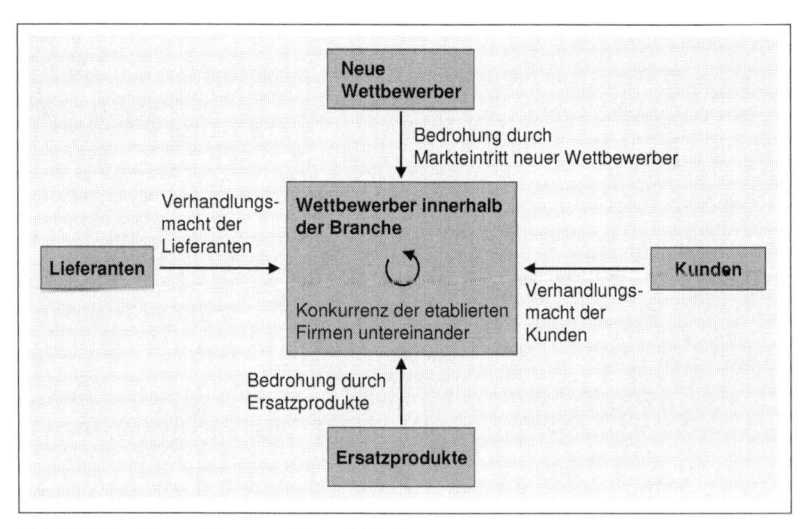

Abb. 21: Five-Forces-Framework nach Porter
Quelle: Porter (1980a), S. 4; Übersetzung durch den Verfasser.

Ziel der Branchenanalyse auf Basis des Five-Forces-Frameworks ist es, ein fundiertes Verständnis über die Struktur in einer Branche anhand der wesentlichen fünf Wettbewerbskräfte zu gewinnen. Diese sind ausschlaggebend für

---

[71] Vgl. Porter (1979), S. 215.
[72] Vgl. Porter (1980a), S. 3 ff.

die Wettbewerbsintensität innerhalb der Branche und bestimmen daher die in der Branche erzielbare Rendite.[73] Die fünf Wettbewerbskräfte sollen im Folgenden kurz beschrieben werden:[74]

(1) Bedrohung durch den Markteintritt neuer Wettbewerber

Neue Wettbewerber bringen zusätzliche Kapazitäten in einen Markt, i. d. R. ist ihr Markteintritt darauf ausgerichtet, einen substanziellen Marktanteil zu erreichen. Häufig sind sinkende Preise oder steigende Kosten für die etablierten Unternehmen die Folge – in jedem Fall ist aus Unternehmenssicht ein Absinken der Rendite zu befürchten (vgl. Abschnitt 3.2.2). Die Bedrohung durch den Markteintritt neuer Wettbewerber ist in erster Linie abhängig von der Höhe der vorhandenen Markteintrittsbarrieren und von der Reaktion, die seitens der etablierten Unternehmen zu erwarten ist.[75]

(2) Konkurrenz der etablierten Firmen untereinander

Intensive Konkurrenz innerhalb einer Branche lässt sich beispielsweise in Form von Preiswettkämpfen, „Werbeschlachten" oder intensiviertem Kundenservice beobachten. Sieht ein Unternehmen die Gelegenheit, seine Wettbewerbsposition zu verbessern, wird es versuchen, bestimmte Maßnahmen zu ergreifen. Daraufhin kommt es häufig zu direkten Gegenmaßnahmen der Wettbewerber. Erfolgen diese Maßnahmen und Gegenmaßnahmen etwa in Form massiver Preissenkungen, hat dies geringere Margen und damit sinkende Renditen zur Folge; die Situation verschlechtert sich für alle Wettbewerber. In anderen Situationen, beispielsweise im Fall intensivierter Marketingaktivitäten, kann zunehmende Konkurrenz al-

---

[73] Vgl. Macharzina/Wolf (2005), S. 312. Porter verwendet in diesem Zusammenhang auch den Begriff der „Branchenattraktivität", vgl. Porter (1980a), S. 4.

[74] Vgl. Porter (1980a), S. 7-28 und Porter (1980b), S. 31-40. Im Folgenden ist ausschließlich von „Produkten" die Rede, die Aussagen gelten analog für Dienstleistungen.

[75] Porter nennt sechs wesentliche Quellen für Markteintrittsbarrieren: Skaleneffekte, Produktdifferenzierung, Kapitalbedarf, Umstellungskosten für die Kunden, von Skaleneffekten unabhängige Kostennachteile (z. B. Subventionen oder Standortvorteile) und Einfluss des Staates (z. B. in Form von Regulierung), vgl. Porter (1980a), S. 7-14.

lerdings auch zu einer Erhöhung der Gesamtnachfrage führen und damit allen etablierten Unternehmen grundsätzlich zum Vorteil gereichen.

(3) Bedrohung durch Ersatzprodukte

Prinzipiell stehen sämtliche Unternehmen einer Branche in ständigem Wettbewerb mit anderen Branchen, in denen vergleichbare Produkte hergestellt werden. Ersatzprodukte begrenzen daher die potenzielle Rendite, die sich in einer bestimmten Branche erzielen lässt, indem sie gewissermaßen eine Preisobergrenze festlegen. Je attraktiver das Preis-Leistungs-Verhältnis der Ersatzprodukte, desto geringer ist der Spielraum für eine Preiserhöhung der originären Produkte.

(4) Verhandlungsmacht der Kunden

Kunden haben im Allgemeinen ein Interesse an niedrigen Preisen bei gleichzeitig hohem Qualitäts- und Serviceniveau. Um dieses Ziel zu erreichen, werden sie permanent versuchen, die Unternehmen gegeneinander auszuspielen. Je größer die Verhandlungsmacht der Kunden, desto besser wird ihnen dies gelingen und desto größer ist der Negativeffekt auf die Rendite in der Branche. Die Verhandlungsmacht der Kunden ist beispielsweise dann besonders groß, wenn sich ein Großteil der Verkäufe auf eine kleine Anzahl Kunden konzentriert, wenn die Produkte ein geringes Maß an Differenzierung aufweisen und der Lieferant ohne Probleme ausgetauscht werden kann oder wenn die Kunden das Produkt bei zu hohem Kaufpreis auch selbst herstellen können (Gefahr der Rückwärtsintegration).

(5) Verhandlungsmacht der Lieferanten

Durch Preis und Qualität der bereitgestellten Produkte können Lieferanten die Rendite in einer Branche signifikant beeinflussen. Je größer ihre Verhandlungsmacht gegenüber der von ihnen belieferten Branche, desto besser wird es den Lieferanten gelingen, die Rendite der Branche gering zu halten und ihre eigene Rendite zu maximieren. Analog zur Verhandlungsmacht der Kunden ist eine ausgeprägte Verhandlungsmacht für eine Gruppe Lieferanten dann beobachtbar, wenn die Konzentration in dieser

Gruppe sehr hoch ist, sie also von einer geringen Anzahl Firmen dominiert wird, wenn es keine oder kaum gleichwertige Ersatzprodukte gibt oder wenn seitens der Lieferanten eine realistische Gefahr der Vorwärtsintegration besteht. PORTER weist darauf hin, dass es sich auch bei Arbeitskräften in gewisser Weise um Lieferanten handelt, die in bestimmten Branchen über eine besonders ausgeprägte Verhandlungsmacht verfügen – etwa aufgrund eines hohen gewerkschaftlichen Organisationsgrads.[76]

3.3.2.4 Generische Strategien

Für die Positionierung eines Unternehmens innerhalb einer Branche ist die Wahl einer geeigneten Strategie entscheidend, die es dem Unternehmen ermöglicht, auf die Wettbewerbsbedingungen in einer Branche angemessen zu reagieren und die dort vorherrschenden Wettbewerbskräfte bestmöglich zu nutzen.[77] Gelingt es einem Unternehmen, sich im Vergleich zu seinen Wettbewerbern besonders vorteilhaft zu positionieren, lassen sich auch in einer vergleichsweise „unattraktiven" Branche mit geringer Durchschnittsrendite hohe Renditen erwirtschaften. Wesentliche Voraussetzung für das Erzielen einer langfristig überdurchschnittlichen Rendite sind nachhaltige Wettbewerbsvorteile. PORTER unterscheidet zwei grundsätzliche Arten von Wettbewerbsvorteilen: Kostenvorteil und Differenzierung.[78]

Diejenigen Unternehmen, denen es am besten gelingt, sich gegen die fünf Wettbewerbskräfte zur Wehr zu setzen, werden über die größten Wettbewerbsvorteile verfügen. Dies erreicht ein Unternehmen über die erfolgreiche Umsetzung einer Wettbewerbsstrategie *(Competitive Strategy)*, die darin besteht, die entsprechenden Angriffs- bzw. Verteidigungsmaßnahmen gegen die fünf Wettbewerbskräfte zu ergreifen.[79] Eine solche Strategie führt über

---

[76] Vgl. Porter (1980a), S. 28.
[77] Vgl. Bamberger/Wrona (2004), S. 41.
[78] Vgl. Porter (1985), S. 11.
[79] Vgl. Porter (1980a), S. 29.

den Aufbau von nachhaltigen Wettbewerbsvorteilen zu langfristig überdurchschnittlich hohen Renditen.[80] Während eine Wettbewerbsstrategie grundsätzlich auch die spezifische Situation des jeweiligen Unternehmens berücksichtigen muss und somit von Unternehmen zu Unternehmen verschieden sein kann, lassen sich auf übergeordneter Ebene drei generische Strategien unterscheiden: Differenzierung, umfassende Kostenführerschaft und Konzentration auf Schwerpunkte. Diese drei generischen Strategien verhelfen einem Unternehmen auf unterschiedliche Art und Weise dazu, sich gegen die fünf Wettbewerbskräfte zur Wehr zu setzen.[81]

Die *Differenzierungsstrategie* zeichnet sich durch ein branchenweit einzigartiges Angebot aus. Dies kann beispielsweise in Form eines einzigartigen Markenimages, einzigartiger Technologien oder eines einzigartigen Kundenservices geschehen. Differenzierung führt i. d. R. zu einer hohen Kundenloyalität, sodass sich ein Unternehmen bis zu einem gewissen Ausmaß der Konkurrenz in der Branche entziehen kann. Aufgrund der Einzigartigkeit des Angebots mangelt es den Kunden an Alternativen, sie weisen eine vergleichsweise geringe Preissensitivität auf und ihre Verhandlungsmacht ist entsprechend gering. Markteintrittsbarrieren sind hoch, da ein neuer Wettbewerber gegen die hohe Kundenloyalität und die Einzigartigkeit des Angebots ankämpfen muss. Differenzierung führt zu höheren Margen, wodurch die Lieferanten das Unternehmen nur vergleichsweise begrenzt unter Druck setzen können. Schließlich ist auch die Bedrohung durch Ersatzprodukte aufgrund der Einzigartigkeit und der damit verbundenen Kundenloyalität stark begrenzt.[82]

Die *Strategie der Kostenführerschaft* zielt darauf ab, einen umfassenden Kostenvorsprung in einer Branche zu erlangen, um sich erfolgreich gegenüber der Konkurrenz zu behaupten. Selbst wenn es zu aggressiven Preis-

---

[80] Vgl. Porter (1980a), S. 34.
[81] Vgl. hierzu auch Welge/Al-Laham (2008), S. 80 f. und Steinle (2005), S. 247-249.
[82] Vgl. Porter (1980a), S. 37 f.

kämpfen in der Branche kommt und die anderen Wettbewerber keine lohnenswerten Renditen mehr erwirtschaften, kann der Kostenführer noch profitabel arbeiten. Bei hoher Verhandlungsmacht der Kunden können diese die Preise lediglich so weit drücken, bis sich das Geschäft für keinen anderen Wettbewerber mehr lohnt. Auch mächtige Lieferanten können dem Kostenführer vergleichsweise wenig anhaben, da dieser eine besonders hohe Flexibilität beim Umgang mit erhöhten Kosten aufweist. Kostenführer verfügen im Allgemeinen über Skaleneffekte bzw. sonstige Kostenvorteile, sodass die Markteintrittsbarrieren für neue Wettbewerber entsprechend hoch sind. Auch hinsichtlich der Bedrohung durch Ersatzprodukte befindet sich der umfassende Kostenführer in einer Branche im Vergleich zu seinen Wettbewerbern in einer vorteilhaften Situation, da die Bedrohung aufgrund niedrigerer Preise für den Kostenführer am geringsten ist.[83]

Die *Konzentration auf Schwerpunkte* kann auf unterschiedliche Art und Weise umgesetzt werden, beispielsweise durch Konzentration auf bestimmte Kundensegmente, Produktlinien oder Ländermärkte. PORTER unterstellt, dass es einem fokussiert vorgehenden Unternehmen gelingt, das Zielsegment effektiver und effizienter zu bedienen als den Wettbewerbern, die weniger fokussiert agieren. Innerhalb des Zielsegments führt dies für das entsprechende Unternehmen entweder zur Differenzierung, indem es in besonderem Maße die Bedürfnisse der Kunden befriedigt, oder zur Kostenführerschaft.[84] Die Konzentration auf Schwerpunkte kann beispielsweise eingesetzt werden zur Auswahl von Zielsegmenten, die weniger durch Ersatzprodukte bedroht sind oder in denen nur geringe Konkurrenz zwischen den Wettbewerbern herrscht. Insgesamt sind einem Unternehmen, welches eine Konzentrations-

---

[83] Vgl. Porter (1980a), S. 36.

[84] Porter unterscheidet in diesem Zusammenhang zwischen Differenzierungsfokus und Kostenfokus, vgl. Porter (1985), S. 16.

strategie verfolgt, allerdings Grenzen in Bezug auf Absatzvolumen und Marktanteil gesetzt.[85]

Abb. 22 veranschaulicht die Unterschiede zwischen den drei generischen Strategien. Mit diesen Strategien stehen einem Unternehmen drei alternative Herangehensweisen zur Verfügung, um sich erfolgreich gegen die fünf Wettbewerbskräfte zur Wehr zu setzen. Gelingt es einem Unternehmen nicht, sich in eine dieser strategischen Richtungen zu entwickeln, sitzt es gewissermaßen „zwischen den Stühlen" fest.[86] Befindet sich ein Unternehmen in einer solchen Position, wird es Probleme haben, sich im Wettbewerb gegen Unternehmen zu behaupten, die eine der drei generischen Strategien konsequent verfolgen. Mit den Kostenführern in der Branche wird das Unternehmen um all jene Kunden konkurrieren, die hohe Absatzmengen zu niedrigen Preisen nachfragen. Es muss entweder auf diese Kunden komplett verzichten oder seine Preise auf ein Niveau absenken, zu dem sich für dieses Unternehmen dauerhaft keine akzeptablen Margen erzielen lassen. Gleichzeitig wird es im Kampf um das hochpreisige Segment der besonders rentablen Kunden Nachteile gegenüber denjenigen Firmen aufweisen, die sich in besonderer Weise auf diese Kunden fokussieren oder die insgesamt eine gezielte Differenzierung ihres Angebots betreiben. Ein Unternehmen, das zwischen den Stühlen sitzt, erwirtschaftet daher eine deutlich geringere Rendite als Unternehmen, die eine der drei generischen Strategien erfolgreich umsetzen.[87]

---

[85] Vgl. Porter (1980a), S. 38-40.
[86] Vgl. Steinle (2005), S. 249.
[87] Vgl. Porter (1980a), S. 41 f.

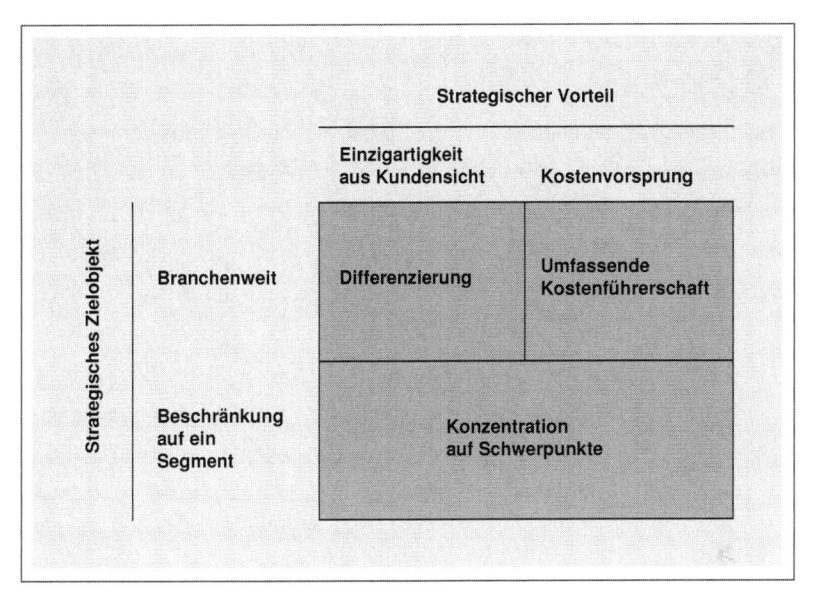

		Strategischer Vorteil	
		Einzigartigkeit aus Kundensicht	Kostenvorsprung
Strategisches Zielobjekt	Branchenweit	Differenzierung	Umfassende Kostenführerschaft
	Beschränkung auf ein Segment	Konzentration auf Schwerpunkte	

Abb. 22: Drei generische Strategien nach Porter
Quelle: Porter (1980a), S. 39; Übersetzung durch den Verfasser.

Ein zentrales Instrument in PORTERS Arbeiten zur Identifikation potenzieller Wettbewerbsvorteile stellt die Wertschöpfungskette *(Value Chain)* dar.[88] Mithilfe der Wertschöpfungskette lassen sich sämtliche strategisch relevanten Aktivitäten eines Unternehmens erfassen und systematisch auf die Fragestellung hin untersuchen, inwiefern sie zur Verbesserung der Kostenposition des Unternehmens beitragen können oder sich als Basis für die erfolgreiche Umsetzung einer Differenzierungsstrategie eignen. Auf die Wertschöpfungskette nach PORTER soll an dieser Stelle nicht im Detail eingegangen werden, sie stellt aber für die Gegenüberstellung der industrieökonomischen Ansätze mit den ressourcenbasierten Ansätzen insofern einen interessanten Aspekt dar, als sie letztendlich auch als ein Instrument zur Identifikation ressourcenbasierter Wettbewerbsvorteile aufgefasst werden kann.[89]

---

[88] Vgl. Porter (1985), S. 33 ff.
[89] Vgl. hierzu die Diskussion in Abschnitt 3.3.4.

3.3.3 Ressourcenbasierte Ansätze
3.3.3.1 Grundzüge

Wie im vorangegangenen Abschnitt erläutert, steht die Betrachtung der unternehmensexternen Umwelt im Vordergrund des SCP-Paradigmas. Eine der wesentlichen Annahmen der industrieökonomischen Perspektive besteht darin, dass Unternehmen aus einer Branche bzw. einer strategischen Gruppe über identische Ressourcen verfügen (Ressourcenhomogenität).[90] Im Gegensatz dazu gehen die Vertreter der ressourcenbasierten Ansätze („Resource-based View") davon aus, dass sich Unternehmen hinsichtlich ihrer Ressourcen voneinander unterscheiden und dass die unternehmenseigenen Ressourcen einen wesentlichen Einfluss auf die Wettbewerbsfähigkeit eines Unternehmens besitzen.[91] Diese Sichtweise widerspricht insofern den industrieökonomischen Ansätzen, als unterstellt wird, dass auch innerhalb einer Branche bzw. einer strategischen Gruppe Ressourcenheterogenität zwischen den Unternehmen besteht.[92] Die Ressourcenheterogenität spiegelt eine asymmetrische Ressourcenallokation zwischen den Unternehmen wider und resultiert aus der Unvollkommenheit der Faktormärkte.[93] Eine zweite zentrale Annahme der ressourcenbasierten Ansätze besteht in der Ressourcenimmobilität: Ressourcen sind unter Umständen nicht beweglich und lassen sich nicht ohne Weiteres von einem Unternehmen auf das andere übertragen, sodass Ressourcenheterogenität durchaus einen langfristig andauernden Zustand darstellen kann.[94]

Ausgehend von den Annahmen der Ressourcenheterogenität und -immobilität erklären die ressourcenbasierten Ansätze den wirtschaftlichen Erfolg eines Unternehmens anhand seiner Ressourcenausstattung. Die Structure-Conduct-Performance-Hypothese der industrieökonomischen An-

---

[90] Vgl. Barney (1991), S. 100.
[91] Vgl. Bamberger/Wrona (1996a), S. 386.
[92] Vgl. Barney (1991), S. 101.
[93] Vgl. Rasche/Wolfrum (1994), S. 503.
[94] Vgl. Barney (1991), S. 101.

sätze wird also gewissermaßen durch eine Resource-Conduct-Performance-Wirkungskette ersetzt.[95] Die ressourcenbasierten Ansätze finden ihren Ursprung bei PENROSE, die bereits Ende der fünfziger Jahre des 20. Jahrhunderts dafür plädierte, Unternehmen als ein Bündel aus Ressourcen zu betrachten.[96] PENROSE erkannte auch die Bedeutung, die die Heterogenität von Ressourcen aus Unternehmenssicht hat: *„The fact that most resources can provide a variety of different services is of great importance for the productive opportunity of a firm. It is the heterogeneity, not the homogeneity, of the resources that gives each firm its unique character."*[97] Als Begründer der ressourcenbasierten Ansätze in ihrer heutigen Form gelten RUMELT und WERNERFELT.[98] Zunehmende Bedeutung erlangten die Ansätze Anfang der neunziger Jahre u. a. durch die Arbeiten von BARNEY, CONNER, GRANT, PETERAF, PRAHALAD und HAMEL sowie COLLIS und MONTGOMERY.[99] Ein wesentliches Ziel dieser Arbeiten bestand darin, den Zusammenhang zwischen unternehmensinternen Ressourcen und nachhaltigen Wettbewerbsvorteilen zu untersuchen und aus diesen Erkenntnissen Wettbewerbsstrategien abzuleiten.[100]

3.3.3.2 Ressourcen und nachhaltige Wettbewerbsvorteile

Der Ressourcenbegriff wird in der Literatur relativ weit gefasst. So schreibt WERNERFELT: *„By a resource is meant anything which could be thought of as a strength or weakness of a given firm."*[101] BAMBERGER und WRONA konstatieren, dass „fast alle internen materiellen und immateriellen Güter, Systeme

---

[95] Vgl. Rasche/Wolfrum (1994), S. 502.

[96] Vgl. Penrose (1959), S. 24-26. Zum Einfluss von Penrose auf die ressourcenbasierten Ansätze vgl. auch Wernerfelt (1984), S. 171, Bamberger/Wrona (1996b), S. 131, Rugman/Verbeke (2002) und Kor/Mahoney (2004).

[97] Penrose (1959), S. 75.

[98] Vgl. Rumelt (1984) und Wernerfelt (1984). Vgl. zur Bedeutung dieser Arbeiten Conner (1991), S. 122; Wernerfelt (1995), S. 171 f. und Bamberger/Wrona (1996a), S. 386.

[99] Vgl. Barney (1991, 1995); Conner (1991); Grant (1991); Peteraf (1993); Prahalad/Hamel (1990) und Collis/Montgomery (1995).

[100] Vgl. Wernerfelt (1995), S. 172.

[101] Wernerfelt (1984), S. 172.

und Prozesse als interne Ressourcen definiert werden können."[102] Laut BARNEY steht der Ressourcenbegriff stellvertretend für alle „*assets, capabilities, organizational processes, firm attributes, information knowledge, etc. controlled by a firm that enable the firm to conceive of and implement strategies that improve its efficiency and effectiveness.*"[103] Es lässt sich folglich festhalten, dass zu den Ressourcen eines Unternehmens materielle Vermögensgegenstände wie Produktionsstätten, Maschinen und Rohmaterialien ebenso zu zählen sind wie immaterielle Vermögenswerte, wozu beispielsweise Patente, Markenrechte und der Ruf eines Unternehmens gehören.[104] Auch das Humankapital in Form von Ausbildung, Erfahrung und Talent der Mitarbeiter oder die Organisationsform und damit verbundene Aspekte wie hierarchische Strukturen, Planungsprozesse und Beziehungen können strategisch relevante Ressourcen eines Unternehmens sein.[105]

Nicht alle Ressourcen eines Unternehmens bieten jedoch das Potenzial, um einen nachhaltigen Wettbewerbsvorteils zu erreichen. BARNEY definiert vier Eigenschaften, die eine Ressource aufweisen muss, um einem Unternehmen zu einem nachhaltigen Wettbewerbsvorteil zu gereichen:[106]

---

[102] Bamberger/Wrona (1996b), S. 132.

[103] Barney (1991), S. 101.

[104] Vgl. zur Bedeutung immaterieller Vermögenswerte für nachhaltige Wettbewerbsvorteile auch ausführlich Hall (1992).

[105] Vgl. Barney (1991), S. 101.

[106] Vgl. für die folgenden Ausführungen Barney (1991), S. 105-112. Neben Barney haben auch andere Autoren entsprechende Anforderungen an Ressourcen definiert, wobei sich diese mit den Anforderungen Barneys zum Teil stark überschneiden. So entscheiden laut Grant die Merkmale Dauerhaftigkeit *(Durability)*, Transparenz *(Transparency)*, Übertragbarkeit *(Transferability)* und Replizierbarkeit *(Replicability)* über die Eignung einer Ressource zum Erreichen nachhaltiger Wettbewerbsvorteile, vgl. Grant (1991), S. 124-128. Collis und Montgomery nennen im gleichen Zusammenhang die Merkmale Einzigartigkeit *(Inimitability)*, Dauerhaftigkeit *(Durability)*, Aneigenbarkeit *(Appropriability)*, Ersetzbarkeit *(Substitutability)* und Überlegenheit gegenüber der Konkurrenz *(Competitive Superiority)*, vgl. Collis/Montgomery (1995), S. 120-124.

(1) Die Ressource muss wertvoll sein.

Eine Ressource ist wertvoll, wenn sie – entsprechend der oben zitierten Definition von BARNEY – das Unternehmen dazu befähigt, seine Effizienz und Effektivität zu verbessern.

(2) Die Ressource muss knapp sein.

Verfügt eine Vielzahl konkurrierender Unternehmen gleichzeitig über eine wertvolle Ressource, eignet sich diese für ein einzelnes Unternehmen nicht zur Generierung von Wettbewerbsvorteilen, da nahezu jedes Unternehmen die Ressource auf die gleiche Art und Weise verwerten kann. Ist die Ressource hingegen einzigartig oder sehr selten – beispielsweise in Form einer besonders beliebten Marke oder eines besonders fähigen Managements – kann das Unternehmen, das über die Ressource verfügt, diese zum Erreichen eines Wettbewerbsvorteils einsetzen.

(3) Die Ressource darf nicht perfekt imitierbar sein.

Ist eine Ressource wertvoll und knapp, kann sie einem Unternehmen zu einem Wettbewerbsvorteil im Sinne eines First-Mover-Advantages verhelfen. Häufig wird es jedoch den Konkurrenzunternehmen im Laufe der Zeit gelingen, sich diese Ressource ebenfalls zu beschaffen bzw. diese zu kopieren. Nur für den Fall, dass eine wertvolle und knappe Ressource nicht perfekt imitierbar ist, eignet sich diese auch zur Generierung eines *nachhaltigen* Wettbewerbsvorteils. BARNEY nennt drei Gründe, die dazu führen können, dass eine Ressource nicht perfekt imitierbar ist: (1) einzigartige historische Bedingungen, etwa in Form einer historisch gewachsenen Organisationskultur, (2) soziale Komplexität, die bestimmten Ressourcen inhärent ist – beispielsweise zwischenmenschliche Beziehungen im Unternehmen – und (3) Unklarheit über den Wirkungszusammenhang zwischen bestimmten Ressourcen und nachhaltigen Wettbewerbsvorteilen *(Causal Ambiguity)*, die zur Folge hat, dass Wettbewerber nicht wissen, welche Ressourcen sie imitieren sollen.[107]

(4) Die Ressource darf nicht substituierbar sein.

Ist eine Ressource wertvoll, knapp und nicht perfekt imitierbar, wird sie einem Unternehmen dennoch nicht zu einem nachhaltigen Wettbewerbsvorteil verhelfen, wenn andere Unternehmen über Ressourcen verfügen, die dieser Ressource zwar nicht perfekt entsprechen, die jedoch insofern gleichwertig sind, als sie es den Unternehmen ermöglichen, die gleiche Strategie zu verfolgen. Bei gleichwertigen Ressourcen kann es sich sowohl um einander sehr ähnliche Ressourcen (z. B. Management-Teams mit vergleichbaren Qualifikationen) als auch um völlig unterschiedliche Ressourcen handeln (z. B. ein strategisches Planungssystem, das einem Unternehmen ebenso zu einer Zukunftsvision verhelfen kann wie ein charismatischer Unternehmensleiter). Entscheidend ist, ob sich die nicht identischen Ressourcen aus strategischer Sicht entsprechen. Die Nicht-Substituierbarkeit stellt daher eine vierte Bedingung dar, die eine Ressource erfüllen muss, um einem Unternehmen das Erreichen eines nachhaltigen Wettbewerbsvorteils zu ermöglichen.

Die Zusammenhänge zwischen den beiden zentralen Annahmen der ressourcenbasierten Ansätze, den vier Eigenschaften und nachhaltigen Wettbewerbsvorteilen sind in Abb. 23 dargestellt:

---

[107] Vgl. zur *Causal Ambiguity* auch Rumelt (1984), S. 567; Dierickx/Cool (1989), S. 1508 f. sowie ausführlich Lippman/Rumelt (1982) und Reed/deFillippi (1990).

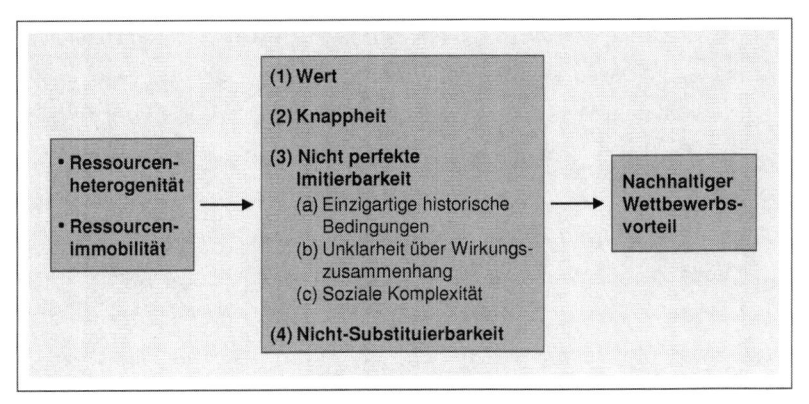

Abb. 23: Ressourcenbasiertes Modell nachhaltiger Wettbewerbsvorteile
Quelle: Barney (1991), S. 112; Übersetzung durch den Verfasser.

Einige Autoren unterscheiden darüber hinaus explizit zwischen Ressourcen und Fähigkeiten *(Capabilities)*.[108] Demnach steht der Begriff Ressource für einen Input-Faktor im Produktionsprozess, eine Capability ist hingegen *„the capacity for a team of resources to perform some task or activity."*[109] Es wird postuliert, dass eine Ressource für sich allein betrachtet nicht die Quelle nachhaltiger Wettbewerbsvorteile darstellt, sondern dass nachhaltige Wettbewerbsvorteile erst durch die Kombination aus Ressourcen und den notwendigen Fähigkeiten in einem Unternehmen erreicht werden können. Diese Sichtweise unterstreicht die Schlüsselrolle des strategischen Managements, deren Aufgabe primär im effizienten Einsatz bzw. in der optimalen Verwendung der Ressourcen des Unternehmens besteht.[110] In Veröffentlichungen jüngeren Datums wird in diesem Zusammenhang vom *„Dynamic Capability View"* gesprochen.[111] Als Weiterentwicklung der ressourcenbasierten Ansätze unterstreicht dieser Ansatz die Bedeutung der Anpassungsfähigkeit eines Unternehmens und seines Managements an eine sich rasch ändernde Unternehmensumwelt für das Erreichen nachhaltiger Wettbewerbsvorteile.

---

[108] Vgl. etwa Grant (1991); Bharadwaj/Varadarajan/Fahy (1993) oder Teece/Pisano (1994).

[109] Grant (1991), S. 118 f.

[110] Vgl. Teece/Pisano (1994), S. 538.

[111] Vgl. Teece/Pisano/Shuen (1997); Eisenhardt/Martin (2000); Bowman/Ambrosini (2003); Cavusgil/Seggie/Talay (2007) und Teece (2007).

Eine weitere Strömung der ressourcenbasierten Ansätze stellt der sogenannte „Knowledge-based View" dar.[112] Für die Vertreter dieses Ansatzes stehen die firmeninternen Wissensressourcen bei der Erzielung nachhaltiger Wettbewerbsvorteile im Vordergrund.[113] Die Leistungsfähigkeit eines Unternehmens hängt davon ab, wie gut es dem Management gelingt, die im Unternehmen vorhandenen Wissensressourcen zu mobilisieren und in Wert schaffende Aktivitäten umzuwandeln.[114] Prinzipiell stellen aber weder Dynamic Capability View noch Knowledge-based View einen Widerspruch zum traditionellen Resource-based View dar, sie sind vielmehr als Erweiterungen des ursprünglichen Ansatzes zu verstehen.[115]

3.3.3.3 Ressourcenbasierte Ansätze und Formulierung von Wettbewerbsstrategien

Neben der theoretischen Erklärung von Wettbewerbsvorteilen aus der Ressourcenperspektive widmen sich einige der nachfolgend genannten Autoren der Frage, wie sich mithilfe der ressourcenbasierten Ansätze in der Praxis erfolgreiche Wettbewerbsstrategien formulieren lassen. Aufgrund der Vielzahl unterschiedlicher Ressourcenkonstellationen in Unternehmen sind diese Ansätze jedoch nicht dazu geeignet, ähnlich wie bei PORTER einige wenige, klar voneinander abgegrenzte generische Strategien abzuleiten.[116] Vielmehr geht es darum, die Bedeutung wertvoller Ressourcen zu erkennen und Strategien zu formulieren, die darauf abzielen, diese Ressourcen besonders wirksam einzusetzen.[117]

Eine solche Strategie erfordert beispielsweise kontinuierliche Investitionen zur Erhaltung und Verbesserung vorhandener Ressourcen bzw. zum Aufbau

---

[112] Vgl. beispielsweise Spender (1996), Grant (1997) und von Krogh (1998).
[113] Vgl. Spender (1996), S. 46.
[114] Vgl. von Krogh (1998), S. 133.
[115] Vgl. Barney/Wright/Ketchen (2001), S. 630-632.
[116] „... a firm's stability and profitability fundamentally depend upon entrepreneurial activity. There cannot be a simple algorithm for creating wealth." Rumelt (1984), S. 568.
[117] Vgl. Grant (1991), S. 129.

neuer wertvoller Ressourcen. Ebenso muss ständig überprüft werden, inwiefern sich Ressourcen, die einem Unternehmen in bestimmten Bereichen zu Wettbewerbsvorteilen verhelfen, auch in anderen Unternehmensbereichen bzw. in anderen Märkten erfolgreich zum Erzielen von Wettbewerbsvorteilen einsetzen lassen.[118] Eine wichtige Rolle spielen auch mögliche Optionen des Know-how-Erwerbs und Gefahren unbeabsichtigten Wissensabflusses, wodurch sich unmittelbar strategische Implikationen für Diversifikations- und Kooperationsvorhaben bzw. für Outsourcing- und Desinvestitionsentscheidungen von Unternehmen ergeben.[119]

Letztendlich wird auch die Auswahl einer der drei generischen Strategien nach PORTER maßgeblich durch die Ressourcenausstattung eines Unternehmens beeinflusst. Die Position des absoluten Kostenführers in einer Branche kann z. B. nur dann erreicht werden, wenn sich das Unternehmen durch besonders effiziente Fabriken, günstige Bezugsquellen von Rohmaterialien oder geringe Lohnkosten auszeichnet. Ähnlich muss ein Unternehmen zur erfolgreichen Umsetzung einer Differenzierungsstrategie über ein entsprechendes Markenimage, patentrechtlich geschützte Technologien oder ein umfangreiches Servicenetzwerk verfügen. Somit lassen sich prinzipiell auch Markteintrittsbarrieren, die die Unternehmen in einer Branche vor dem Eintritt neuer Wettbewerber schützen, aus der Ressourcenperspektive begründen. Diese Markteintrittsbarrieren beruhen auf Ressourcen, die die etablierten Unternehmen im Gegensatz zu potenziellen Wettbewerbern, die in den Markt eintreten möchten, besitzen und die sich diese potenziellen Wettbewerber nicht ohne Weiteres aneignen bzw. die sie nicht einfach replizieren können.[120]

---

[118] Vgl. Collis/Montgomery (1995), S. 124-128. Ähnlich sehen Bamberger und Wrona die Anwendungsgebiete des Ressourcenansatzes im Rahmen des strategischen Managements in den Bereichen Entwicklung, Schutz und Verwertung von Ressourcen, vgl. Bamberger/Wrona (1996a), S. 388.

[119] Vgl. Rasche/Wolfrum (1994), S. 507-509.

[120] Vgl. Grant (1991), S. 117 f. Zum Zusammenhang zwischen der Ressourcenausstattung eines Unternehmens und der Überwindung bzw. Schaffung von Markteintrittsbarrieren

3.3.4 Ressourcenbasierte Ansätze und industrieökonomische Perspektive im Vergleich

Wie im vorangegangenen Abschnitt diskutiert, können industrieökonomische Ansätze und ressourcenbasierte Ansätze als Gegenpole verstanden werden. Diese Sichtweise ist insofern zutreffend, als beide Ansätze grundsätzlich verschiedene Perspektiven bei der Erklärung von Wettbewerbsvorteilen einnehmen. Während die industrieökonomischen Ansätze dabei unternehmensexterne Faktoren heranziehen, konzentrieren sich die ressourcenbasierten Ansätze auf unternehmensinterne Faktoren. Die beiden zentralen Annahmen der ressourcenbasierten Ansätze – Ressourcenheterogenität und -immobilität – sind mit der industrieökonomischen Perspektive nicht vereinbar. Und während sich für Vertreter der industrieökonomischen Ansätze die Strategie eines Unternehmens primär aus den strukturellen Gegebenheiten innerhalb der Branche ergibt, ist die Strategie aus der Ressourcenperspektive in erster Linie das Resultat bewusster Entscheidungen der Unternehmensführung.[121]

Gleichzeitig weisen die beiden Ansätze aber auch eine Reihe von Gemeinsamkeiten auf.[122] So besteht – im Gegensatz zur neoklassischen Sichtweise – eine der zentralen Annahmen beider Ansätze darin, dass dauerhafte Überrenditen auf Basis nachhaltiger Wettbewerbsvorteile für bestimmte Unternehmen möglich sind. Ebenso greift PORTER – beispielsweise mit dem Konzept der Wertschöpfungskette – Aspekte der ressourcenorientierten Unternehmensführung auf und verdeutlicht, wie bestimmte ressourcenbasierte Wettbewerbsvorteile eines Unternehmens identifiziert werden können.[123] Darüber hinaus werden die Merkmale der Branchenstruktur nicht zuletzt durch die Ressourcenausstattung der Unternehmen in einer Branche bestimmt und verändert. Die unterschiedliche Ressourcenausstattung der Un-

---

vgl. auch Bamberger/Wrona (1996b), S. 146 f.

[121] Vgl. Conner (1991), S. 133.

[122] Vgl. hierzu auch die Ausführungen zum Einfluss der ressourcenbasierten Ansätze auf die Auswahl einer generischen Strategie nach Porter im vorangegangenen Abschnitt.

[123] Vgl. Barney (1991), S. 105 und Rasche/Wolfrum (1994), S. 513.

ternehmen lässt sich auch zur Erklärung von strategischen Gruppen und damit von Unterschieden, die innerhalb einer Branche zwischen Unternehmen zu beobachten sind, heranziehen.[124]

Eine Zusammenführung der beiden Ansätze erfolgt im Rahmen der SWOT-Analyse,[125] die interessanterweise bereits in den sechziger Jahren und damit vor der ausgedehnten Verbreitung beider Ansätze entwickelt wurde.[126] Die SWOT-Analyse stellt die unternehmensinternen Stärken und Schwächen den Chancen und Gefahren der Unternehmensumwelt gegenüber und liefert so die Informationsgrundlage für die Ableitung geeigneter strategischer Optionen.[127] Diese Gegenüberstellung lässt sich in Form einer Matrix veranschaulichen (vgl. Abb. 24).

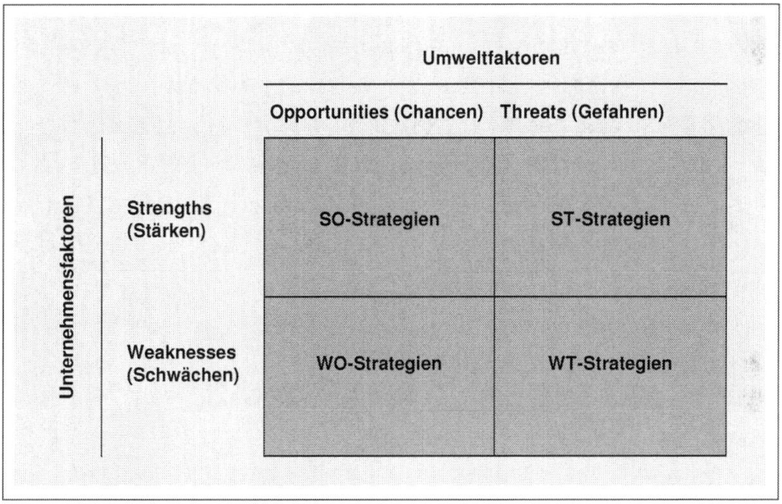

	Umweltfaktoren	
	Opportunities (Chancen)	Threats (Gefahren)
Strengths (Stärken)	SO-Strategien	ST-Strategien
Weaknesses (Schwächen)	WO-Strategien	WT-Strategien

Unternehmensfaktoren

Abb. 24: SWOT-Analyse-Matrix
Quelle: Lombriser/Abplanalp (1997), S. 188.

---

[124] Vgl. Bamberger/Wrona (1996b), S. 146 f.
[125] SWOT steht für *Strengths, Weaknesses, Opportunities* und *Threats*.
[126] Vgl. Kutschker/Schmid (2008), S. 842.
[127] Vgl. Simon/von der Gathen (2002), S. 214.

Die SWOT-Analyse basiert auf der Annahme, dass eine wirksame Strategie die Stärken und Chancen des Unternehmens maximiert und dessen Schwächen und Gefahren minimiert.[128] So besteht beispielsweise eine SO-Strategie darin, die Chancen des Unternehmens unter Einsatz seiner Stärken zu nutzen, während bei einer ST-Strategie auf die unternehmensinternen Stärken zurückgegriffen wird, um die Gefahren der Unternehmensumwelt auszugleichen bzw. zu entschärfen. Die SWOT-Analyse kann sowohl auf Gesamtunternehmensebene als auch auf einzelne Geschäftsbereiche zur Identifikation potenzieller Wettbewerbsvorteile und – darauf aufbauend – zur Formulierung der entsprechenden Strategien angewandt werden.[129]

3.3.5 Weitere theoretische Erklärungsmodelle
3.3.5.1 Institutionenökonomische Ansätze

Die institutionenökonomischen Ansätze befassen sich mit der Analyse von Institutionen, in deren Rahmen der ökonomische Austausch vollzogen wird.[130] Die Ansätze gehen von einer beschränkten Rationalität der Akteure aus, Institutionen werden daher geschaffen, um diese beschränkte Rationalität zu handhaben.[131] Wettbewerbsvorteile bestehen im Rahmen der institutionenökonomischen Ansätze primär aus Effizienzvorteilen, die durch die optimale Gestaltung des ökonomischen Austauschs erreicht werden.[132] Man unterscheidet zwischen der Transaktionskostentheorie, der Theorie der Verfügungsrechte und der Agenturtheorie.

Die Transaktionskostentheorie versucht zu erklären, warum bestimmte Transaktionen in bestimmten institutionellen Koordinationsformen mehr oder weniger effizient abgewickelt werden.[133] Zentrales Element dieser Theorie ist

---

[128] Vgl. Lombriser/Abplanalp (1997), S. 186.
[129] Vgl. Simon/von der Gathen (2002), S. 220 f.
[130] Vgl. Ebers/Gotsch (2006), S. 247.
[131] Vgl. Kutschker/Schmid (2008), 452.
[132] Vgl. Müller-Stewens/Lechner (2005), S. 156.
[133] Vgl. Ebers/Gotsch (2006), S. 277.

das Markt-Hierarchie-Paradigma nach WILLIAMSON, wonach Markt und Hierarchie als alternative Instrumente zur Ausführung von Transaktionen unterschieden werden.[134] Bleiben Produktionskosten unberücksichtigt, entscheidet die Höhe der Transaktionskosten darüber, ob eine Aktivität über den Markt abgewickelt wird oder ob es effizienter ist, diese zu internalisieren.[135] Eine Zwischenform zwischen Markt und Hierarchie stellen Kooperationen, wie z. B. Franchising oder Joint Ventures, dar.[136] Wettbewerbsvorteile lassen sich für Unternehmen erzielen, denen durch die optimale Kombination aus Hierarchie, Markt und Kooperationen eine möglichst ressourceneffiziente Organisation ihrer Transaktionen gelingt.[137] Zudem begründet die Existenz von Transaktionskosten die im Rahmen der ressourcenbasierten Ansätze unterstellte Ressourcenimmobilität. Verfügen einzelne Unternehmen über überlegene Ressourcen, verhindern Transaktionskosten den freien Zugang aller Marktteilnehmer zu diesen Ressourcen und verhelfen dem Unternehmen zu Wettbewerbsvorteilen.[138]

Die Theorie der Verfügungsrechte (Property-Rights-Theorie) betrachtet den Einfluss von Verfügungsrechten auf die Allokation und Nutzung von Ressourcen.[139] Entscheidend für den Wert einer Ressource sind demnach nicht ausschließlich ihre physikalischen Eigenschaften, sondern in erheblichem Maße auch die an ihr ausübbaren Rechte.[140] Verfügungsrechte stellen sogenannte Isolationsmechanismen *(Isolating Mechanisms)* dar, die dafür sorgen, dass Unternehmen Wettbewerbsvorteile gegenüber ihren Konkurrenten verteidi-

---

[134] Vgl. Williamson (1975), S. 8 f. Der Begriff „Hierarchie" wird im Rahmen der Transaktionskostentheorie zur Bezeichnung von Organisationen bzw. Unternehmen verwendet.

[135] Vgl. Kutschker/Schmid (2008), S. 452.

[136] Vgl. Kieser/Walgenbach (2007), S. 52.

[137] Vgl. Teece (1990), S. 57 und Müller-Stewens/Lechner (2005), S. 144.

[138] Vgl. Lippmann/Rumelt (1982), S. 420. Damit können Transaktionskosten im Sinne der ressourcenbasierten Ansätze für einzelne Unternehmen durchaus erstrebenswert sein, während die Aktivitäten eines Unternehmens im Rahmen des Transaktionskostenansatzes stets auf das Vermeiden von Transaktionskosten ausgerichtet sind.

[139] Vgl. Furubotn/Pejovich (1972), S. 1139 f. Vgl. außerdem grundlegend Alchian (1961 und 1965); Demsetz (1964 und 1967) und Alchian/Demsetz (1973).

[140] Vgl. Picot/Dietl/Franck (2005), S. 46.

gen können.[141] Steht einem Unternehmen beispielsweise die exklusive Nutzung einer Ressource zu, kann dadurch verhindert werden, dass diese von Wettbewerbern eingesetzt bzw. imitiert wird. Bei der Erklärung von Wettbewerbsvorteilen deckt demnach auch die Theorie der Verfügungsrechte „Unvollkommenheiten" des neoklassischen Marktmodells auf. Insbesondere die Annahme vollständig mobiler Produktionsfaktoren wird aufgrund der Existenz von Verfügungsrechten abgelehnt.[142]

Die Agenturtheorie betrachtet die vertragliche Beziehung zwischen Auftraggeber (Prinzipal) und Auftragnehmer (Agent). Dabei beauftragt der Prinzipal (z. B. der Eigentümer eines Unternehmens) den Agenten (z. B. den Manager) damit, in seinem Namen bestimmte Aufgaben auszuführen.[143] Es wird unterstellt, dass die Gestaltung und Erfüllung des Vertrages durch die Verhaltensmaxime einer beiderseitigen Nutzenmaximierung geprägt ist, die auch opportunistisches Verhalten mit einschließt.[144] Durch eine asymmetrische Informationsverteilung und Interessendivergenzen zwischen Agenten und Prinzipal entstehen sogenannte Agenturprobleme, die wiederum Agenturkosten verursachen, etwa in Form von Vereinbarungskosten bei der Aushandlung und Gestaltung von Verträgen oder in Form von Steuerungs- und Kontrollkosten zur Überwachung des Leistungsverhaltens des Agenten.[145] Gelingt es Unternehmen, Mechanismen oder Strukturen zu etablieren, durch die Agenturkosten minimiert werden können oder durch die bereits das Aufkommen von Agenturproblemen vermieden wird, verhelfen diese dem Unternehmen zu Wettbewerbsvorteilen in Form von (Agentur-)Kostenvorsprüngen. Bei solchen Mechanismen kann es sich um monetäre Anreizsysteme für das Management, wie z. B. die Beteiligung am Unternehmen handeln. Des Weiteren werden in der Literatur die Aufnahme unternehmensexterner Personen in

---

[141] Vgl. Rumelt (1984), S. 567 und Bharadwaj/Varadarajan/Fahy (1993), S. 86 f.
[142] Vgl. hierzu auch Lippmann/Rumelt (1982), S. 420.
[143] Vgl. Ross (1973), S. 134 und Jensen/Meckling (1976), S. 308.
[144] Vgl. Ebers/Gotsch (2006), S. 261.
[145] Vgl. Bamberger/Wrona (2004), S. 57 und Ebers/Gotsch (2006), S. 262.

Führungsgremien oder die Orientierung am Kapitalmarkt zur Sicherstellung einer wertorientierten Kontrolle des Managements angeführt.[146]

3.3.5.2 Institutionalistischer Ansatz

Im Mittelpunkt des institutionalistischen Ansatzes steht nicht das Effizienzkriterium, sondern die gesellschaftliche Legitimität.[147] Die Kernthese des Ansatzes besagt, dass sich die formalen organisatorischen Strukturen eines Unternehmens an die institutionalisierten Anforderungen und Erwartungen der unternehmensexternen Umwelt anpassen, und zwar unabhängig davon, ob diese Strukturen effizient sind oder nicht.[148] Dabei kann sich der institutionelle Einfluss der Unternehmensumwelt auf unterschiedliche Art und Weise äußern, beispielsweise durch bestimmte Vorschriften und Gesetze, aber auch durch Ideologien, Interessengruppen und die öffentliche Meinung.[149] Im Rahmen des institutionalistischen Ansatzes wird postuliert, dass Unternehmen nicht nur im Wettbewerb um Ressourcen und Kunden stehen, sondern auch um politische Macht und institutionelle Legitimität.[150] Es wird zum Teil argumentiert, dass die soziale Legitimität selbst eine Ressource darstellt, über die ein Unternehmen verfügen muss, um sich langfristig im Wettbewerb behaupten zu können.[151] Unternehmen sind demnach nicht allein deshalb erfolgreich, weil sie effizienter sind als andere, sondern weil ihr Verhalten einhergeht mit gesellschaftlich anerkannten Konventionen.[152] Dabei droht allerdings die Gefahr einer Diskrepanz zwischen rationaler Legitimität und faktischer Ineffizienz.[153]

---

[146] Vgl. Agrawal/Knoeber (1996), S. 377 f.
[147] Vgl. Meyer/Rowan (1977), S. 340.
[148] Vgl. Schreyögg (2008), S. 55.
[149] Vgl. Scott (1987), S. 498.
[150] Vgl. DiMaggio/Powell (1983), S. 150.
[151] Vgl. Hatch (2006), S. 87.
[152] Vgl. Hatch (2006), S. 86 und die dort zitierten Quellen.
[153] Vgl. Schreyögg (2008), S. 55 und Meyer/Rowan (1977), S. 340 f.

Vor diesem Hintergrund spielt das Management der gesellschaftlichen Erwartungen eine wichtige Rolle für die Erzielung von Wettbewerbsvorteilen. Die Aufgabe des Managements besteht darin, diese Erwartungen zu erkennen, sie zu verändern und neue Erwartungen ins Bewusstsein der wichtigen Meinungs- und Entscheidungsträger zu rücken. Das rechtzeitige Erkennen gesellschaftlicher Erwartungen kann beispielsweise im Rahmen der Expansion in neue Ländermärkte von großer Bedeutung sein. Erreicht ein Unternehmen schneller als die Konkurrenz das erforderliche Ausmaß an Legitimität, um in einen erfolgversprechenden Ländermarkt überhaupt eintreten zu können, besitzt es einen First-Mover-Advantage. Auch über die Veränderung gesellschaftlicher Erwartungen kann das Management eines Unternehmens Wettbewerbsvorteile erreichen. Gelingt es z. B., eine neue Innovation in das Interesse der Öffentlichkeit zu rücken und diese als neuen „Standard" zu etablieren – etwa in Form bestimmter Gütesiegel, Normen oder Produkteigenschaften – müssen Wettbewerber darauf reagieren, was mit hohem Aufwand und hohen Kosten verbunden sein kann.

3.3.5.3 Evolutionstheorien

Im Rahmen von Evolutionstheorien wird das Handeln von und in Organisationen in Anlehnung an die Evolutionsbiologie als evolutorischer Prozess beschrieben.[154] Den in der Organisationstheorie am weitesten verbreiteten evolutionstheoretischen Ansatz stellt der populationsökologische Ansatz nach HANNAN und FREEMAN dar.[155] Im Mittelpunkt der Betrachtung stehen Populationen von Institutionen, die als Analogie zur Spezies in der Biologie gesehen werden.[156] Innerhalb einer solchen Population kommt es im Laufe der Zeit aufgrund einer sich verändernden Unternehmensumwelt zu Variationen, die zur Entstehung neuer Organisationsformen führen. Aus diesen Variationen werden durch die Unternehmensumwelt diejenigen ausselektiert, die den

---

[154] Vgl. Bamberger/Wrona (2004), S. 78.
[155] Vgl. Hannan/Freeman (1977).
[156] Vgl. Hannan/Freeman (1977), S. 934 f.

veränderten Anforderungen nicht gewachsen sind. Anschließend kommt es zur Bewahrung, Ausbreitung und Verstärkung (Retention) der überlebenden Eigenschaften.[157]

Gelingt es bestimmten Unternehmen, im Laufe der Zeit Variationen zu entwickeln, die in der Lage sind, den Selektionsprozess erfolgreich zu überstehen, lassen sich diese „effizienten" Variationen als Wettbewerbsvorteile auffassen.[158] Aufgrund der komplexen und dynamischen Unternehmensumwelt wird in diesem Zusammenhang ein „evolutorisches Management" gefordert, dessen Aufgabe darin zu sehen ist, günstige Rahmenbedingungen für die Entwicklung von Fähigkeiten und damit für die Evolution des Unternehmens herzustellen.[159] Ein solches evolutorisches Management kann die Voraussetzungen für Wettbewerbsvorteile schaffen, indem es die Komplexität der Umwelt erkennt und dafür sorgt, dass sich das Unternehmen dieser Komplexität nicht verweigert und sich nicht auf etablierte Routinen verlässt, sondern bemüht ist, diese stets weiterzuentwickeln.

3.3.5.4 Verhaltenswissenschaftliche Entscheidungstheorie und kognitiv-interpretative Ansätze

Im Mittelpunkt der verhaltenswissenschaftlichen Entscheidungstheorie steht die Analyse von Entscheidungsfindungsprozessen in Unternehmen.[160] Den Ausgangspunkt bildet die Erkenntnis, dass kollektive Entscheidungsprozesse in Unternehmen nicht den Annahmen des Rationalitätskonzepts der klassischen betriebswirtschaftlichen Modelle folgen, sondern durch das Verhalten der Akteure geprägt sind, welches verschiedenen kognitiven Beschränkungen unterliegt.[161] Diese bestehen vor dem Hintergrund einer komplexen und unsicheren Umwelt und äußern sich beispielsweise in Form von unvollstän-

---

[157] Vgl. Bamberger/Wrona (2004), S. 79 und Müller-Stewens/Lechner (2005), S. 153 f.
[158] Vgl. Müller-Stewens/Lechner (2005), S. 156.
[159] Vgl. Bea/Haas (2005), S. 34 und Kieser/Woywode (2006), S. 343.
[160] Vgl. Cyert/March (1963), S. 19 ff. Vgl. außerdem grundlegend Simon (1945) und March/Simon (1958).
[161] Vgl. Holtbrügge (2001), S. 202 f. und Kieser (2004), S. 96.

digem Wissen, Schwierigkeiten bei der Bewertung zukünftiger Ereignisse oder einer begrenzten Auswahl an Entscheidungsalternativen.[162]

Vor diesem Hintergrund bestehen enge Verbindungen zu den kognitiv-interpretativen Ansätzen.[163] Leitmotiv dieser Ansätze stellt eine durch die Akteure selbst konstruierte Wirklichkeit dar. Die Realität ist demnach nicht direkt erfahrbar, sondern wird von jedem Menschen anders wahrgenommen.[164] Dementsprechend werden auch strategische Entscheidungsfindungsprozesse als kognitive Prozesse betrachtet.[165] Aufgrund der komplexen Unternehmensumwelt kommt es dabei zu sogenannten kognitiven Vereinfachungsprozessen *(Cognitive Simplification Processes)* durch die Akteure.[166] Sie tendieren dazu, ihre Wahrnehmung der Unternehmensumwelt dahin gehend zu ändern, dass diese weniger unsicher und komplex erscheint, und agieren dann entsprechend einem vereinfachten, konstruierten Realitätsmodell.[167]

Damit stellen letztendlich auch Strategien kognitive Konstrukte dar.[168] Da die am strategischen Entscheidungsprozess beteiligten Akteure unterschiedliche Wahrnehmungen der Realität haben, kommt es unweigerlich zu voneinander abweichenden Sichtweisen hinsichtlich der zu verfolgenden Unternehmensstrategie. Vor diesem Hintergrund ist die Aufgabe des Managements darin zu sehen, die sinnkonstituierenden Prozesse in einem Unternehmen derart zu beeinflussen und zu gestalten, dass die Entwicklung geteilter Interpretationen und die Herausbildung geteilter Kontexte gefördert wird.[169] Wettbewerbsvorteile und unternehmerischer Erfolg entstehen demnach beispielsweise durch

---

[162] Vgl. Berger/Bernhard-Mehlich (2006), S. 177-179.

[163] Vgl. Bamberger/Wrona (2004), S. 59. Für eine Diskussion der unterschiedlichen theoretischen Strömungen, die zu diesen Ansätzen zu zählen sind, vgl. auch Mintzberg/Ahlstrand/Lampel (1998), S. 150 ff.

[164] Vgl. Bamberger/Wrona (2004), S. 66.

[165] Vgl. Bamberger/Wrona (2004), S. 71.

[166] Vgl. Schwenk (1984).

[167] Vgl. Schwenk (1984), S. 112.

[168] Vgl. Bamberger/Wrona (2004), S. 71.

[169] Vgl. Bamberger/Wrona (2004), S. 72.

die Schaffung einer einheitlichen Unternehmenskultur, die mit einer bestimmten Zielvorstellung kongruent ist.[170] Darüber hinaus müssen zur Schaffung und zum Erhalt von Wettbewerbsvorteilen geeignete Strukturen und Mechanismen etabliert werden, die dazu führen, dass die kognitiven Kontexte und die daraus entstehenden Sichtweisen immer wieder infrage gestellt und verändert werden, sodass sich die „Sehfähigkeit" des Unternehmens ständig erweitert.[171]

3.3.5.5 Netzwerkansatz

Der Netzwerkansatz stammt ursprünglich aus der Soziologie, findet aber seit einiger Zeit auch starke Beachtung in der Managementforschung.[172] Unter einem Netzwerk versteht man ein aus Knoten und Kanten bestehendes Beziehungsgeflecht. Es wird unterschieden zwischen intra-organisationalen Netzwerken (Netzwerkunternehmen) und inter-organisationalen Netzwerken (Unternehmensnetzwerke).[173]

Im Rahmen der intra-organisationalen Perspektive werden Unternehmen als Netzwerke betrachtet, bei denen einzelne Personen oder Organisationseinheiten die Knoten und Beziehungen zwischen diesen die Kanten des Netzwerks bilden. In einem solchen Netzwerkunternehmen sind die Beziehungen zwischen Organisationseinheiten nicht durch Stellenbeschreibungen oder Organigramme vorgegeben, sondern bilden sich je nach Aufgabe und Situation immer wieder neu. Auch die definierten Grenzen zwischen den Organisationseinheiten unterliegen im Gegensatz zur klassischen Hierarchie permanenten Konstitutions- und Auflösungsprozessen.[174]

---

[170] Vgl. Klaus (1987), S. 55.
[171] Vgl. Klaus (1987), S. 56 und Bamberger/Wrona (2004), S. 73.
[172] Vgl. Borgatti/Foster (2003), S. 991; Wald (2007), S. 1 und Kappelhoff (2000), S. 25.
[173] Vgl. Kutschker/Schmid (2008), S. 532 f.
[174] Vgl. Holtbrügge (2001), S. 73. Miles und Snow bezeichnen diese Organisationsform daher auch als „*Dynamic Network*", vgl. Miles/Snow (1986), S. 62.

Unter einem inter-organisationalen Netzwerk versteht man ein Beziehungsgeflecht zwischen mehreren rechtlich selbständigen und formal unabhängigen Unternehmen.[175] Diese Kooperationen in Form von netzwerkartigen Beziehungen zwischen Unternehmen lassen sich mit Hilfe der Transaktionskostentheorie auch als hybride Organisationsformen zwischen Markt und Hierarchie einordnen.[176] Sydow unterscheidet in diesem Zusammenhang zwischen der partiellen Ausgliederung betrieblicher Funktionen (Quasi-Externalisierung) und der Unternehmenskooperation bei Vermeidung einer vollständigen Integration (Quasi-Internalisierung).[177]

Wettbewerbsvorteile lassen sich sowohl aus der intra-organisationalen als auch aus der inter-organisationalen Perspektive begründen. Intraorganisationale Netzwerke gelten als besonders fortschrittlich.[178] Beispielsweise bietet die integrierte Netzwerkstruktur der transnationalen Unternehmung nach Bartlett und Ghoshal die Möglichkeit, multidimensionale strategische Ziele wie Effizienz, Marktnähe und Innovation gleichzeitig zu verfolgen.[179] Zudem befähigt die Netzwerkorganisation Unternehmen dazu, flexibel auf Änderungen der Umwelt reagieren zu können und sich dadurch dauerhafte strategische Wettbewerbsvorteile zu sichern.[180] Da das Konzept vergleichsweise neu ist und bislang nur wenige Erkenntnisse zur Netzwerkorganisation vorliegen, wird zudem argumentiert, dass sich solche Unternehmen im Vorteil befinden, die besonders schnell das notwendige Knowhow zum Aufbau und zur effektiven Nutzung einer Netzwerkstruktur entwickeln.[181]

---

[175] Vgl. Siebert (2006), S. 9.
[176] Vgl. Holtbrügge (2001), S. 74.
[177] Vgl. Sydow (1992), S. 105-110 und Sydow (1995), S. 160 f.
[178] Vgl. ähnlich Kutschker/Schmid (2008), S. 533.
[179] Vgl. Bartlett/Ghoshal (1990), S. 118.
[180] Vgl. Sydow (2006), S. 387.
[181] Vgl. Galbraith (1998), S. 102.

Auch inter-organisationale Netzwerke können den beteiligten Unternehmen nachhaltige Wettbewerbsvorteile verschaffen. Entscheidend ist dabei, dass die Kooperation innerhalb eines Unternehmensnetzwerks weit über eine reine Käufer-Verkäufer-Beziehung hinausgeht, in der fast ausschließlich der Preis als Koordinationsmechanismus dient. Als Quellen inter-organisationaler Wettbewerbsvorteile sind z. B. der umfangreiche Wissensaustausch und das gemeinsame Lernen zwischen den Netzwerkpartnern zu nennen.[182] Ebenso verfügen Unternehmen, die in ein Netzwerk eingebettet sind, über ein einzigartiges Set an Ressourcen, das deutlich vielfältiger ist als die Ressourcen eines einzelnen Unternehmens.[183] Letztendlich lassen sich aber Wettbewerbsvorteile, die durch die Einbettung eines Unternehmens in ein Netzwerk potenziell entstehen, nur in Verbindung mit den geeigneten Managementressourcen realisieren.[184] Das Management muss in der Lage sein, komplexe Netzwerkorganisationen zu führen und durch wirksames Netzwerkmanagement ein „Netzwerkversagen" zu verhindern.[185]

3.4 Zusammenfassung

Die Ausführungen in diesem Kapitel haben verdeutlicht, dass sich Konvergenzverläufe des Werttreibers Rentabilität auf vielfältige Art und Weise begründen lassen. Während Überrenditen im neoklassischen Marktmodell allenfalls ein kurzfristiges Phänomen darstellen und sehr schnell durch Wettbewerbsmechanismen eliminiert werden, liefern die Theorien aus dem Bereich des strategischen Managements Erklärungen dafür, warum Überrenditen häufig nur langsam nachlassen und Unternehmen aufgrund nachhaltiger Wettbewerbsvorteile auch langfristig überdurchschnittliche Renditen

---

[182] Vgl. Dyer/Singh (1998), S. 664-666.

[183] Vgl. Pillai (2006), S. 134.

[184] Die entsprechenden Fähigkeiten werden in der Literatur mit Begriffen wie „Allianzmanagementkompetenz", *„relational capabilities"* oder *„network management capabilities"* umschrieben, vgl. Sydow (2006), S. 414 und die dort zitierten Quellen.

[185] Vgl. hierzu auch Sydow (2006), S. 406 f.

aufweisen. Dabei wird durch die verschiedenen Theorien den Annahmen des neoklassischen Marktmodells auf unterschiedliche Art und Weise widersprochen. So gehen z. B. die industrieökonomischen Ansätze nicht von einer atomistischen Angebots- und Nachfragestruktur aus, stattdessen besitzen einzelne Unternehmen eine Monopolmacht, die sie vor potenziellen Wettbewerbern schützt. Die ressourcenbasierten Ansätze unterstellen Ressourcenheterogenität und -immobilität, wodurch der freie Zugang aller Marktteilnehmer zu den identischen Produktionsfaktoren verhindert wird. Auch im Rahmen der institutionenökonomischen Ansätze wird die Annahme einer vollständigen Mobilität der Produktionsfaktoren in Anbetracht von Transaktionskosten oder Verfügungsrechten zurückgewiesen.

Eine wichtige Rolle spielen zudem die Annahmen, die hinsichtlich des Verhaltens der Marktteilnehmer getroffen werden. Im Gegensatz zum neoklassischen Marktmodell unterstellen die Theorien des strategischen Managements eine begrenzte Rationalität der Akteure. Aufgrund einer äußerst komplexen und unsicheren Unternehmensumwelt wird davon ausgegangen, dass sie nicht in der Lage sind, sämtliche Aspekte dieser Umwelt kognitiv zu erfassen und bei ihrer Entscheidungsfindung zu berücksichtigen. Zudem ist ihr Verhalten nicht ausschließlich darauf ausgerichtet, maximale Effizienz zu erreichen. Im Rahmen der institutionalistischen Ansätze steht beispielsweise die gesellschaftliche Legitimität im Vordergrund.

Abb. 25 fasst die unterschiedlichen Begründungen von Wettbewerbsvorteilen durch die diskutierten Ansätze des strategischen Managements zusammen. Zusammenfassend kann unabhängig vom jeweiligen Erklärungsmodell festgehalten werden, dass sämtliche Ansätze die Existenz nachhaltiger Wettbewerbsvorteile ausdrücklich bejahen.

Zusammenfassung

Ansatz/Theorie	Begründung von Wettbewerbsvorteilen
IO-Ansätze	• Potenzial für Wettbewerbsvorteile wird mitbestimmt von der Branchenstruktur • Innerhalb einer Branche durch Umsetzen einer generischen Strategie
Ressourcenbasierte Ansätze	• Durch einzigartige Ressourcen und Fähigkeiten
Institutionenökonomische Ansätze	• Durch effiziente Gestaltung des ökonomischen Austauschs (Minimierung von Transaktions- und Agenturkosten bzw. Aufbau von Isolationsmechanismen)
Institutionalistische Ansätze	• Durch Management gesellschaftlicher Erwartungen zur Erzielung größtmöglicher Legitimität
Evolutionstheorien	• Durch Entwicklung „effizienter" Variationen, die in der Lage sind, den Selektionsprozess erfolgreich zu überstehen
Entscheidungstheorie/kognitiv-interpretative Ansätze	• Durch Förderung geteilter Interpretationen und Kontexte (z.B. in Form einer einheitlichen Unternehmenskultur) • Durch Etablierung von Strukturen, durch die kognitive Kontexte permanent infrage gestellt werden
Netzwerkansatz	• Durch Möglichkeit zur gleichzeitigen Verfolgung multidimensionaler Ziele und flexible Reaktionsfähigkeit (intra-organisational) • Durch gesteigerte Lernfähigkeit und verbesserten Zugang zu Ressourcen und Wissen des Netzwerks (inter-organisational)

Abb. 25: Wettbewerbsvorteile aus Sicht der diskutierten Theorien

Nachdem in diesem Kapitel der theoretische Bezugsrahmen für Konvergenzprozesse des Werttreibers Rentabilität hergestellt wurde, sollen diese im folgenden Kapitel empirisch untersucht werden. Dabei wird zunächst eine Reihe von Studien vorgestellt, die sich in der Vergangenheit dieser Fragestellung gewidmet haben und die sich auf die hier diskutierten Theorien stützen. Anschließend erfolgt die eigene empirische Untersuchung zu den Konvergenzverläufen europäischer Unternehmen.

4 Empirische Untersuchung von Konvergenzverläufen des Werttreibers Rentabilität

4.1 Einführung

In diesem Kapitel wird die langfristige Entwicklung des Werttreibers Rentabilität für europäische Unternehmen empirisch untersucht. Ziel ist die Bestimmung von Modellparametern, mit deren Hilfe diese Entwicklung ausgedrückt und in der Unternehmensbewertung berücksichtigt werden kann. Dabei wird zunächst auf den Stand der Forschung und die Ergebnisse früherer Studien zum langfristigen Rentabilitätsverlauf eingegangen (Abschnitt 4.2). Anschließend wird in Abschnitt 4.3 der Aufbau der eigenen empirischen Untersuchung vorgestellt, bevor in Abschnitt 4.4 die Analyseergebnisse ausführlich dargestellt und diskutiert werden. Der Schwerpunkt liegt dabei auf der branchenspezifischen Analyse von Konvergenzprozessen. Das Kapitel endet mit einem Zwischenfazit (Abschnitt 4.5), in dem die wesentlichen Implikationen der Untersuchungsergebnisse für die Unternehmensbewertung zusammengefasst werden.

4.2 Stand der Forschung

4.2.1 Vorbemerkung

Im vorangegangenen Kapitel wurde dargelegt, dass die Untersuchung von Wettbewerbsvorteilen und von Faktoren, die Wettbewerbsvorteile beeinflussen, ein zentrales Thema in der Strategieforschung darstellt. Eine wesentliche Rolle spielt dabei in der jüngeren Vergangenheit die dynamische Betrachtungsweise und in diesem Zusammenhang die Frage, wie sich Wettbewerbsvorteile und damit überdurchschnittliche Renditen über Zeit entwickeln. Forschungsarbeiten, die sich dieser Fragestellung widmen, werden auch unter dem Begriff „*Persistence of Profits*" zusammengefasst.[1] Im Folgenden werden die wesentlichen Arbeiten und die darin gewonnenen Er-

---

[1] Vgl. Goddard/Wilson (1999), S. 664.

kenntnisse zu diesem Thema vorgestellt. Da die Zahl dieser Arbeiten nicht unerheblich ist, soll am Ende dieses Abschnitts begründet werden, warum aus Sicht des Autors die Notwendigkeit zu einer eigenen empirischen Untersuchung langfristiger Rentabilitätsverläufe im Rahmen der vorliegenden Arbeit besteht.

4.2.2 Allgemeiner Nachweis von Konvergenzprozessen

Als wegweisend für die Untersuchung langfristiger Rentabilitätsverläufe gelten die Arbeiten von DENNIS MUELLER, der als erster autoregressive Modelle nutzte, um die Konvergenz von Rentabilität über Zeit nachzuweisen.[2] MUELLER analysiert in seinen Untersuchungen Zeitreihen, die diese Entwicklung mit ROA-Werten für US-amerikanische Firmen des verarbeitenden Gewerbes über den Zeitraum von 1949 bis 1973 abbilden. Er kann dabei für die überwiegende Mehrheit der Unternehmen mit Überrenditen zu Beginn des Untersuchungszeitraums zeigen, dass die Rentabilität im Zeitablauf nachlässt, während bei Unternehmen mit unterdurchschnittlichen Renditen zu beobachten ist, dass die Rentabilität über Zeit zunimmt. Gleichzeitig stellt MUELLER fest, dass diese Konvergenzprozesse „unvollständig" sind: Eine Vielzahl der Firmen, die zu Beginn der untersuchten Periode überdurchschnittliche Renditen aufweisen, erwirtschaften auch mehr als zwanzig Jahre später noch überdurchschnittlich hohe Renditen.[3] Somit konvergieren die von MUELLER untersuchten Unternehmen nicht gegen einen Durchschnittswert. Stattdessen zeigt sich, dass der Konvergenz-Zielwert nicht für alle Unternehmen gleich ist und u. a. vom Rentabilitätsniveau abhängt, welches ein Unternehmen zu Beginn des Konvergenzprozesses aufweist.[4]

---

[2] Vgl. Mueller (1977, 1986, 1990b). Zur Beschreibung der autoregressiven Modelle vgl. Abschnitt 4.3.1.
[3] Vgl. Mueller (1986), S. 19 f.
[4] Vgl. Mueller (1977), S. 372 f.

MUELLER begründete am Wissenschaftszentrum Berlin die Persistence-of-Profits-Forschungsgruppe.[5] Neben den Untersuchungen MUELLERS zur Persistence of Profits in den USA untersuchte diese Forschungsgruppe auch die Konvergenzverläufe weiterer Industrieunternehmen in Kanada, Deutschland, Frankreich, Japan und Großbritannien.[6] Dabei konnten die Erkenntnisse MUELLERS hinsichtlich unvollständiger Konvergenzprozesse auch für die anderen untersuchten Länder bestätigt werden. Gleichzeitig wurden aber beim Vergleich der Ergebnisse Unterschiede zwischen den einzelnen Ländern deutlich – etwa beim Anteil an Unternehmen, denen es gelingt, sich dauerhaft Konvergenzprozessen zu widersetzen.[7]

In weiteren Arbeiten wurde die Methodik der Persistence-of-Profits-Forschung auf zusätzliche Ländermärkte und Unternehmenstypen ausgeweitet. So wurden Konvergenzprozesse in separaten Studien auch für Griechenland, Indien, Australien, die Türkei und Spanien untersucht.[8] Hinzu kamen weitere Arbeiten, die Konvergenzprozesse in unterschiedlichen Ländermärkten direkt miteinander verglichen. JACOBSON und HANSEN analysierten dazu Unternehmen aus den USA und Japan,[9] während ALCALDE-FRADEJAS et al. in ihre Untersuchung auch Industrieunternehmen aus einigen europäischen Ländern (ohne Deutschland) einbezogen.[10] GLEN, LEE und SINGH befassten sich mit den Konvergenzprozessen in Schwellenländern.[11] GODDARD und WILSON verglichen die Konvergenzprozesse zwischen Industrie- und Dienst-

---

[5] Vgl. Schohl (1990), S. 386, Goddard/Wilson (1999), S. 664 und Weiler (2005), S. 96.

[6] Vgl. Khemani/Shapiro (1990); Schwalbach/Graßhoff/Mahmoud (1989); Schwalbach/Mahmoud (1990); Jenny/Weber (1990); Odagiri/Yamawaki (1986, 1990a) und Cubbin/Geroski (1987, 1990). Ein Großteil dieser Arbeiten ist in Muellers Herausgeberwerk erschienen, vgl. Mueller (1990, Hrsg.). Für eine Untersuchung deutscher Unternehmen mit ähnlicher Methodik vgl. außerdem Schohl (1990).

[7] Vgl. hierzu auch die vergleichenden Studien von Geroski/Jacquemin (1988) und Odagiri/Yamawaki (1990b).

[8] Vgl. Droucopoulos/Lianos (1993); Kambhampati (1995); Bhattacharya/Bloch (2000); Yurtoglu (2004) und Bou/Satorra (2007).

[9] Vgl. Jacobson/Hansen (2001).

[10] Vgl. Alcalde-Fradejas et al. (2002).

[11] Vgl. Glen/Lee/Singh (2003).

leistungsunternehmen in Großbritannien;[12] in einem späteren Aufsatz wurde diese Untersuchung auf Unternehmen aus Belgien, Frankreich, Italien und Spanien ausgeweitet.[13]

Insgesamt wurden im Rahmen der vorliegenden Arbeit 32 Persistence-of-Profits-Studien analysiert (siehe Abb. 26). Sämtliche Studien kommen zu dem Ergebnis, dass sich für den Werttreiber Rentabilität Konvergenzprozesse über Ländermärkte und Branchen hinweg grundsätzlich nachweisen lassen. Zum Teil existieren aber erhebliche Unterschiede bei der Frage, gegen welchen Zielwert die Rentabilität konvergiert und mit welcher Geschwindigkeit dieser Verlauf zu beobachten ist.[14] Anhand der Studienergebnisse lässt sich erkennen, dass sowohl der Ländermarkt als auch die Branche, in denen ein Unternehmen schwerpunktmäßig tätig ist, einen Einfluss auf den Konvergenzverlauf besitzen. Es muss jedoch angemerkt werden, dass sich die Ergebnisse dieser Studien auf unterschiedliche Datenquellen stützen und jeweils verschiedene Zeiträume untersucht wurden. Eine generelle Vergleichbarkeit der Ergebnisse ist daher nicht unproblematisch.

---

[12] Vgl. Goddard/Wilson (1996).

[13] Vgl. Goddard/Tavakoli/Wilson (2005).

[14] Schohl weist darauf hin, dass der Begriff „Geschwindigkeit" formal nicht korrekt ist, da er einen linearen Verlauf impliziert, vgl. Schohl (1990), S. 392. Tatsächlich unterstellen die verwendeten Konvergenzmodelle jedoch einen nicht linearen Verlauf (vgl. dazu ausführlich Abschnitt 4.3.1).

Stand der Forschung

Autor(en)	Titel	Zeitraum	Geographischer Fokus
Mueller (1977)	The Persistence of Profits Above the Norm	1949-1973	USA
Mueller (1986)	Profits in the long run	1950-1972	USA
Odagiri/ Yamawaki (1986)	A Study of Company Profit-Rate Time Series	1964-1980	Japan
Cubbin/ Geroski (1987)*	The convergence of profits in the long-run	1951-1977	Großbritannien
Levy (1987)*	The Speed of the Invisible Hand	1963, 1967 und 1972	USA
Geroski/ Jacquemin (1988)*	The Persistence of Profits: A European Comparison		BRD, Frankreich, Großbritannien
Jacobson (1988)*	The persistence of abnormal returns	1963-1982	USA
Schwalbach/ Graßhof/ Mahmoud (1989)	The Dynamics of Corporate Profits	1961-1982	BRD
Cubbin/ Geroski (1990)	The persistence of profits in the United Kingdom	1948-1977	Großbritannien
Jenny/ Weber (1990)	The persistence of profits in France	1965-1982	Frankreich
Khemani/Shapiro (1990)	The persistence of profitability in Canada	1964-1982	Kanada
Mueller (1990)	The Persistence of Profits in the United States	1950-1972	USA
Odagiri/ Yamawaki (1990a)	The persistence of profits: international comparison	unterschiedlich	Kanada, BRD, Frankreich, Großbritannien, Japan, USA, Schweden
Odagiri/ Yamawaki (1990b)*	The persistence of profits in Japan	1964-1982	Japan
Schohl (1990)	Persistence of Profits in the Long Run	1961-1984	BRD
Schwalbach/ Mahmoud (1990)	The persistence of corporate profits in the Federal Republic of Germany.	1961-1982	BRD
Droucopoulos/ Lianos (1993)	The Persistence of Profits in the Greek Manufacturing Industry	1963-1988	Griechenland
Kambhampati (1995)*	The Persistence of Profit Differentials in Indian Industry	1970-1985	Indien
Goddard/ Wilson (1996)*	Persistence of Profits for UK Manufacturing and Service Sector Firms	1972-1991	Großbritannien
Waring (1996)*	Industry Differences in the Persistence of Firm-Specific Returns	1970-1989	USA
Goddard/ Wilson (1999)	The persistence of profits: a new empirical interpretation	1972-1991	Großbritannien
McGahan/ Porter (1999)	The persistence of shocks to profitability	1981-1994	USA
Bhattacharya/ Bloch (2000)	Adjustment of Profits: Evidence from Australian Manufacturing	1977-1978; 1984-1985	Australien

(Fortsetzung)			
Autor(en)	Titel	Zeitraum	Geographischer Fokus
Jacobson/ Hansen (2001)*	Modeling the Competitive Process	unterschiedlich	USA, Japan
Alcalde-Fradejas et al. (2002)	The Persistence of Profits in the Long Term for the Manufacturing Sector: An International Comparison, 1985-1999	1985-1999	USA, Niederlande, Frankreich, Spanien, Italien, Österreich, Dänemark, Japan
Maruyama/ Odagiri (2002)*	Does the 'persistence of profits' persist?: a study of company profits in Japan, 1964-97	1964-1997	Japan
Glen/Lee/ Singh (2003)	Corporate Profitability and the Dynamics of Competition in Emerging Markets: A Time Series Analysis	1980-1995	Brasilien, Indien, Jordanien, Korea, Malaysia, Mexiko, Simbabwe
Villalonga (2004)*	Intangible resources, Tobin's q, and sustainability of performance differences	1981-1997	USA
Yurtoglu (2004)*	Persistence of firm-level profitability in Turkey	1985-1998	Türkei
Bentzen et al. (2005)	Persistence in Corporate Performance? Empirical Evidence from Panel Unit Root Tests	1990-2001	Dänemark
Goddard/Tavakoli/ Wilson (2005)*	Determinants of profitability in European manufacturing and services	1993-2001	Belgien, Frankreich, Italien, Spanien, Großbritannien
Bou/ Satorra (2007)	The persistence of abnormal returns at industry and firm levels	2000-2005	Spanien

In den mit * gekennzeichneten Arbeiten wurden auch verschiedene Einflussfaktoren auf Konvergenzverläufe untersucht.

Abb. 26: Arbeiten zum allgemeinen Nachweis von Konvergenzprozessen

4.2.3 Einflussfaktoren auf Konvergenzprozesse

4.2.3.1 Einleitung

Eine Reihe der betrachteten Untersuchungen zum Thema Persistence of Profits beschränkt sich nicht nur auf den allgemeinen Nachweis von Konvergenzverläufen, sondern versucht darüber hinaus, verschiedene Einflussfaktoren auf Konvergenzverläufe zu identifizieren.[15] Dabei wird häufig eine explizite Trennung in unternehmens- und branchenspezifische Einflussfaktoren vorgenommen, die letztendlich darauf abzielt, den Erklärungsgehalt der in-

---

[15] In insgesamt 13 Persistence-of-Profits-Studien wurden auch die Einflussfaktoren auf Konvergenzverläufe untersucht (vgl. Abb. 26). Die im Folgenden diskutierten Einflussfaktoren wurden in mindestens einer dieser Studien als signifikant eingestuft.

dustrieökonomischen Ansätze auf die langfristige Entwicklung der Rentabilität eines Unternehmens mit dem Erklärungsgehalt der ressourcenbasierten Ansätze zu vergleichen.[16] Diese Vergleiche können jedoch – je nach betrachteter Unternehmensstichprobe – widersprüchliche Ergebnisse liefern. So interpretieren McGahan und Porter die Ergebnisse ihrer Untersuchung US-amerikanischer Unternehmen als Bestätigung der IO-Ansätze,[17] während Bou und Satorra für spanische Unternehmen feststellen: „[...] permanent and temporary abnormal returns arise mainly at firm level."[18] Jacobson und Hansen wiederum schlussfolgern aus ihrer Untersuchung US-amerikanischer und japanischer Unternehmen: „We find that both industry- and firm-specific factors influence firm persistence."[19]

Aus diesem Grund muss festgehalten werden, dass sich die Frage nach dem unterschiedlichen Erklärungsgehalt unternehmens- und branchenspezifischer Einflussfaktoren nicht eindeutig beantworten lässt. Letztendlich werden in unterschiedlichen Studien wichtige Einflussfaktoren aus beiden Bereichen identifiziert, die die Konvergenzverläufe beeinflussen. Diese werden im Folgenden diskutiert. Dabei ist zu unterscheiden zwischen dem Einfluss auf das langfristige Rentabilitätsniveau, gegen das ein Unternehmen konvergiert, und dem Einfluss auf die „Persistence", also die Fähigkeit eines Unternehmens, sich diesen Konvergenzprozessen zu widersetzen (siehe Abb. 27). Der linke Teil der Abbildung zeigt den Konvergenzverlauf bei gleicher Widerstandsfähigkeit, aber unterschiedlichen Zielwerten. Wird für einen Einflussfaktor eine positive (negative) Wirkungsrichtung auf das langfristige Rentabilitätsniveau festgestellt, drückt sich dies in einem höheren (niedrigeren) Zielwert aus. Im rechten Teil der Abbildung ist der Konvergenzverlauf bei gleichem Zielwert, aber unterschiedlicher Widerstandsfähigkeit – erkennbar an der Krümmung der Kurve – dargestellt. Besteht für einen bestimmten Ein-

---

[16] Vgl. hierzu auch McGahan/Porter (1997).
[17] Vgl. McGahan/Porter (1999), S. 152.
[18] Bou/Satorra (2007), S. 716.
[19] Jacobson/Hansen (2001), S. 251.

flussfaktor eine positive (negative) Wirkungsrichtung auf die Widerstandsfähigkeit gegen Konvergenzprozesse, bewirkt dieser eine höhere (niedrigere) Widerstandsfähigkeit, die durch einen flacheren (steileren) Abfall der Kurve zu erkennen ist.[20]

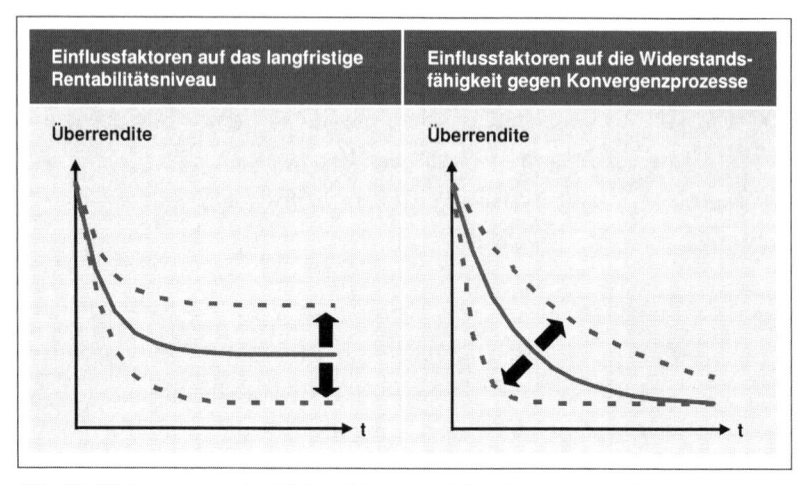

Abb. 27: Wirkungsweise der Einflussfaktoren auf den Konvergenzverlauf

4.2.3.2 Langfristiges Rentabilitätsniveau

Als branchenspezifische Einflussfaktoren, die sich positiv auf das langfristige Rentabilitätsniveau auswirken, werden insbesondere der Konzentrationsgrad der Branche,[21] die durchschnittliche Marketingintensität in der Branche[22] und das Branchenwachstum[23] identifiziert. Dabei spiegeln sich im Konzentrationsgrad und in der durchschnittlichen Marketingintensität die Marktmacht der aktuellen Marktteilnehmer und die Markteintrittsbarrieren für neue Unterneh-

---

[20] Ein Unternehmen, das jährlich die Hälfte seiner Überrendite verliert, konvergiert schneller als ein Unternehmen, dessen Überrendite sich jedes Jahr nur um ein Viertel reduziert. Letztgenanntes Unternehmen weist also eine niedrigere Konvergenzgeschwindigkeit und somit eine höhere Widerstandsfähigkeit (Persistence) auf.

[21] Vgl. Yurtoglu (2004), S. 622 und Odagiri/Yamawaki (1990), S. 136.

[22] Vgl. Odagiri/Yamawaki (1990), S. 137.

[23] Vgl. Maruyama/Odagiri (2002), S. 1528 f. (signifikant positiv für einen der beiden Untersuchungszeiträume).

men wider.[24] Ein starkes Branchenwachstum impliziert zwar grundsätzlich vergleichsweise geringe Markteintrittsbarrieren.[25] Gleichzeitig können Unternehmen in stark wachsenden Branchen Umsatzwachstum realisieren, ohne dabei ihre Preise senken zu müssen, was zu Lasten der Rentabilität gehen würde.[26]

Unternehmensspezifische Determinanten, die das langfristige Rentabilitätsniveau positiv beeinflussen, sind die Unternehmensgröße,[27] das Unternehmenswachstum,[28] der Exportanteil am Gesamtumsatz,[29] der Marktanteil[30] und der Grad der vertikalen Integration eines Unternehmens.[31] Dabei muss jedoch angemerkt werden, dass bezüglich des Ursache-Wirkungs-Zusammenhangs zwischen unternehmensspezifischen Determinanten und langfristigem Rentabilitätsniveau verschiedene Interpretationen möglich sind. So beurteilen GODDARD und WILSON die Determinanten Unternehmensgröße und -wachstum folgendermaßen: „[...] a very simple empirical model of the type presented here does not allow us to determine whether firms become large by being sufficiently profitable that they can raise the finance needed to grow, or whether firms which are already large earn more profits (and therefore grow faster) due to economies of scale or other cost advantages."[32]

---

[24] Vgl. Levy (1987), S. 82.

[25] Neue Marktteilnehmer können in einer wachsenden Branche zusätzliche Nachfrage bedienen und sind nicht ausschließlich darauf angewiesen, den etablierten Unternehmen Nachfrage streitig zu machen, vgl. Yurtoglu (2004), S. 621.

[26] Vgl. Kambhampati (1995), S. 357.

[27] Vgl. Yurtoglu (2004), S. 622; Goddard/Wilson (1996), S. 114 und Cubbin/Geroski (1987), S. 439.

[28] Vgl. Yurtoglu (2004), S. 624; Goddard/Wilson (1996), S. 114 und Cubbin/Geroski (1987), S. 439.

[29] Vgl. Geroski/Jacquemin (1988), S. 386.

[30] Vgl. Goddard/Tavakoli/Wilson (2005), S. 1277; Maruyama/Odagiri (2002), S. 1526; Odagiri/Yamawaki (1990), S. 136; Jacobson (1988), S. 426 und Cubbin/Geroski (1987), S. 114.

[31] Vgl. Jacobson (1988), S. 426.

[32] Goddard/Wilson (1996), S. 114 f.

Hinsichtlich der Determinanten Marktanteil und Grad der vertikalen Integration als positive Einflussfaktoren auf das langfristige Rentabilitätsniveau eines Unternehmens wird zum einen argumentiert, dass Unternehmen mit hohem Marktanteil zu wettbewerbsbeschränkenden Strategien greifen und auf diese Weise versuchen, überdurchschnittliche Renditen zu erwirtschaften. Zum anderen ist es aber auch vorstellbar, dass ein Unternehmen in der Vergangenheit besonders innovativ und effizient war und dadurch hohe Renditen erwirtschaften konnte, sodass ein hoher Marktanteil also letztlich nur das Ergebnis einer erfolgreichen Entwicklung in der Vergangenheit ist.[33] Dagegen ist der Ursache-Wirkungs-Zusammenhang für den Grad der vertikalen Integration verhältnismäßig eindeutig: Für vertikal integrierte Unternehmen wird unterstellt, dass diese durch eine gesteigerte Effizienz gekennzeichnet sind, die sich positiv auf das langfristige Rentabilitätsniveau auswirkt.[34]

Als einzige Determinante mit signifikant negativem Einfluss auf das langfristige Rentabilitätsniveau konnte im Rahmen der hier untersuchten Studien die unternehmensspezifische Marketingintensität identifiziert werden. Im Gegensatz zur durchschnittlichen Marketingintensität einer Branche, die positiv mit dem langfristigen Rentabilitätsniveau korreliert ist, ist eine hohe unternehmensspezifische Marketingintensität in vielen Fällen gleichbedeutend mit „Over-advertising" und wirkt sich negativ auf die Rentabilität eines Unternehmens aus. Ebenso kann eine hohe Marketingintensität ein Indiz für Märkte sein, die von besonderer Wettbewerbsintensität geprägt sind, wodurch gleichermaßen ein geringeres Rentabilitätsniveau impliziert wird.[35]

4.2.3.3 Widerstandsfähigkeit gegen Konvergenzprozesse

Die branchenspezifischen Einflussfaktoren auf die Widerstandsfähigkeit gegen Konvergenzprozesse entsprechen teils den bereits genannten Einflussfaktoren auf das langfristige Rentabilitätsniveau. So konnte für den Konzent-

---

[33] Vgl. Goddard/Tavakoli/Wilson (2005), S. 1272.
[34] Vgl. Jacobson (1988), S. 426.
[35] Vgl. Jacobson (1988), S. 426.

rationsgrad der Branche,[36] die durchschnittliche Marketingintensität in der Branche[37] und das Branchenwachstum[38] auch eine positive Wirkungsrichtung auf die Widerstandsfähigkeit gegen Konvergenzprozesse festgestellt werden. Darüber hinaus identifiziert WARING in einer Studie US-amerikanischer Unternehmen das Ausmaß an Spezialisierung, die Bedeutung von Skaleneffekten in einer Branche, den Anteil von Privatkunden und den Grad, zu dem eine Branche gewerkschaftlich organisiert ist, als branchenspezifische Einflussfaktoren, die einen bedeutenden positiven Einfluss auf die Widerstandsfähigkeit gegen Konvergenzprozesse besitzen.[39] Ein hohes Ausmaß an Spezialisierung ist Ausdruck dafür, dass es Unternehmen gelingt, sich auf ihr Kerngeschäft zu fokussieren. Es wird unterstellt, dass diese Fokussierung dazu führt, dass sie sich im Vergleich zu stärker diversifizierten Unternehmen auf Dauer besser Konvergenzprozessen widersetzen können.[40] Skaleneffekte können sich – bezogen auf ein einzelnes Unternehmen – in einem hohen Marktanteil des Unternehmens widerspiegeln.[41] Vergleicht man wie in der Studie von WARING Skaleneffekte auf Branchenebene, ist davon auszugehen, dass eine Branche, in der Skaleneffekte eine wichtige Rolle spielen, von einem hohen Konzentrationsgrad geprägt ist. Die Erkenntnis, dass die Bedeutung von Skaleneffekten auf Branchenebene einen positiven Einfluss auf die Widerstandsfähigkeit gegen Konvergenzprozesse nimmt, geht also letztlich einher mit dem positiven Zusammenhang zwischen dem Konzentrationsgrad der Branche und der Widerstandsfähigkeit gegen Konvergenzprozesse, der in anderen Studien festgestellt wurde.

Ist in einer Branche ein hoher Anteil an Privatkunden zu verzeichnen, spricht dies für eine hohe Stabilität der Kundenbasis im Vergleich zu einer Branche

---

[36] Vgl. Odagiri/Yamawaki (1990), S. 136 f.; Cubbin/Geroski (1987), S. 439 und Levy (1987), S. 86.
[37] Vgl. Odagiri/Yamawaki (1990), S. 137 und Levy (1987), S. 86.
[38] Vgl. Kambhampati (1995), S. 358 und Levy (1987), S. 86 f.
[39] Vgl. Waring (1996).
[40] Vgl. hierzu auch Geroski/Jacquemin (1988), S. 385.
[41] Vgl. Maruyama/Odagiri (2002), S. 1529.

mit überwiegend gewerblichen Käufern. Privatkunden verfügen im Allgemeinen über eine geringere Kompetenz im Einkauf, sodass für sie die als „Switching Costs" bezeichnete Gefahr, aufgrund mangelnden Fachwissens zu einem Produkt mit minderwertiger Qualität zu wechseln, deutlich größer ist.[42] Durch die niedrigere Wechselbereitschaft der Käufer sind Unternehmen in Branchen mit einem hohen Privatkundenanteil in geringerem Maße von nachlassenden Renditen aufgrund von Wettbewerbseffekten, z. B. in Form von Preiskämpfen, betroffen. Den positiven Zusammenhang zwischen dem Grad der gewerkschaftlichen Organisation in einer Branche und der Widerstandsfähigkeit gegen Konvergenzprozesse begründet WARING schließlich nur relativ knapp durch die Aufrechterhaltung von Lohnunterschieden, zu der Gewerkschaften beitragen.[43] Diese Erkenntnis ist insofern überraschend, als in mehreren Untersuchungen außerhalb der Persistence-of-Profits-Forschung ein negativer Einfluss von gewerkschaftlichem Organisationsgrad auf den Unternehmenserfolg nachgewiesen wurde.[44]

Betrachtet man die unternehmensspezifischen Einflussfaktoren auf die Widerstandsfähigkeit gegen Konvergenzprozesse, sind auch hier einige der Faktoren zu finden, die bereits als Determinanten des langfristigen Rentabilitätsniveaus identifiziert wurden. So wirken sich die Unternehmensgröße,[45] der Marktanteil[46] und der Grad der vertikalen Integration des Unternehmens[47] ebenfalls positiv auf die Widerstandsfähigkeit gegen Konvergenzprozesse aus. Gleiches gilt für den Grad der Spezialisierung eines einzelnen Unternehmens[48] und für immaterielle Ressourcen.[49]

---

[42] Vgl. Waring (1996), S. 1256.
[43] Vgl. Waring (1996), S. 1256.
[44] Vgl. Hirsch (1997), S. 5.
[45] Vgl. Goddard/Wilson (1996), S. 114.
[46] Vgl. Jacobson (1988), S. 426 und Jacobson/Hansen (2001), S. 260.
[47] Vgl. Jacobson (1988), S. 426.
[48] Vgl. Geroski/Jacquemin (1988), S. 386 f.
[49] Vgl. Villalonga (2004), S. 219-226. Vgl. zur Begründung dieses Zusammenhangs auch

Überraschend sind die Erkenntnisse hinsichtlich unternehmensspezifischer Marketingintensität und Exportaktivitäten. Während sich eine hohe unternehmensspezifische Marketingintensität negativ auf das langfristige Rentabilitätsniveau eines Unternehmens auswirkt (siehe Abschnitt 4.2.3.2), weisen Unternehmen mit hoher Marketingintensität gleichzeitig eine höhere Widerstandsfähigkeit gegen Konvergenzprozesse auf. Diese Beobachtung lässt sich dahin gehend interpretieren, dass Unternehmen hohe Marketingausgaben offensichtlich mit dem Ziel einer höheren Stabilität tätigen und dabei eine niedrigere Rentabilität in Kauf nehmen.[50] Der umgekehrte Zusammenhang gilt für die Exportaktivitäten eines Unternehmens. Während sich ein hoher Exportanteil am Gesamtumsatz eines Unternehmens positiv auf das langfristige Rentabilitätsniveau auswirkt, ist der Einfluss auf die Widerstandsfähigkeit gegen Konvergenzprozesse negativ. Es wird unterstellt, dass die Wettbewerbskräfte in grenzüberschreitenden Märkten eine besonders intensive Wirkung entfalten und schwierig zu kontrollieren sind, sodass überdurchschnittliche Renditen für stark exportorientierte Unternehmen ein eher kurzfristiges Phänomen darstellen.[51]

4.2.3.4 Zusammenfassung und Beurteilung der Arbeiten

Die diskutierten branchen- und unternehmensspezifischen Einflussfaktoren auf das langfristige Rentabilitätsniveau und die Widerstandsfähigkeit gegen Konvergenzprozesse sind in Abb. 28 zusammengefasst. Wie eingangs erwähnt, wurde für sämtliche dieser Einflussfaktoren eine signifikante Bedeutung für Konvergenzprozesse nachgewiesen. Dennoch kann nicht ohne Weiteres von einer Allgemeingültigkeit dieser Zusammenhänge ausgegangen werden. Die hier untersuchten Studien beziehen sich nicht nur auf einen jeweils klar abgegrenzten Zeitraum, sondern beschränken sich zumeist auch auf einen einzigen Ländermarkt. Werden bestimmte Einflussfaktoren für un-

---

ausführlich Abschnitt 3.3.3 in Kapitel 3.
[50] Vgl. Jacobson (1988), S. 426 f.
[51] Vgl. Geroski/Jacquemin (1988), S. 385-387.

terschiedliche Ländermärkte untersucht, sind teilweise widersprüchliche Ergebnisse zu beobachten. Weder Wachstum noch Konzentrationsrate der Branche sind beispielsweise signifikante Einflussfaktoren auf die Widerstandsfähigkeit gegen Konvergenzprozesse in der Türkei.[52] Zwischen Marktanteil und Widerstandsfähigkeit gegen Konvergenzprozesse können JACOBSON und HANSEN einen signifikant positiven Zusammenhang lediglich für japanische Unternehmen, nicht aber für US-amerikanische Unternehmen feststellen.[53]

	Einflussfaktoren auf das langfristige Rentabilitätsniveau	Einflussfaktoren auf die Widerstandsfähigkeit gegen Konvergenzprozesse
Branchenspezifisch	• Konzentrationsgrad (+) • Marketingintensität (+) • Wachstum (+)	• Konzentrationsgrad (+) • Marketingintensität (+) • Wachstum (+) • Grad der Spezialisierung (+) • Bedeutung von Skaleneffekten (+) • Anteil Privatkunden (+)
Unternehmensspezifisch	• Größe (+) • Wachstum (+) • Exportanteil (+) • Marktanteil (+) • Grad der vertikalen Integration (+) • Marketingintensität (−)	• Größe (+) • Marktanteil (+) • Grad der vertikalen Integration (+) • Grad der Spezialisierung (+) • Immaterielle Ressourcen (+) • Marketingintensität (+) • Exportanteil (−)

Abb. 28: Branchen- und unternehmensspezifische Einflussfaktoren auf Konvergenzprozesse

Teilweise unterscheiden sich sogar die Ergebnisse von Studien, die sich auf den gleichen Ländermarkt beziehen. JACOBSON kann im Gegensatz zu anderen Untersuchungen US-amerikanischer Unternehmen für den Konzentrationsgrad der Branche einen signifikanten Zusammenhang weder zum langfristigen Rentabilitätsniveau noch zur Widerstandsfähigkeit gegen

---

[52] Vgl. Yurtoglu (2004), S. 624.
[53] Vgl. Jacobson/Hansen (2001), S. 260 f.

Konvergenzprozesse feststellen.[54] In der Studie von GODDARD, TAVAKOLI und WILSON wird für englische Unternehmen sogar ein negativer Zusammenhang zwischen Unternehmensgröße und langfristigem Rentabilitätsniveau nachgewiesen.[55]

Für diese Diskrepanzen bei den Ergebnissen gibt es – neben den unterschiedlichen Unternehmensstichproben – weitere Gründe. So sind die Einflussfaktoren nicht immer ohne Weiteres zu bestimmen und klar abzugrenzen. Es ist beispielsweise problematisch, den jährlichen Marktanteil eines Unternehmens über einen längeren Zeitraum zu bestimmen und als Parameter in die Untersuchung einfließen zu lassen, wenn sich das Produktportfolio des Unternehmens über diesen Zeitraum stark geändert hat.[56] Ein ähnliches Problem tritt bei stark diversifizierten Unternehmen auf, die in einer Vielzahl von Märkten tätig sind, sodass sich je nach Definition des zugrunde gelegten Marktes unterschiedliche Marktanteile ergeben können.

Darüber hinaus lassen sich die teilweise widersprüchlichen Ergebnisse auch auf Probleme bei der Datenverfügbarkeit zurückführen. Für die untersuchten Unternehmen liegen zwar längere Zeitreihen für die jährliche Rentabilität vor, jedoch nicht immer auch für die unabhängigen Variablen. Dieser Umstand führt entweder zu einer deutlichen Verkleinerung der ursprünglichen Stichprobe bei der Untersuchung der unterschiedlichen Einflussfaktoren[57] oder aber dazu, dass die Einflussfaktoren als unabhängige Variablen nur mit einem konstanten Wert für den gesamten untersuchten Zeitraum in das jeweilige Modell einfließen.[58] Die Aussagekraft der erzielten Ergebnisse reduziert sich in beiden Fällen deutlich.

---

[54] Vgl. Jacobson (1988), S. 426.
[55] Vgl. Goddard/Tavakoli/Wilson (2005), S. 1279.
[56] Vgl. Maruyama/Odagiri (2002), S. 1523.
[57] Vgl. Yurtoglu (2004), S. 621; Maruyama/Odagiri (2002), S. 1523 und Cubbin/Geroski (1987), S. 436.
[58] Vgl. Kambhampati (1995), S. 358.

Insgesamt muss geschlussfolgert werden, dass sich ein Modell, das anhand branchen- und firmenspezifischer Einflussfaktoren Konvergenzprozesse für ein bestimmtes Unternehmen zuverlässig vorhersagt, auf Basis der vorliegenden empirischen Erkenntnisse nicht konstruieren lässt. Der Mehrwert der hier vorgestellten Untersuchungen ist vielmehr darin zu sehen, dass bestimmte Wirkungszusammenhänge aufgezeigt werden, die zur Erklärung der langfristigen Entwicklung des Werttreibers Rentabilität beitragen. Der Erklärungsgehalt einzelner Einflussfaktoren ist jedoch nach Ansicht des Autors nicht verlässlich zu quantifizieren, sodass sich die Erkenntnisse dieser Untersuchungen bei der Prognose des langfristigen Rentabilitätsverlaufs im Rahmen der Unternehmensbewertung in erster Linie qualitativ verwenden lassen.

4.2.4 Notwendigkeit einer eigenen empirischen Untersuchung

Das Ziel der vorliegenden Arbeit besteht in der Bestimmung von Modellparametern, um eine differenziertere Bewertung europäischer Unternehmen zu ermöglichen. Die Ausführungen zum Stand der Forschung haben verdeutlicht, dass sich bereits eine Vielzahl von Wissenschaftlern aus dem Bereich des strategischen Managements mit der Untersuchung langfristiger Rentabilitätsverläufe beschäftigt hat. Dabei gehen einige der Arbeiten über den reinen Nachweis von Konvergenz beim Werttreiber Rentabilität und die Ermittlung eines Konvergenzparameters für die jeweils untersuchte Stichprobe hinaus. Häufig besteht das Ziel dieser Untersuchungen insbesondere darin, unterschiedliche Konvergenzverläufe und damit letztendlich den unterschiedlichen Erfolg der betrachteten Unternehmen durch verschiedene Einflussfaktoren zu erklären. Gleichzeitig liegt der Fokus zum Großteil auf ausgewählten Ländermärkten oder Branchen. Die Aussagen lassen daher zumeist keine generellen Schlussfolgerungen zu bzw. sind nicht ohne Weiteres auf Unternehmen anderer Ländermärkte und Branchen übertragbar.

Nach Einschätzung des Autors sind vier wesentliche Gründe zu nennen, die die Verwendung der Ergebnisse bereits existierender Studien für die Bewertung europäischer Unternehmen problematisch erscheinen lassen und daher eine eigene empirische Untersuchung von Konvergenzprozessen notwendig machen:

1. Die überwiegende Mehrheit der Studien zur Persistence of Profits bezieht sich auf US-amerikanische und britische Unternehmen. Die wenigen „paneuropäischen" Untersuchungen enthalten zumeist nur eine Auswahl europäischer Ländermärkte, die sich mehr oder weniger zufällig aus dem vorhandenen Datenmaterial ergibt.[59] Eine Untersuchung, die sich auf eine Stichprobe von Unternehmen aus allen großen europäischen Volkswirtschaften bezieht, existiert bislang nicht.

2. Die meisten Untersuchungen europäischer Unternehmen sind bereits relativ alt. So wurde die jüngste Untersuchung, die auch den deutschen Markt einbezieht, im Jahre 1990 veröffentlicht und verwendet Unternehmensdaten bis einschließlich 1984.[60] Vor dem Hintergrund der politischen und wirtschaftlichen Entwicklungen der letzten 20 Jahre – als Beispiele seien die deutsche Wiedervereinigung, die EU-Erweiterung oder die zunehmende Globalisierung angeführt – erscheint eine Untersuchung, die auf aktuelleren Daten basiert, sinnvoll.

3. Die bisherigen Studien sind im Bereich des strategischen Managements anzusiedeln, sodass ihre Zielsetzung häufig nicht in der Berechnung von Konvergenzparametern für verschiedene Unterstichproben wie Ländermärkte oder Branchen besteht, sondern primär im Testen von Hypothesen hinsichtlich unterschiedlicher Einflussfaktoren auf den langfristigen Rentabilitätsverlauf.[61] Mit der eigenen empirischen Untersuchung soll dieser Verlauf für verschiedene Branchen untersucht werden, sodass sich die Ergebnisse explizit auch nach Branchen ausweisen lassen. Das Ziel

---

[59] Vgl. Goddard/Tavakoli/Wilson (2005), S. 1273 und Alcalde-Fradejas et al. (2002), S. 10 f.

[60] Vgl. Schohl (1990).

[61] Vgl. ausführlich Abschnitt 4.2.3. Diese Studien begnügen sich i. d. R. mit der Schätzung eines Regressionsmodells für die jeweilige Gesamtstichprobe, sodass branchen- bzw. unternehmensspezifische Unterschiede bei den Konvergenzparametern gänzlich unberücksichtigt bleiben. Die so erzielten Ergebnisse eignen sich nicht zur Verwendung im Rahmen der Unternehmensbewertung.

besteht im Gegensatz zu den meisten vorliegenden Studien in der Bestimmung direkt operationalisierbarer Bewertungsparameter, damit die Untersuchungsergebnisse als Grundlage für die langfristige Prognose des Werttreibers Rentabilität im Rahmen der Unternehmensbewertung verwendet werden können.

4. In den einschlägigen Untersuchungen zu Konvergenzprozessen werden unterschiedliche Rentabilitätskennziffern betrachtet, wobei besonders häufig auf den Return on Assets (ROA) zurückgegriffen wird. Wie in Kapitel 2 bereits erläutert, ist die Verwendung des ROA im Rahmen eines DCF-Werttreibermodells nicht unproblematisch.[62] Die vorliegende Arbeit nutzt daher ROIC-Daten zur Analyse des langfristigen Rentabilitätsverlaufs. Nach Kenntnis des Autors existiert bislang keine vergleichbare Untersuchung von Konvergenzverläufen auf Basis von ROIC-Zeitreihen.

4.3 Aufbau der empirischen Untersuchung

4.3.1 Einleitung

Im Folgenden wird zunächst das Modell der partiellen Anpassung vorgestellt, das im Rahmen der vorliegenden Arbeit zur Untersuchung von Konvergenzprozessen herangezogen wird (Abschnitt 4.3.2). Anschließend wird die Methodik diskutiert, mit der dieses Modell geschätzt wird. Im ersten Schritt wird die Konvergenzhypothese für europäische Unternehmen in ihrer Gesamtheit getestet. Um dem Panelcharakter der Daten Rechnung zu tragen, wird das Modell der partiellen Anpassung für die gesamte Stichprobe europäischer Unternehmen mithilfe der verallgemeinerten Methode der Momente (GMM-Methode) geschätzt. Diese Methode liefert besonders effiziente Parameter bei der Schätzung dynamischer Panelmodelle, die auf einer großen Anzahl von Untersuchungseinheiten beruhen, und wird in Abschnitt 4.3.3 detailliert vorgestellt. Dabei werden zunächst die methodischen Grundlagen zur Unter-

---

[62] Vgl. Abschnitt 2.2.4.3.

suchung von Paneldaten beschrieben, bevor auf die Analyse dynamischer Panelmodelle mit der GMM-Methode im Speziellen eingegangen wird.

Im zweiten Schritt wird die Gesamtstichprobe in verschiedene Unterstichproben aufgeteilt. Zur Schätzung der Konvergenzparameter für diese Unterstichproben ist die verallgemeinerte Methode der Momente nicht geeignet. Dies liegt insbesondere daran, dass die Anzahl der Untersuchungseinheiten für die meisten dieser Unterstichproben nicht mehr deutlich größer ist als die Anzahl der Perioden, sodass die Unterstichproben nicht mehr die typischen Eigenschaften eines Paneldatensatzes aufweisen.[63] Für die Untersuchung der Unterstichproben wird daher das Modell der partiellen Anpassung mit der Kleinste-Quadrate-Methode (KQ-Methode) für jedes Unternehmen einzeln geschätzt. Anschließend wird ein Durchschnitt über die Konvergenzparameter aller Unternehmen der entsprechenden Unterstichproben gebildet. Diese Vorgehensweise wird in Abschnitt 4.3.4 beschrieben. Da die KQ-Methode eines der gebräuchlichsten statistischen Schätzverfahren darstellt, wird auf eine detaillierte Beschreibung dieser Methode im Rahmen der vorliegenden Arbeit verzichtet.[64]

In Abschnitt 4.3.5 erfolgt die Beschreibung der Datenbasis. Dabei wird zunächst auf die Zusammensetzung der Stichprobe eingegangen. Außerdem wird diskutiert, inwiefern mit der Stichprobenauswahl möglicherweise Verzerrungen einhergehen. Anschließend wird eine Überprüfung der Datenbasis auf Autokorrelation der Residuen und auf Stationarität vorgenommen. Der Abschnitt endet mit einer Voranalyse auf aggregiertem Niveau, die bereits erste Erkenntnisse hinsichtlich des langfristigen Rentabilitätsverlaufs europäischer Unternehmen ermöglicht.

---

[63] Vgl. Fischer (2001), S. 214.
[64] Vgl. zur KQ-Methode beispielsweise Bortz (2005), S. 185-189 oder Backhaus et al. (2006), S. 53-60.

4.3.2 Beschreibung des Modells

4.3.2.1 Standardisierte Rendite

Für die Untersuchung des langfristigen Rentabilitätsverlaufs wird im Folgenden nicht der absolute ROIC eines Unternehmens betrachtet, sondern die Differenz aus unternehmensspezifischem ROIC und durchschnittlichem ROIC der Gesamtstichprobe. Ist diese Differenz positiv (negativ), drückt sie die Überrendite (Unterrendite) in Prozentpunkten aus, die ein Unternehmen erwirtschaftet. Dieser Wert wird in der Literatur auch als „standardisierte Rendite" *(Standardized Profit)* bezeichnet.[65] Die Standardisierung ist erforderlich, um konjunkturbedingte Effekte auf die Rentabilität zu eliminieren. Diese Effekte beeinflussen die Rentabilität aller Unternehmen, steigende oder fallende Renditen aufgrund von Konjunkturschwankungen sind jedoch kein Ausdruck von Konvergenzprozessen. Konvergenzprozesse liegen vielmehr dann vor, wenn sich über- bzw. unterdurchschnittliche Renditen eines Unternehmens – unabhängig von der Konjunktursituation in einzelnen Jahren – über Zeit auflösen. Die standardisierte Rendite misst genau diese über- bzw. unterdurchschnittliche Rendite. Es gilt:

$$(4\text{-}1) \quad R_{it} = ROIC_{it} - \overline{ROIC_t}$$

R_{it} = Standardisierte Rendite des Unternehmens i im Jahr t

$ROIC_{it}$ = ROIC des Unternehmens i im Jahr t

$\overline{ROIC_t}$ = Durchschnittlicher ROIC der Gesamtstichprobe im Jahr t

4.3.2.2 Modell der partiellen Anpassung

Für die Zielsetzung der vorliegenden Untersuchung ist das sogenannte Modell der partiellen Anpassung besonders gut geeignet. Dabei handelt es sich um ein autoregressives Modell erster Ordnung, d. h. als erklärende Variable

---

[65] Vgl. Goddard/Wilson (1996), S. 108. Im Folgenden wird auch die standardisierte Rendite vereinfachend in Prozent ausgedrückt, obwohl es sich streng genommen um Prozentpunkte handelt.

wird für die Rendite in einer bestimmten Periode die Rendite der Vorperiode herangezogen.[66] Der wesentliche Vorteil dieses Modells besteht darin, dass sich anhand der geschätzten Koeffizienten die beiden Konvergenzparameter – Widerstandsfähigkeit gegen Konvergenzprozesse und langfristiges Rentabilitätsniveau – unmittelbar ablesen bzw. leicht berechnen lassen.

Ausgangspunkt für das Modell im Rahmen der Persistence-of-Profits-Forschung ist die Überlegung, dass die Überrendite eines Unternehmens durch den Markteintritt und -austritt von Wettbewerbern beeinflusst wird.[67] So werden Märkte, in denen Unternehmen überdurchschnittlich hohe Renditen erwirtschaften, zusätzliche Wettbewerber anziehen. Diese Wettbewerber versuchen, den etablierten Unternehmen durch niedrigere Preise Marktanteile streitig zu machen. Ebenso kann der Markteintritt neuer Wettbewerber zu einem Anstieg der Marketingintensität führen. Es ist aber auch vorstellbar, dass es überhaupt nicht zum tatsächlichen Markteintritt von Wettbewerbern kommt, sondern dass die etablierten Unternehmen allein durch den drohenden Markteintritt neuer Wettbewerber zu Maßnahmen wie Preissenkungen oder strategischen Investitionen greifen, um den tatsächlichen Markteintritt zu verhindern.[68]

Es wird davon ausgegangen, dass der tatsächliche oder drohende Markteintritt von Wettbewerbern dazu führt, dass die überdurchschnittlichen Renditen auf Dauer für alle Marktteilnehmer absinken. Bezeichnet man den Markteintritt im Zeitpunkt t mit E_t, lässt sich die Differenz der standardisier-

---

[66] Vgl. Stock/Watson (2003), S. 438-441. Das Modell der partiellen Anpassung wurde bereits in einigen Untersuchungen der Persistence-of-Profits-Forschungsgruppe um Mueller angewandt, vgl. insbesondere Geroski (1990) und Mueller (1990), und kam auch in mehreren Untersuchungen jüngeren Datums zum Einsatz, vgl. etwa Bhattacharya/Bloch (2000); Alcalde-Fradejas et al. (2002); Glen/Lee/Singh (2003) oder Yurtoglu (2004).

[67] Vgl. zur theoretischen Begründung auch ausführlich Kapitel 3, Abschnitt 3.3.2.

[68] Vgl. Geroski (1990), S. 21.

ten Rendite eines Unternehmens von einem Jahr auf das folgende als Funktion des Markteintritts ausdrücken:[69]

(4-2) $\quad \Delta R_{it} = R_{it} - R_{it-1} = \theta_0 + \gamma_0 \cdot E_t + \gamma_1 \cdot R_{it-1} + u_t$

mit $\gamma_0 < 0$ und $0 < \gamma_1 < 1$.

Dabei bezeichnet θ_0 den permanenten Wettbewerbsvorteil des Unternehmens, der auch langfristig Bestand hat und nicht durch den Eintritt von Wettbewerbern beeinflusst wird.[70] Der Parameter γ_0 misst den Effekt des Markteintritts E_t auf die Rendite des Unternehmens, bei γ_1 handelt es sich um einen statistischen Kontrollparameter, mit dem sichergestellt wird, dass die standardisierte Rendite langfristig nicht ins Unendliche wächst.[71] u_t ist die statistische Störgröße, die alle weiteren Einflussfaktoren auf die Rendite zusammenfasst.[72] Es wird unterstellt, dass u_t einer Normalverteilung folgt.

Der Eintritt von Wettbewerbern sorgt zwar dafür, dass die Überrenditen der Marktteilnehmer nachlassen, jedoch konvergieren nicht alle Unternehmen gegen den Marktdurchschnitt. Häufig lässt sich stattdessen beobachten, dass ein Teil der Überrenditen langfristig erhalten bleibt.[73] Bezeichnet man diese langfristige unternehmensspezifische Überrendite mit R_i^{LT}, so stellt diese Größe einen Gleichgewichtswert dar, der erreicht wird, wenn sich kurzfristige Überrenditen durch Wettbewerbseffekte vollständig aufgelöst haben.

---

[69] Vgl. auch für die folgenden Ausführungen Geroski (1990), S. 20-24, Schohl (1990), S. 390 und Alcalde-Fradejas et al. (2002), S. 7-9.

[70] Ein permanenter Wettbewerbsvorteil ($\theta_0 > 0$) äußert sich in einer langfristig überdurchschnittlichen Rendite. Für $\theta_0 = 0$ verfügt das Unternehmen über keinen permanenten Wettbewerbsvorteil; im Fall $\theta_0 < 0$ weist das Unternehmen langfristig im Vergleich zum Durchschnitt einen Wettbewerbsnachteil auf.

[71] Vgl. hierzu ausführlich die Diskussion im nächsten Abschnitt.

[72] Zur Interpretation der statistischen Störgröße bei Regressionsmodellen vgl. Backhaus et al. (2006), S. 69.

[73] Vgl. hierzu auch die Ausführungen in Abschnitt 4.2.

Im Gleichgewichtszustand ändert sich die jährliche Rendite nicht mehr ($R_{it} = R_{it-1} = R_i^{LT}$), ein Markteintritt ist dann für Wettbewerber nicht mehr attraktiv und es gilt $E_t = 0$. Durch Einsetzen in Gleichung (4-2) erhält man für die langfristige Rendite:

(4-3) $\quad \Delta R_{it} = 0 \Leftrightarrow \theta_0 + \gamma_1 \cdot R_i^{LT} = 0 \Leftrightarrow R_i^{LT} = \dfrac{-\theta_0}{\gamma_1}$

Existieren hingegen kurzfristige Überrenditen ($R_{it} > R_i^{LT}$), kommt es zum Markteintritt durch Wettbewerber.[74] Dabei ist davon auszugehen, dass die Entscheidung zum Markteintritt mit einiger Verzögerung fällt. Wird unterstellt, dass die Reaktion auf überdurchschnittliche Renditen frühestens im Folgejahr stattfindet, lässt sich der Markteintritt als Funktion der standardisierten Rendite des Vorjahres ausdrücken:

(4-4) $\quad E_t = \varphi \cdot \left[R_{it-1} - R_i^{LT} \right] + \varepsilon_t$

Der Parameter φ drückt die Geschwindigkeit aus, mit der neue Wettbewerber durch kurzfristige Überrenditen angezogen werden. ε_t ist die statistische Störgröße, für die wiederum eine Normalverteilung unterstellt wird.

Bei dem oben definierten Begriff Markteintritt handelt es sich um eine latente Variable. Es ist unmöglich, den tatsächlichen oder drohenden Markteintritt neuer Wettbewerber zu messen. Somit lassen sich auch die Parameter γ_0, γ_1 und φ nicht schätzen. Setzt man aber Gleichung (4-4) in Gleichung (4-2) ein und löst diesen Ausdruck nach R_{it} auf, so lässt sich die latente Variable eliminieren und man erhält das Modell der partiellen Anpassung:[75]

(4-5) $\quad R_{it} = \alpha_i + \lambda_i \cdot R_{it-1} + \mu_{it}$

---

[74] Analog kommt es im Fall $R_{it} < R_i^{LT}$ zum Austritt existierender Wettbewerber aus dem Markt.

[75] Vgl. Anhang 1 für eine detaillierte Herleitung.

$$\text{mit } \alpha_i = \theta_0 - \gamma_0 \cdot \varphi \cdot R_i^{LT} \text{ und } \lambda_i = \gamma_0 \cdot \varphi + \gamma_1 + 1$$

Beim Modell der partiellen Anpassung handelt es sich um ein autoregressives Modell erster Ordnung, das die standardisierte Rendite eines Jahres durch die standardisierte Rendite des Vorjahres ausdrückt. Dabei bezeichnen α_i und λ_i die beiden zu schätzenden Parameter, die im folgenden Abschnitt erläutert werden, und μ_{it} die normalverteilte Störgröße. Prinzipiell wäre es auch denkbar, nicht nur die Rendite des Vorjahres, sondern die Rendite mehrerer Jahre aus der Vergangenheit zur Erklärung der aktuellen Rendite heranzuziehen, und damit beispielsweise autoregressive Modelle zweiter oder dritter Ordnung zu formulieren. Vergangene Untersuchungen zur Persistence of Profits, die sich explizit mit dieser Fragestellung auseinandergesetzt haben, kommen jedoch zu dem Ergebnis, dass Modelle höherer Ordnung im Vergleich zum Modell erster Ordnung keine höhere Erklärungskraft besitzen.[76]

4.3.2.3 Interpretation der Modellparameter

Die Form des langfristigen Rentabilitätsverlaufs, der durch Gleichung (4-5) beschrieben wird, ist abhängig vom Wertebereich, den der Regressionskoeffizient λ_i einnimmt. Die Fälle $\lambda_i < 0$ und $\lambda_i > 1$ lassen sich dabei ökonomisch nicht sinnvoll begründen.[77] Abb. 29 veranschaulicht dies graphisch. So würde die Rentabilität für die Fälle $\lambda_i < 0$ in einer ständigen Auf- und Abwärtsbewegung um einen Durchschnittswert schwanken, was sich theoretisch nicht erklären ließe. Ebenso unrealistisch ist der Fall $\lambda_i > 1$, für den die Rentabilität Jahr für Jahr immer stärker ansteigt und somit langfristig ins Unendliche wächst.

---

[76] Vgl. Geroski/Jacquemin (1988), S. 381-383; Jacobson (1988), S. 421 und Yurtoglu (2004), S. 619. Die Koeffizienten der Jahre t–2, t–3 etc. sind in diesen Untersuchungen nicht signifikant von null verschieden.

[77] Vgl. Goddard/Wilson (1999), S. 667.

Wertebereich für λ_i	Rentabilitätsverlauf
$\lambda_i < -1$	Standardisierte Rendite / Zeit (aufschaukelnde Oszillation)
$\lambda_i = -1$	Standardisierte Rendite / Zeit (konstante Oszillation)
$-1 < \lambda_i < 0$	Standardisierte Rendite / Zeit (gedämpfte Oszillation)
$\lambda_i > 1$	Standardisierte Rendite / Zeit (exponentieller Anstieg)

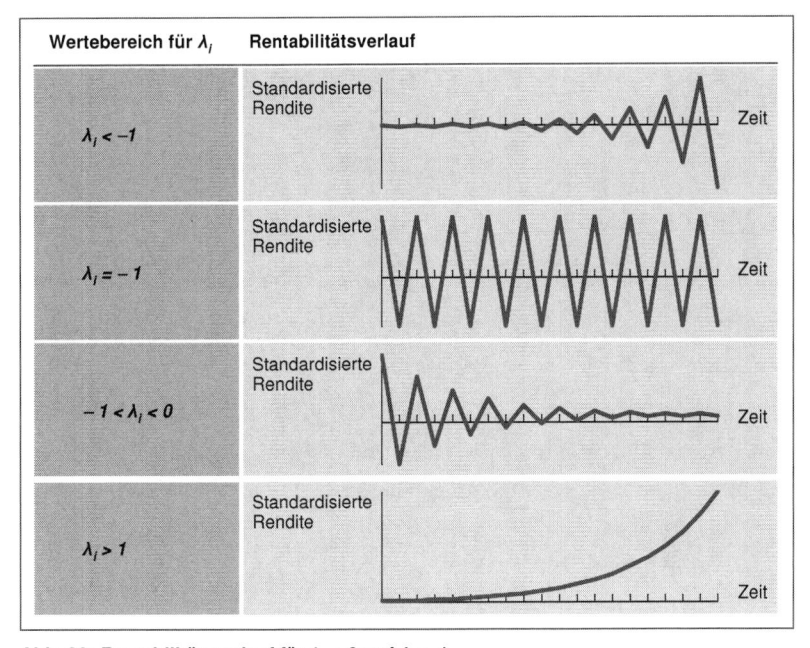

Abb. 29: Rentabilitätsverlauf für $\lambda_i < 0$ und $\lambda_i > 1$

Als ökonomisch interpretierbare Fälle verbleiben die Wertebereiche $\lambda_i = 0$, $0 < \lambda_i < 1$ und $\lambda_i = 1$. Dabei sind Werte für λ_i zwischen null und eins in der Realität mit Abstand am häufigsten zu beobachten. In diesem Fall beschreibt das Modell der partiellen Anpassung den bereits mehrfach thematisierten Konvergenzverlauf, die standardisierte Rendite des entsprechenden Unternehmens nimmt exponentiell ab bzw. zu und konvergiert allmählich gegen einen Zielwert. Der Regressionskoeffizient λ_i drückt dann die Fähigkeit eines Unternehmens aus, sich diesen Konvergenzprozessen zu widersetzen. Je größer der Wert ist, den λ_i einnimmt, desto höher ist die Widerstandsfähigkeit gegen Konvergenzprozesse und desto langsamer werden Überrenditen eliminiert.[78]

---

[78] Die folgenden Ausführungen konzentrieren sich auf den Fall von Überrenditen im Ausgangspunkt, die über Zeit gegen einen niedrigeren Zielwert konvergieren. Das Modell bildet aber ebenso Konvergenzverläufe für Unternehmen ab, deren Zielwert über der Ren-

Der Zielwert des Konvergenzprozesses entspricht dem langfristigen Rentabilitätsniveau des Unternehmens und lässt sich unmittelbar aus den beiden Modellparametern a_i und λ_i berechnen:[79]

(4-6) $$R_i^{LT} = \frac{a_i}{1-\lambda_i}$$

Für $a_i > 0$ entspricht dieses langfristige Niveau einer positiven standardisierten Rendite, das Unternehmen erwirtschaftet also langfristig Überrenditen. Analog entspricht die langfristige Rendite eines Unternehmens mit $a_i < 0$ einer unterdurchschnittlichen Rendite. In beiden Fällen konvergiert die Rendite nicht gegen den Durchschnittswert aller Unternehmen (standardisierte Rendite = 0), sondern gegen einen unternehmensspezifischen Zielwert.[80]

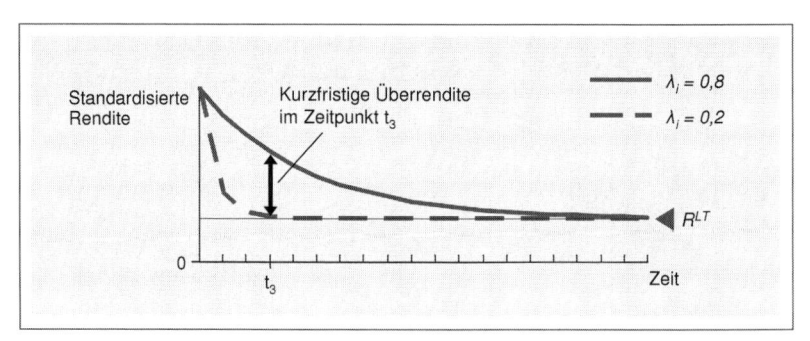

Abb. 30: Rentabilitätsverlauf für zwei Beispielunternehmen mit unterschiedlichen Werten für λ_i

Diese Zusammenhänge sollen anhand eines Beispiels erläutert werden. Abb. 30 zeigt den Rentabilitätsverlauf für zwei Unternehmen mit $\lambda_i = 0,8$ und $\lambda_i = 0,2$. Es ist ersichtlich, dass sich die standardisierte Rendite R_{it} bei beiden Unternehmen aus dem langfristigen Zielwert R^{LT} und einer kurzfristigen Überrendite zusammensetzt, wobei nur die kurzfristige Überrendite Konver-

---

tabilität im Ausgangspunkt liegt. Die Ausführungen gelten daher für den Fall von Unterrenditen analog.

[79] Vgl. Anhang 1 für eine detaillierte mathematische Herleitung.
[80] Vgl. Abschnitt 4.2.2.

genzprozessen unterliegt. Der Konvergenzprozess dauert für das Unternehmen mit der höheren Widerstandsfähigkeit deutlich länger, was graphisch an der schwächeren Krümmung der Kurve erkennbar ist. Für $\lambda_i = 0{,}8$ bleiben in jedem Jahr 80 Prozent der kurzfristigen Überrendite des Vorjahres erhalten, während für $\lambda_i = 0{,}2$ jedes Jahr lediglich 20 Prozent erhalten bleiben.[81] Damit bestehen bei einer Widerstandsfähigkeit von $\lambda_i = 0{,}8$ nach drei Jahren zum Zeitpunkt t₃ noch etwa 51 Prozent ($= 0{,}8^3$) der ursprünglichen kurzfristigen Überrendite, während für $\lambda_i = 0{,}2$ zum gleichen Zeitpunkt bereits über 99 Prozent ($= 1 - 0{,}2^3$) der kurzfristigen Überrendite eliminiert wurden. Im hier gewählten Beispiel ist das langfristige Rentabilitätsniveau für beide Unternehmen identisch. Es ist größer null, d. h., beiden Unternehmen gelingt es, langfristig ein überdurchschnittlich hohes Rentabilitätsniveau beizubehalten.

Abschließend stellt Abb. 31 den Rentabilitätsverlauf für die Wertebereiche $\lambda_i = 0$, $0 < \lambda_i < 1$ und $\lambda_i = 1$ gegenüber. Nimmt der Regressionskoeffizient λ_i den Wert null an, hat die Rendite der Vorperiode überhaupt keinen Einfluss auf die aktuelle Rendite. Der Konvergenzprozess der kurzfristigen Überrendite ist bereits nach einem Jahr vollständig abgeschlossen und die standardisierte Rendite ist auf das langfristige Niveau abgesunken. Für $\lambda_i = 0$ entspricht dieses langfristige Rentabilitätsniveau dem Wert von α_i. Während der Konvergenzprozess für $\lambda_i = 0$ bereits nach einem Jahr vollständig abgeschlossen ist, liegt für $\lambda_i = 1$ der gegenteilige Fall vor. Die Rendite des Unternehmens entspricht in jedem Jahr exakt der Rendite des Vorjahres.[82] Das Unternehmen widersetzt sich zu 100 Prozent Konvergenzprozessen und verharrt auf dem Ausgangsniveau. Wie zuvor erläutert, beschreibt das Modell

---

[81] Für den Fall $0 \leq \lambda_i \leq 1$ besteht eine Analogie zwischen dem Modell der partiellen Anpassung und dem in Kapitel 2 vorgestellten Konvergenzmodell (vgl. Abschnitt 2.2.5), wobei die Widerstandsfähigkeit 1 minus Konvergenzfaktor im Konvergenzmodell entspricht.

[82] Betrachtet wird hier nur der Sonderfall $\alpha_i = 0$. Für $\alpha_i \neq 0$ würde die Rentabilität einem Trend folgen, was sich ökonomisch nicht sinnvoll begründen ließe, vgl. Goddard/Wilson (1999), S. 667.

der partiellen Anpassung für die Fälle $0 < \lambda_i < 1$ eine langfristige Rentabilitätsentwicklung zwischen den Extremen $\lambda_i = 1$ (keine Konvergenz) und $\lambda_i = 0$ (vollständige Konvergenz innerhalb eines Jahres). Die standardisierte Rendite des entsprechenden Unternehmens konvergiert dann allmählich gegen den Zielwert.

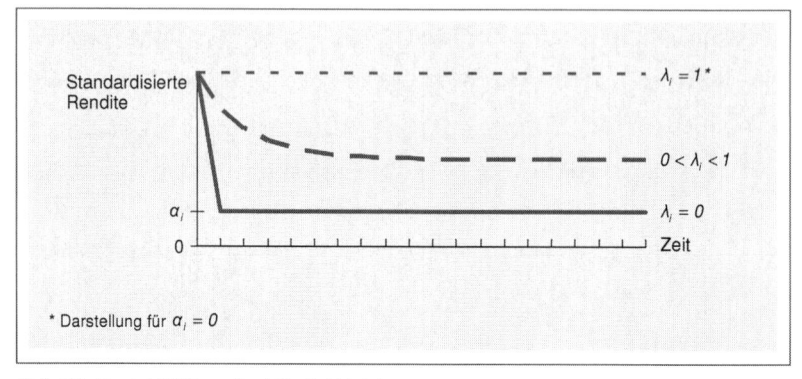

Abb. 31: Rentabilitätsverlauf für $0 \leq \lambda i \leq 1$

In den folgenden beiden Abschnitten wird die Methode diskutiert, mit der das Modell der partiellen Anpassung im Rahmen der vorliegenden Untersuchung geschätzt wird.

4.3.3 Analyse des gesamten Datenpanels (Schritt 1)
4.3.3.1 Methodische Grundlagen zur Untersuchung von Paneldaten

Paneldaten zeichnen sich dadurch aus, dass sie für eine gegebene Anzahl an Untersuchungseinheiten mehrere Beobachtungen zum gleichen Untersuchungsgegenstand über eine bestimmte Anzahl an Zeitpunkten enthalten.[83] Im Gegensatz zu reinen Querschnittsstudien oder zu Untersuchungen aggregierter Zeitreihen haben Paneluntersuchungen den Vorteil, dass sowohl Heterogenität zwischen den Untersuchungseinheiten als auch Änderungen im Zeitablauf erfasst werden. Somit lassen sich im Rahmen von Paneluntersuchungen individuelle Effekte und Zeiteffekte explizit herausarbeiten, wäh-

---

[83] Vgl. Arminger/Müller (1990), S. 4; Hsiao (2003), S. 1 und Meffert (2000), S. 162.

rend Querschnittsstudien jeweils nur Zusammenhänge zu einem bestimmten Zeitpunkt abbilden können und die Untersuchung aggregierter Zeitreihen lediglich die Bestimmung von Durchschnittswerten über sämtliche Untersuchungseinheiten ermöglicht.[84]

Die einfachste Schätzmethode bei Paneluntersuchungen stellt das sogenannte *Classical-Pooling-Modell* dar.[85] Bei diesem Verfahren werden die Beobachtungen für die einzelnen Untersuchungseinheiten zu einer einzigen Datenmenge zusammengefasst, anschließend wird das Modell ein Mal für die zusammengefasste Datenmenge geschätzt.[86] Gleichung (4-7) verdeutlicht diese Analysemethode anhand eines einfachen Regressionsmodells ohne dynamische Komponente:[87]

(4-7) $\quad y_{it} = \alpha + \beta \cdot x_{it} + \mu_{it}$

y_{it} = Ausprägung der abhängigen Variable über alle i und t

α = Regressionskonstante

β = Koeffizientenvektor mit den Koeffizienten $\beta_1, \beta_2, ..., \beta_m$

x_{it} = Ausprägung der m unabhängigen Variablen über alle i und t

μ_{it} = Störterm mit Erwartungswert $E(\mu_{it}) = 0$

Im Rahmen des Classical-Pooling-Modells wird unterstellt, dass sowohl die Regressionskonstante α als auch der Koeffizientenvektor β für jede Untersuchungseinheit und zu jedem Zeitpunkt die gleiche Ausprägung annehmen. Damit diese Annahme zutrifft, müssen sowohl die Untersuchungseinheiten als auch die einzelnen Perioden ein hohes Maß an Homogenität aufweisen. Unterschiede beispielsweise zwischen den in einer Stichprobe erfassten In-

---

[84] Vgl. Baltagi (2005), S. 4-6.
[85] Vgl. van Doorn (2004), S. 131.
[86] Vgl. hierzu auch Maddala (2001), S. 290.
[87] Vgl. Baltagi (2005), S. 11 und Greene (2003), S. 285.

dividuen oder Unternehmen werden im Rahmen des Classical-Pooling-Modells nicht berücksichtigt.[88]

Die sehr restriktive Annahme homogener Untersuchungseinheiten und Perioden ist in der Praxis häufig nicht erfüllt, sodass das Classical-Pooling-Modell dann nicht anwendbar ist. In diesem Fall bieten sich eine Reihe von Modellen an, die Unterschiede zwischen Untersuchungseinheiten und Perioden in Form von individuellen Effekten und Zeiteffekten zulassen. Diese Modelle sollen im Folgenden am Beispiel von individuellen Effekten vorgestellt werden.[89] Wie beim Classical-Pooling-Modell basieren diese zwar auf einem gemeinsamen Erklärungsmodell für alle Untersuchungseinheiten, enthalten jedoch zusätzlich individuelle Terme und werden somit dem Panelcharakter der Daten besser gerecht.[90] Abb. 32 stellt diese Modelle im Überblick dar.

	Variable Konstante $y_{it} = \alpha + \beta \cdot x_{it} + \eta_i + \varepsilon_{it}$	Variabler Steigungsparameter $y_{it} = \alpha + (\beta + \delta_i) \cdot x_{it} + \varepsilon_{it}$
Fixed-Effects-Modelle	Least-Squares-Dummy-Variable-Modell	Dummy-Slope-Regression-Modell
Random-Effects-Modelle	Error-Components-Modell	Random-Coefficient-Modell

Abb. 32: Modelle zur Berücksichtigung individueller Effekte bei Paneldaten
Quelle: in Anlehnung an van Doorn (2004), S. 132-138.

Eine Möglichkeit zur Berücksichtigung individueller Unterschiede besteht darin, eine zusätzliche Konstante in die Regressionsgleichung aufzunehmen. So

---

[88] Vgl. van Doorn (2004), S. 132.

[89] Im Gegensatz zu Unterschieden zwischen den untersuchten Unternehmen dürften Zeiteffekte – etwa in Form einer sich ändernden konjunkturellen Lage – im Rahmen der vorliegenden Untersuchung keine Rolle spielen, sodass sich die Darstellung hier auf individuelle Effekte beschränkt. Die Ausführungen gelten aber analog auch für die Modellierung von Zeiteffekten.

[90] Vgl. Breitung (1992), S. 44 f.

bezeichnet der Term η_i den Individualeffekt, der von Untersuchungseinheit zu Untersuchungseinheit variieren kann und im Zeitablauf konstant ist. In diesem Fall lassen sich die Individualeffekte mithilfe eines variablen Ordinatenabschnitts der Form $\alpha + \eta_i$ ausdrücken. Der Reststörterm ε_{it} steht stellvertretend für alle Effekte, die sich nicht ausschließlich auf die Individuen beziehen, und für den Steigungsparameter β wird weiterhin angenommen, dass er für alle Untersuchungseinheiten gleich ist.[91]

Je nachdem, ob der Individualeffekt als feste Größe oder als Zufallsvariable interpretiert wird, wird unterschieden zwischen *Fixed-Effects-Modellen* (FE-Modellen) und *Random-Effects-Modellen* (RE-Modellen). Im Rahmen von FE-Modellen wird davon ausgegangen, dass es sich bei den Individualeffekten um schätzbare Parameter handelt, entsprechend erfolgt die Modellierung i. d. R. über Dummy-Variablen.[92] Gehört ein Beobachtungswert zur Untersuchungseinheit *i*, nimmt die Dummy-Variable den Wert eins an, ist der Wert hingegen einer anderen Untersuchungseinheit zuzuordnen, erhält die Dummy-Variable den Wert null. Das entsprechende FE-Modell wird gewöhnlich als „*Least-Squares-Dummy-Variable-Modell*" (LSDV-Modell) bezeichnet.[93] Die Schätzung fester Individualeffekte mit dem LSDV-Modell ist unter Umständen problematisch, weil durch die Verwendung von Dummy-Variablen die Anzahl der Freiheitsgrade stark reduziert wird.[94] Zudem ist häufig die Anzahl zeitlicher Beobachtungen je Untersuchungseinheit zu gering, um eine verlässliche Schätzung der festen Effekte vornehmen zu können.[95]

Eine Möglichkeit zur Vermeidung dieser Probleme bieten die RE-Modelle. Hier werden die Individualeffekte als Zufallsvariablen modelliert, die einen

---

[91] Vgl. van Doorn (2004), S. 133.
[92] Vgl. Hsiao (2003), S. 30.
[93] Dabei verweist der erste Teil dieser Bezeichnung streng genommen auf die üblicherweise verwendete Schätzmethode und nicht auf das Modell an sich, vgl. Greene (2003), S. 287.
[94] Vgl. Baltagi (2005), S. 14.
[95] Vgl. Breitung (1992), S. 45 und van Doorn (2004), S. 135.

Teil des Störprozesses darstellen und den Erwartungswert null besitzen.[96] Die Individualeffekte werden nicht wie beim LSDV-Modell für jede Untersuchungseinheit einzeln geschätzt, vielmehr werden mit RE-Modellen lediglich die Verteilungsparameter der einzelnen Komponenten des Störterms bestimmt, sodass mit der Anwendung dieser Modelle auch kein zusätzlicher Verlust an Freiheitsgraden einhergeht.[97] Aufgrund der Zerlegung des Störterms in verschiedene Komponenten wird diese Vorgehensweise auch als „Error-Components-Modell" bezeichnet.[98]

Analog zur Berücksichtigung individueller Unterschiede in der Konstante der Regressionsgleichung lassen sich Individualeffekte auch durch einen variablen Steigungsparameter ausdrücken. Dabei wird der Koeffizientenvektor β ergänzt durch den Term δ_i, welcher für alle unabhängigen Parameter zusätzliche, individuenspezifische Regressionskoeffizienten enthält. Der Steigungsparameter für eine bestimmte Untersuchungseinheit beträgt dann $\beta_i = \beta + \delta_i$.[99] Die individuellen Unterschiede als feste Effekte werden auch hier über Dummy-Variablen modelliert, das entsprechende Modell wird daher als „Dummy-Slope-Regression-Modell" bezeichnet.[100] Es gelten jedoch ebenfalls die im Rahmen des LSDV-Modells geäußerten Einschränkungen hinsichtlich der Schätzbarkeit bei einer geringen Anzahl zeitlicher Beobachtungen. Alternativ lassen sich daher auch im Fall variabler Steigungsparameter die Unterschiede zwischen den Untersuchungseinheiten als zufällige Effekte modellieren. Die sogenannten Random-Coefficient-Modelle basieren auf der Annahme, dass der Term δ_i über alle Untersuchungseinheiten einer sto-

---

[96] Vgl. Hsiao (2003), S. 34.
[97] Vgl. van Doorn (2004), S. 135 f.
[98] Vgl. Greene (2003), S. 294.
[99] Vgl. Hsiao (2003), S. 143 f.
[100] Vgl. Fischer (2001), S. 221.

chastischen Verteilung mit Erwartungswert null folgt.[101] Der durchschnittliche Steigungsparameter der Stichprobe entspricht somit weiterhin β.

Grundsätzlich lassen sich die hier vorgestellten Schätzverfahren auch kombinieren, darüber hinaus können Unterschiede zwischen einzelnen Untersuchungsperioden (Zeiteffekte) als fixe oder zufällige Effekte in die Modellierung aufgenommen werden. Dabei lässt sich die Frage, wann FE-Modelle und wann RE-Modelle zur Darstellung der entsprechenden Zusammenhänge besser geeignet sind, häufig nicht eindeutig beantworten.[102] Liegt der Fokus einer Untersuchung beispielsweise auf den Unterschieden zwischen bestimmten Individuen, ist das FE-Modell gut geeignet, um diese spezifischen Unterschiede zu untersuchen. Wird hingegen eine große Stichprobe untersucht, für die unterstellt werden kann, dass sie repräsentativ für die entsprechende Grundgesamtheit ist, bietet sich zur Untersuchung dieser Stichprobe eher ein RE-Modell an.[103]

Nachdem in diesem Abschnitt die methodischen Grundlagen zur Untersuchung von Paneldaten aufgezeigt wurden, erfolgt im nächsten Abschnitt eine Diskussion der verallgemeinerten Methode der Momente, die im Rahmen der vorliegenden Untersuchung zur Schätzung des dynamischen Panelmodells verwendet werden soll.

4.3.3.2 Analyse dynamischer Panelmodelle mithilfe der verallgemeinerten Methode der Momente

Erweitert man das einfache Regressionsmodell aus Gleichung (4-7) um einen autoregressiven Prozess erster Ordnung und um einen individuenspezifischen Term, ergibt sich ein dynamisches Panelmodell:[104]

---

[101] Vgl. Greene (2003), S. 318 f.
[102] Vgl. Baltagi (2005), S. 18 f. und Wooldridge (2006), S. 497 f.
[103] Vgl. Hsiao (2003), S. 43.
[104] Vgl. Greene (2003), S. 308.

(4-8) $\quad y_{it} = \alpha + \lambda \cdot y_{t-1} + \beta \cdot x_{it} + \mu_{it}$ mit $\mu_{it} = \eta_i + \varepsilon_{it}$

y_{it-1} = Ausprägung der abhängigen, verzögerten Variable über alle i und t
λ = Regressionskoeffizient für den verzögerten Term
η_i = Im Zeitablauf konstanter Individualeffekt
ε_{it} = Reststörterm

Dieses Modell enthält neben den unabhängigen Variablen eine dynamische Komponente, d. h., die abhängige Variable y_{it} wird zu einem Teil durch den Wert erklärt, den diese Variable in der Vorperiode angenommen hat. Außerdem geht das Modell von einer gewissen Heterogenität zwischen den Untersuchungseinheiten aus, die durch den Term η_i ausgedrückt wird. Es ist erkennbar, dass die abhängige Variable y_{it} eine Funktion von η_i ist. Daraus folgt, dass auch die verzögerte Variable y_{it-1} eine Funktion von η_i sein muss. Die Variable y_{it-1} ist also mit dem Störterm μ_{it} korreliert. In diesem Fall ist die Schätzung der Regressionsgleichung mithilfe der KQ-Methode nicht zulässig, da diese zu Verzerrungen der Schätzparameter führen würde.[105]

Angesichts der Korrelation zwischen verzögerter Variable und Störterm wird in der Literatur zur Schätzung dynamischer Panelmodelle die Verwendung sogenannter Instrumentvariablen vorgeschlagen.[106] Dabei handelt es sich um zusätzliche Variablen, die nicht mit der Störgröße korreliert sind. Gleichzeitig sollte eine möglichst hohe Korrelation zwischen den verwendeten Instrumentvariablen und der ursprünglichen Variable bestehen.[107] Die Grundidee der Instrumentvariablen-Schätzung besteht darin, zunächst durch

---

[105] Vgl. Baltagi (2005), S. 135.
[106] Vgl. Greene (2003), S. 203-206 und Hsiao (2003), S. 85 f.
[107] Vgl. van Doorn (2004), S. 175.

Differenzbildung die Individualeffekte aus der Gleichung zu eliminieren.[108] Es ergibt sich folgendes Modell:

(4-9) $\quad \Delta y_{it} = y_{it} - y_{it-1} = \lambda \cdot \Delta y_{it-1} + \beta \cdot \Delta x_{it} + \Delta \varepsilon_{it}$

Die Individualeffekte stellen in Gleichung (4-9) kein Problem mehr dar, da sie durch die Differenzbildung eliminiert wurden. Es ist zwar auch hier davon auszugehen, dass die verzögerte Variable Δy_{it-1} und der Störterm $\Delta \varepsilon_{it}$ korreliert sind.[109] Allerdings ist die ursprüngliche Variable y_{it-1} nicht mit $\Delta \varepsilon_{it}$ korreliert, gleichzeitig besteht eine hohe Korrelation zwischen y_{it-1} und Δy_{it-1}, sodass y_{it-1} eine geeignete Instrumentvariable zur Schätzung des Modells darstellt. Zusätzlich kommen weitere Instrumentvariablen zur Erklärung des Modells in Frage, z. B. die weiter in der Vergangenheit liegenden Beobachtungen y_{it-2} oder y_{it-3}.[110]

Für die Schätzung des Modells wird in der Literatur die verallgemeinerte Methode der Momente vorgeschlagen.[111] Diese wird im Englischen als *„Generalized Method of Moments"* (GMM-Methode) bezeichnet und soll im Folgenden kurz skizziert werden.[112] Unter einem Moment versteht man einen Parameter zur Kennzeichnung einer theoretischen Verteilung. Es wird unterschieden zwischen theoretischen und empirischen Momenten. Bei einem theoretischen Moment handelt es sich beispielsweise um den Erwartungswert oder die Varianz einer Zufallsgröße. Die entsprechenden empirischen Gegenstücke sind das arithmetische Mittel und die Varianz der Stichprobe.[113] Die Grundidee der GMM-Methode besteht in der Gleichsetzung von theoreti-

---

[108] Vgl. Breitung (1992), S. 49.
[109] Vgl. van Doorn (2004), S. 176.
[110] Vgl. Baltagi (2005), S. 137.
[111] Vgl. Baltagi (2005), S. 136 ff., Breitung (1992), S. 53 ff. und Greene (2003), S. 307 ff.
[112] Vgl. zur GMM-Methode ausführlich Ahn/Schmidt (1995); Arellano/Bond (1991); Arellano/Bover (1995); Blundell/Bond (1998); Blundell/Bond/Windmeijer (1998) und Hansen/West (2002).
[113] Vgl. Schneeweiß (1990), S. 342 und S. 345.

schen und empirischen Momenten. Hieraus ergeben sich sogenannte Momentgleichungen zur Schätzung der Modellparameter.[114]

Bei der klassischen Momentenmethode werden bei k zu schätzenden Parametern exakt k Momentgleichungen formuliert, mit deren Hilfe sich dann die Parameter schätzen lassen. Für das entsprechende Gleichungssystem gibt es also genau eine Lösung. Die Besonderheit der GMM-Methode besteht nun darin, dass die Anzahl der Momentgleichungen größer sein kann als die Anzahl der zu schätzenden Parameter.[115] Im Fall von Modell (4-9) ergeben sich durch die zusätzlichen, weiter in der Vergangenheit liegenden Instrumentvariablen zusätzliche Momentgleichungen, sodass die Anzahl der Momentgleichungen größer ist als die Anzahl der Parameter. In diesem Fall lässt sich der Koeffizientenvektor i. d. R. nicht mehr eindeutig bestimmen. Im Rahmen der GMM-Methode wird daher eine Gewichtung aller Momentgleichungen vorgenommen. Das Ergebnis der Schätzung ist ein Koeffizientenvektor, für den das gewichtete System aus Momentgleichungen so nahe bei null liegt wie möglich.[116]

Man unterscheidet zwischen ein- und zweistufigem Schätzalgorithmus bei der Wahl einer geeigneten Matrix zur Gewichtung der Momentgleichungen. Der Unterschied besteht darin, dass beim zweistufigen Algorithmus die Gewichtungsmatrix in einer zweiten Stufe der Schätzung unter Zuhilfenahme der Residuen der ersten Stufe ermittelt wird. Diese Vorgehensweise ist dann von Vorteil, wenn Heteroskedastizität bzw. Autokorrelation der Residuen vorliegt, gegen die der zweistufige Schätzer robust ist. Somit kommt die GMM-Methode mit deutlich weniger restriktiven Modellprämissen aus als die KQ-Methode.[117]

---

[114] Vgl. Hsiao (2003), S. 86 und van Doorn (2004), S. 171.
[115] Vgl. Greene (2003), S. 536-538. Ein solches Gleichungssystem wird auch als „überidentifiziert" bezeichnet, vgl. Schneeweiß (1990), S. 270.
[116] Vgl. Greene (2003), S. 536 f. und van Doorn, S.172 f.
[117] Vgl. van Doorn (2004), S. 173 f.

Die GMM-Methode zur Schätzung dynamischer Panelmodelle wurde erstmals im Jahre 1991 von ARELLANO und BOND vorgeschlagen[118] und kommt erst seit relativ kurzer Zeit auch im Rahmen von Persistence-of-Profits-Untersuchungen zur Anwendung. Dies liegt allerdings unter anderem daran, dass eine Reihe der einschlägigen Persistence-of-Profits-Untersuchungen ihren Schwerpunkt explizit auf die Analyse unternehmensspezifischer Konvergenzparameter legen, sodass in diesen Untersuchungen teilweise keine Schätzung des gesamten Datenpanels erfolgt. In seiner Persistence-of-Profits-Untersuchung aus dem Jahr 1996 weist WARING erstmals darauf hin, dass die KQ-Schätzung eines dynamischen FE-Modells zu Verzerrungen der Parameter führt.[119] Er verwendet den sogenannten Nickell-Schätzer zur Korrektur dieser Verzerrungen.[120] Eine ähnliche Vorgehensweise findet sich in der Studie von MCGAHAN und PORTER.[121] VILLALONGA nutzt im Jahr 2004 erstmalig die GMM-Methode zur Untersuchung der Persistence of Profits.[122] Er macht dabei auf die Überlegenheit dieser Methode im Vergleich zu dem von WARING und MCGAHAN und PORTER verwendeten Schätzverfahren aufmerksam.[123] Auch GODDARD, TAVAKOLI und WILSON unterstreichen die Notwendigkeit, *„recent advances in panel data econometrics"* für die Persistence-of-Profits-Forschung zu nutzen.[124] Sie verwenden in ihrer Studie sowohl den einstufigen als auch den zweistufigen GMM-Schätzalgorithmus und stellen fest, dass sich die Ergebnisse kaum unterscheiden.[125]

Darüber hinaus ist festzustellen, dass sich die GMM-Methode zur Schätzung dynamischer Panelmodelle in den letzten Jahren auch außerhalb der Per-

---

[118] Vgl. Arellano/Bond (1991).
[119] Vgl. Waring (1996), S. 1255.
[120] Vgl. Nickell (1981), S. 1422.
[121] Vgl. McGahan/Porter (1999), S. 147 f.
[122] Vgl. Villalonga (2004).
[123] Vgl. Villalonga (2004), S. 219. Die GMM-Methode führt zu deutlich effizienteren Schätzern als das von Waring und McGahan/Porter verwendete Verfahren.
[124] Vgl. Goddard/Tavakoli/Wilson (2005), S. 1269.
[125] Vgl. Goddard/Tavakoli/Wilson (2005), S. 1275.

sistence-of-Profits-Forschung wachsender Beliebtheit erfreut.[126] Aufgrund der hier diskutierten Vorzüge der GMM-Methode soll diese auch im Rahmen der vorliegenden Arbeit zur Schätzung der Konvergenzparameter für das gesamte Datenpanel verwendet werden. Dabei kommt der einstufige GMM-Schätzalgorithmus zur Anwendung.[127] Werden dabei Individualeffekte in Form einer unternehmensspezifischen Konstante berücksichtigt, kann das Modell der partiellen Anpassung für die Gesamtstichprobe folgendermaßen ausgedrückt werden:

(4-10) $R_{it} = \alpha + \lambda \cdot R_{it-1} + \eta_i + \varepsilon_{it}$

Die Parameter α und λ enthalten in diesem Ausdruck – anders als in Gleichung (4-5) – keinen Index i mehr, da bei der Schätzung des gesamten Panels die Durchschnittsparameter der Gesamtstichprobe ermittelt werden, nicht jedoch unternehmensspezifische Parameter. Durch Differenzbildung wird der Individualeffekt aus Gleichung (4-10) eliminiert und es gilt:

(4-11) $\Delta R_{it} = R_{it} - R_{it-1} = \lambda \cdot \Delta R_{it-1} + \Delta \varepsilon_{it}$

Durch die Differenzbildung wird auch der Ordinatenabschnitt α beseitigt. Da die Individualeffekte den Erwartungswert null besitzen, lässt sich dieser problemlos folgendermaßen berechnen:[128]

(4-12) $\alpha = \overline{R}_{it} - \lambda \cdot \overline{R}_{it-1}$

$\overline{R}_{it}$ = Durchschnittliche standardisierte Rendite über alle N und T

$\overline{R}_{it-1}$ = Durchschnittliche standardisierte Vorjahresrendite über alle N und T

---

[126] Vgl. Baltagi (2005), S. 150, Greene (2003), S. 533 und Hansen/West (2002), S. 463-468. Vgl. darüber hinaus auch van Doorn (2004), S. 169.

[127] In der Literatur werden mehrere Varianten des GMM-Schätzers diskutiert. Im Rahmen dieser Arbeit wurden verschiedene Varianten auf das Modell angewandt, die Schätzwerte wichen jedoch nur minimal voneinander ab, vgl. auch Fußnote 125.

[128] Vgl. Hsiao (2003), S. 32.

4.3.4 Untersuchung einzelner Unterstichproben (Schritt 2)

4.3.4.1 Bestimmung unternehmensspezifischer Konvergenzparameter

Die Annahme eines identischen Rentabilitätsverlaufs für alle Unternehmen, die nach Eliminierung der Individualeffekte bei der Schätzung von Gleichung (4-10) auf Basis des gesamten Datenpanels getroffen wird, ist für die Unternehmensbewertung problematisch. Bei der Bewertung verschiedener Unternehmen genügt es nicht, für den Gesamtmarkt ermittelte Parameter zu verwenden, die Unterschiede zwischen Unternehmen unberücksichtigt lassen.

Für die Untersuchung der einzelnen Unterstichproben wird daher das partielle Anpassungsmodell mithilfe der KQ-Methode für jedes Unternehmen einzeln geschätzt, sodass sich N verschiedene Modelle ergeben, die jeweils auf T Beobachtungen beruhen. Es wird damit explizit unterstellt, dass Unterschiede zwischen den Konvergenzparametern verschiedener Unternehmen bestehen. Anschließend wird auf Basis der für jedes Unternehmen ermittelten Parameter ein Durchschnittswert für die einzelnen Unterstichproben gebildet.[129] Durch die Verwendung eines Durchschnittswerts über die jeweiligen Unterstichproben werden zum einen Unterschiede zwischen den einzelnen Unterstichproben zugelassen. Zum anderen lässt sich die Streuung der Parameter innerhalb einer Unterstichprobe bestimmen, da diese Durchschnittswerte auf den unternehmensspezifischen Parametern basieren.

Um ein hohes Ausmaß an Plausibilität bei den Ergebnissen sicherzustellen, wird die Widerstandsfähigkeit für alle Unternehmen mit $\lambda_i > 0{,}95$ gleich 0,95 gesetzt.[130] Dies ist aus mehreren Gründen sinnvoll. Einerseits würde $\lambda_i > 1$ implizieren, dass das Unternehmen keinen Konvergenzprozessen unterliegt, sondern dass seine Rentabilität ins Unendliche wächst. Andererseits ergibt sich für das langfristige Rentabilitätsniveau, das aus den beiden Modellparametern α_i und λ_i berechnet wird, für $\lambda_i > 1$ bei positivem α_i eine negative

---

[129] Diese Vorgehensweise kommt auch in einer Reihe von Persistence-of-Profits-Untersuchungen jüngeren Datums zur Anwendung, vgl. beispielsweise Glen/Lee/Singh (2003), Jacobson/Hansen (2001) oder Yurtoglu (2004).

[130] Vgl. für diese Vorgehensweise auch Mueller (1986), S. 20.

langfristige Rentabilität R_i^{LT}.[131] Dieses Ergebnis stellt in sich bereits einen Widerspruch dar, zudem lässt sich wie in Abschnitt 4.3.2.3 erläutert eine ins Unendliche wachsende Rentabilität ökonomisch nicht sinnvoll begründen. Wird für die betroffenen Unternehmen der Wert für λ_i auf 0,95 gesetzt, entspricht dies einer sehr hohen Widerstandsfähigkeit mit einem hohen langfristigen Rentabilitätsniveau, was deutlich plausibler erscheint. Darüber hinaus wird bei der Betrachtung von Formel (4-6) deutlich, dass die langfristige Rentabilität besonders hohe Werte annimmt für $\lambda_i \approx 1$. Die langfristige Rentabilität beträgt beispielsweise $R_i^{LT} = 100\%$ für $\alpha_i = 1\%$ und $\lambda_i = 0,99$. Um solche unplausiblen Werte zu vermeiden, wird auch für alle Unternehmen mit $0,95 < \lambda_i \leq 1$ der Wert für λ_i auf 0,95 gesetzt.[132]

Das durchschnittliche langfristige Rentabilitätsniveau wird auf der Ebene der Unterstichproben berechnet. Zunächst wird für die entsprechende Unterstichprobe (Ländermarkt oder Branche) der durchschnittliche α-Wert aller Unternehmen ermittelt:

(4-13) $$\alpha_s = \frac{1}{N} \cdot \sum_{i=1}^{N} \alpha_i$$

α_s = Durchschnittlicher α-Wert der Unterstichprobe

N = Anzahl der Unternehmen in der Unterstichprobe

---

[131] Vgl. Formel (4-6).

[132] Insgesamt wird im Rahmen der vorliegenden Untersuchung für 8 Unternehmen ein λ_i-Wert > 1 geschätzt, 5 weitere Unternehmen liegen im Wertebereich $0,95 \leq \lambda_i < 1$, sodass eine Korrektur der λ_i-Werte für 13 Unternehmen (weniger als zwei Prozent der Gesamtstichprobe) vorgenommen wird. Der Einfluss dieser Anpassung auf das Gesamtergebnis ist minimal, die Anpassung wird dennoch vorgenommen, um auch die Plausibilität der Analyseergebnisse einzelner Unterstichproben sicherzustellen.

Anschließend wird mithilfe dieses α-Werts das durchschnittliche langfristige Rentabilitätsniveau der Unterstichprobe berechnet:[133]

(4-14) $\quad R_s^{LT} = \dfrac{\alpha_s}{1-\lambda_s}$

R_s^{LT} = Durchschnittliches langfristiges Rentabilitätsniveau der Unterstichprobe

λ_s = Durchschnittliche Widerstandsfähigkeit der Unterstichprobe

4.3.4.2 Zusammenfassung der Ergebnisse auf Branchenebene

Der Schwerpunkt der vorliegenden Arbeit liegt in der Betrachtung der branchenspezifischen Ergebnisse. Nach Ansicht des Autors gewährleistet eine Unterteilung der betrachteten Unternehmen nach Branchen aus mehreren Gründen eine bestmögliche Nutzung der Ergebnisse im Rahmen der Unternehmensbewertung.[134] Die Branchenzugehörigkeit stellt einen wichtigen Einflussfaktor auf die langfristige Rentabilitätsentwicklung eines Unternehmens dar, was sich nicht nur theoretisch auf Basis der IO-Ansätze fundieren lässt, sondern auch – wie zu Beginn dieses Kapitels dargelegt – in mehreren Untersuchungen empirisch nachgewiesen werden konnte. Der Vorteil der Betrachtung der Ergebnisse auf Branchenebene liegt zudem darin, dass unter dem Faktor Branchenzugehörigkeit bereits eine Reihe von bedeutenden branchenspezifischen Einflussfaktoren – wie z. B. der Konzentrationsgrad der Branche oder das Branchenwachstum – subsumiert ist.

Darüber hinaus erscheint – insbesondere hinsichtlich der geplanten Verwendung der Ergebnisse für die Unternehmensbewertung – eine branchenspezifische Untersuchung auch unter Risikogesichtspunkten sinnvoll. In der Praxis wird bei der Unternehmensbewertung häufig zur Berechnung der unterneh-

---

[133] In einigen Fällen werden die Werte noch leicht adjustiert, um sicherzustellen, dass der gewichtete Durchschnitt der langfristigen Rendite über alle Unterstichproben hinweg null beträgt.

[134] Vgl. hierzu auch die Ausführungen in Abschnitt 4.4.3.8 sowie die Kritik an einer länderspezifischen Betrachtungsweise in Abschnitt 4.4.2.3.

mensspezifischen Eigenkapitalkosten auf Branchen-Betas als Maß für das marktbezogene Risiko zurückgegriffen.[135] Diese Vorgehensweise basiert auf der Überlegung, dass Unternehmen aus der gleichen Branche auch über ein vergleichbares operatives Risiko verfügen, sodass ein Branchen-Beta als Bezugspunkt zur Bestimmung der Risikoprämie eines Unternehmens herangezogen werden kann.[136] Geht man davon aus, dass Unternehmen der gleichen Branche zu einem gewissen Ausmaß risikoäquivalent sind, dürfte die Branchenzugehörigkeit auch einen guten Indikator für die Renditeerwartungen der Unternehmen in dieser Branche darstellen.

Ohne Zweifel gibt es darüber hinaus eine Vielzahl unternehmensspezifischer Faktoren, die ebenfalls die langfristige Rentabilitätsentwicklung beeinflussen können. Wie in Abschnitt 4.2.3 diskutiert, haben jedoch frühere Persistence-of-Profits-Untersuchungen gezeigt, dass der empirische Nachweis der entsprechenden Zusammenhänge mitunter sehr problematisch ist. Da sich die Ergebnisse aufgrund der Stichprobengröße nicht in beliebig viele Unterstichproben aufteilen lassen, erscheint eine Betrachtung auf Branchenebene vor dem Hintergrund der geplanten Verwendung im Rahmen der Unternehmensbewertung sinnvoller als beispielsweise der Ausweis der Ergebnisse nach Unternehmensgröße oder Unternehmenswachstum.

Es sei an dieser Stelle ausdrücklich darauf hingewiesen, dass die branchenweise Betrachtung der Ergebnisse nicht gleichbedeutend ist mit der ausschließlichen Erklärung von Wettbewerbsvorteilen aus der Sichtweise des IO-Paradigmas. Wäre dies der Fall, müsste davon ausgegangen werden, dass sich die Konvergenzparameter der Unternehmen innerhalb einer Branche nicht voneinander unterscheiden. Im Rahmen der vorliegenden Arbeit

---

[135] Vgl. Baetge/Niemeyer/Kümmel (2005), S. 296; Damodaran (2001b), S. 205-208 und Brealey/Myers/Allen (2008), S. 244 f. Die Verwendung von Branchen-Betas ist inbesondere bei der Bewertung nicht börsennotierter Unternehmen häufig zu beobachten.

[136] Vgl. Drukarczyk/Schüler (2007), S. 72 und Koller/Goedhart/Wessels (2005), S. 311 f. Dabei wird das Branchen-Beta an die Kapitalstruktur des zu bewertenden Unternehmens angepasst, um neben dem marktbezogenen Risiko auch das Kapitalstrukturrisiko des Unternehmens zu berücksichtigen, vgl. Pape (2004), S. 117 f.

wird dagegen lediglich ein Durchschnittswert der unternehmensspezifischen Konvergenzparameter auf Branchenebene gebildet. Es kann daher explizit angegeben werden, wie stark die Konvergenzparameter der Unternehmen in einer Branche variieren. Diese Vorgehensweise erlaubt bei der Prognose eines unternehmensspezifischen Konvergenzverlaufs Abweichungen vom Branchendurchschnitt, die sich anhand unternehmensspezifischer Einflussfaktoren begründen lassen, solange diese sich im Rahmen der empirisch festgestellten Abweichungen befinden.[137]

4.3.5 Datenbasis

4.3.5.1 Auswahlkriterien und Zusammensetzung der Stichprobe

Die für die Untersuchung verwendete Stichprobe basiert auf Compustat-Daten von Standard & Poor's. Der Datensatz enthält sämtliche europäischen Unternehmen, für die ROIC-Werte für die Jahre 1990 bis 2005 ohne Unterbrechung vorliegen und die einer Branche nach dem S&P Global Industry Classification Standard (GICS) zugeordnet werden können.[138] Die einzige Ausnahme stellen Unternehmen aus dem Finanzwesen (insbesondere Banken und Versicherungen) dar, die im Vergleich zu Unternehmen aus anderen Branchen eine besondere Bilanzstruktur aufweisen, sodass die Kennzahl ROIC anders interpretiert werden müsste. Diese Unternehmen werden bei der vorliegenden Arbeit nicht berücksichtigt.

Der von Compustat ausgewiesene ROIC entspricht dem NOPLAT geteilt durch das durchschnittliche investierte Kapital des entsprechenden Jahres. Dabei lässt sich unterscheiden zwischen ROIC mit und ohne Berücksichtigung von Goodwill. Für die im Rahmen der vorliegenden Arbeit getätigte Untersuchung wurde der ROIC ohne Goodwill verwendet. Dadurch wird gewährleistet, dass die Renditekennzahl nicht durch Akquisitionen beeinflusst wird, in denen – bezogen auf die Rentabilität des akquirierten Unternehmens

---

[137] Vgl. hierzu ausführlich Kapitel 6.

[138] Unternehmen mit unplausiblen Extremwerten oder Schwankungen wurden aus der Stichprobe entfernt, vgl. Anhang 2.

– zu hohe oder zu niedrige Preise gezahlt werden, die dann in einem besonders hohen oder niedrigen Goodwill zum Ausdruck kommen.[139] Insgesamt kann allerdings für die verwendete Datenbasis festgestellt werden, dass sich die wesentlichen Erkenntnisse auf Basis der Ergebnisse für ROIC inklusive und exklusive Goodwill nicht unterscheiden.

Beim S&P GICS handelt es sich um ein Klassifizierungssystem, das auf vier Ebenen zwischen Sektoren, Industriegruppen, Industriezweigen und Branchen unterscheidet. Abb. 33 verdeutlicht diese Struktur anhand eines Beispiels. Unternehmen werden auf jeder Ebene einer Kategorie zugeordnet, wobei die Zuordnung jeweils zu der Kategorie erfolgt, die der primären Geschäftstätigkeit eines Unternehmens entspricht (bezogen auf den Umsatz bzw. den Gewinn).[140]

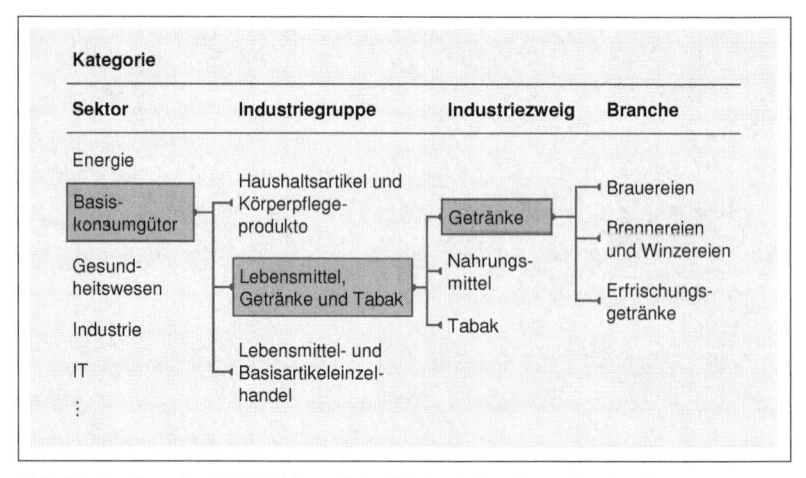

Kategorie			
Sektor	**Industriegruppe**	**Industriezweig**	**Branche**
Energie	Haushaltsartikel und Körperpflegeprodukte	Getränke	Brauereien
Basiskonsumgüter			Brennereien und Winzereien
Gesundheitswesen	Lebensmittel, Getränke und Tabak	Nahrungsmittel	Erfrischungsgetränke
Industrie		Tabak	
IT	Lebensmittel- und Basisartikeleinzelhandel		
⋮			

Abb. 33: Struktur des S&P GICS am Beispiel des Industriezweigs Getränke
Quelle: Standard & Poor's (2006b, Hrsg.).

Insgesamt umfasst die Stichprobe 652 Unternehmen aus 15 europäischen Ländern und aus sämtlichen Sektoren (mit Ausnahme des Finanzwesens).

---

[139] Vgl. auch Koller/Goedhart/Wessels (2005), S. 144 zum Unterschied zwischen ROIC inklusive und exklusive Goodwill.

[140] Vgl. Standard & Poor's (2006a, Hrsg.), S. 2 f.

Abb. 34 veranschaulicht die Zusammensetzung der Stichprobe. Es muss angemerkt werden, dass der Datenbestand an europäischen Unternehmen, für die vollständige ROIC-Zeitreihen über einen längeren Zeitraum vorliegen, deutlich kleiner ist als für US-amerikanische Unternehmen.[141] Bei Generierung des Datensatzes fiel außerdem auf, dass die Verfügbarkeit von ROIC-Werten eine umfangreiche Untersuchung für europäische Unternehmen erst ab 1990 ermöglicht. Für die Zeit davor sind für über 75 Prozent der Unternehmen aus der vorliegenden Stichprobe keine ROIC-Werte erhältlich. Es ist zu vermuten, dass die mangelnde Datenverfügbarkeit für den Zeitraum vor 1990 einen Grund dafür darstellt, dass bislang keine Untersuchung langfristiger ROIC-Zeitreihen für europäische Unternehmen existiert.

Anzahl Unternehmen in Prozent
N = 652

Herkunftsland

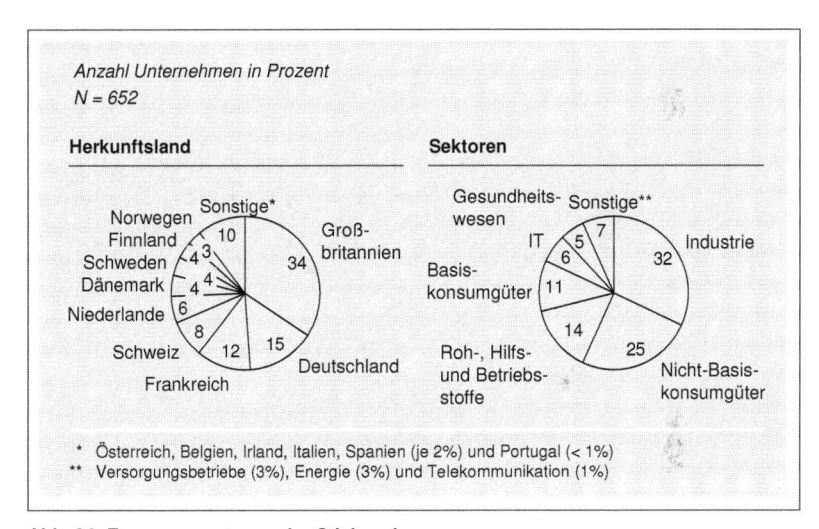

Norwegen, Sonstige* 10, Großbritannien 34, Finnland 3, Schweden 4, Dänemark 4, Niederlande 6, Schweiz 8, Frankreich 12, Deutschland 15

Sektoren

Gesundheitswesen 7, Sonstige** 5, IT 6, Industrie 32, Basiskonsumgüter 11, Roh-, Hilfs- und Betriebsstoffe 14, Nicht-Basiskonsumgüter 25

* Österreich, Belgien, Irland, Italien, Spanien (je 2%) und Portugal (< 1%)
** Versorgungsbetriebe (3%), Energie (3%) und Telekommunikation (1%)

Abb. 34: Zusammensetzung der Stichprobe

Abb. 35 zeigt den Verlauf des jährlichen ROIC für den Median der Gesamtstichprobe sowie für das 25%- und 75%-Quartil. Der Median variiert jährlich zwischen 9,3 und 14,6 Prozent und beträgt über den gesamten Untersu-

---

[141] Koller, Goedhart und Wessels verwenden für ihre Analyse des langfristigen ROIC-Verlaufs Zeitreihen von über 5000 US-amerikanischen Unternehmen, vgl. Koller/Goedhart/Wessels (2005), S. 142-150. Eine aktuellere Version dieser Analyse basiert sogar auf den ROIC-Werten von ca. 7000 Unternehmen, vgl. Jiang/Koller (2006).

chungszeitraum im Durchschnitt 11,9 Prozent. Der Abstand zwischen den Quartilen ist im Zeitablauf zunächst konstant, nimmt aber gegen Ende des Untersuchungszeitraums leicht zu. In den letzten Jahren des Untersuchungszeitraums ist zudem die Differenz zwischen 75%-Quartil und Median etwas größer als zwischen Median und 25%-Quartil. Diese Beobachtungen sind auf den besonders hohen ROIC einiger Unternehmen am oberen Ende der Stichprobe zurückzuführen. Gerade in den letzten Jahren des Untersuchungszeitraums sind einige Unternehmen besonders erfolgreich und erwirtschaften eine stark überdurchschnittliche Rendite. Eine vergleichbare Beobachtung machen KOLLER, GOEDHART und WESSELS für US-amerikanische Unternehmen. Sie stellen fest, dass die stark überdurchschnittlichen Renditen einiger Unternehmen insbesondere in Branchen zu finden sind, die durch hohe Markteintrittsbarrieren gekennzeichnet sind.[142]

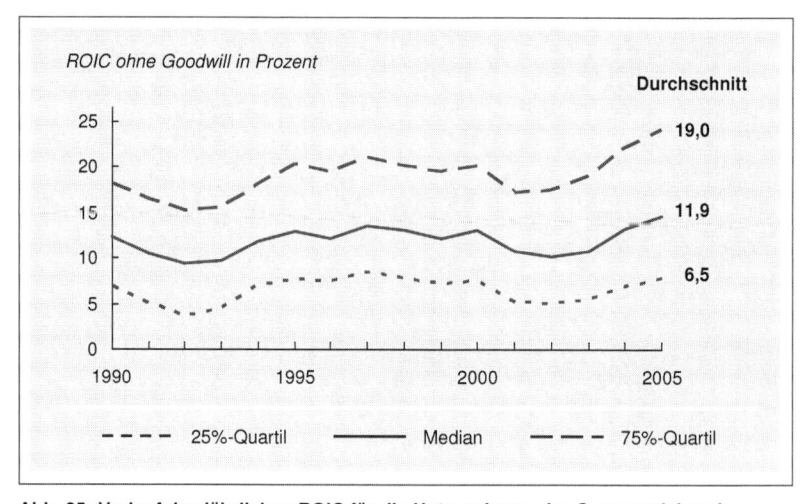

Abb. 35: Verlauf des jährlichen ROIC für die Unternehmen der Gesamtstichprobe

4.3.5.2 Mögliche Verzerrungen durch die Auswahl der Stichprobe

Abb. 34 macht deutlich, dass bestimmte Herkunftsländer und Sektoren auffallend stark vertreten sind. Die Stichprobe enthält beispielsweise mehr als

---

[142] Vgl. Koller/Goedhart/Wessels (2005), S. 144.

doppelt so viele Unternehmen aus Großbritannien wie aus Deutschland, sodass das Größenverhältnis der beiden Volkswirtschaften nicht adäquat wiedergegeben wird.[143] Unterscheiden sich nun Konvergenzprozesse in den beiden Ländern deutlich voneinander, könnte ein auf Basis der Stichprobe ermittelter durchschnittlicher Konvergenzparameter für europäische Unternehmen durch die nicht adäquate Gewichtung verzerrt sein. In der Tat zeigen die Resultate der länderspezifischen Untersuchung Unterschiede bei den Konvergenzparametern einzelner Länder, u. a. auch zwischen Deutschland und Großbritannien. Nach Ansicht des Autors besitzen jedoch die länderspezifischen Ergebnisse nur eine sehr eingeschränkte Aussagekraft, was sich in erster Linie durch die vergleichsweise geringe Bedeutung des Parameters „Herkunftsland" für die Geschäftstätigkeit eines Unternehmens begründen lässt.[144] Daher muss der Einfluss des Herkunftslands auf die untersuchten Konvergenzparameter als eher gering eingestuft werden, sodass davon ausgegangen werden kann, dass die Über- bzw. Untergewichtung einzelner Herkunftsländer in der Stichprobe keine Auswirkungen auf die Repräsentativität der Ergebnisse hat. Die Zusammensetzung der Sektoren in der Stichprobe ist hingegen gänzlich unproblematisch, da der Schwerpunkt der folgenden Untersuchung darin besteht, Konvergenzverläufe getrennt nach Sektoren zu analysieren.

Eine weitere mögliche Verzerrung könnte sich dadurch ergeben, dass die Stichprobe durch die definierten Auswahlkriterien ausschließlich Unternehmen enthält, die im Zeitraum von 1990 bis 2005 „überlebt" haben. Unternehmen, die in dieser Zeit aus dem Markt ausgeschieden sind, sind in der Stichprobe nicht enthalten. Wird unterstellt, dass die Unternehmen in der Stichprobe im Durchschnitt erfolgreicher sind als die aus dem Markt ausgeschiedenen Unternehmen, liegt ein sogenannter „Survivor Bias" vor. Mehrere

---

[143] Das Bruttoinlandsprodukt von Deutschland lag im Jahr 2006 etwa 21 Prozent über dem von Großbritannien, vgl. Eurostat (2007).

[144] Vgl. zur Diskussion der länderspezifischen Ergebnisse und zur Problematik des Parameters „Herkunftsland" auch Abschnitt 4.4.2.3.

Persistence-of-Profits-Untersuchungen weisen auf einen möglichen Survivor Bias in ihrer Stichprobe hin, ohne diesen nachweisen oder beziffern zu können.[145] Auch in der vorliegenden Stichprobe kann die Existenz einer solchen Verzerrung nicht ausgeschlossen werden, sodass die Tatsache, dass es sich bei den untersuchten Unternehmen um *Survivors* handelt, bei der Interpretation der Ergebnisse und der Anwendung in der Unternehmensbewertung einbezogen werden muss.

4.3.5.3 Überprüfung der Modellprämissen

Die Anwendung eines linearen Regressionsmodells setzt voraus, dass die Residuen in der Grundgesamtheit unkorreliert sind. Ist dies nicht der Fall, liegt Autokorrelation vor, die zu Verzerrungen der Messergebnisse führt.[146] Im Rahmen der vorliegenden Arbeit muss daher untersucht werden, ob Autokorrelation für die vorliegenden Zeitreihen ausgeschlossen werden kann. Zur Überprüfung der Residuen auf Autokorrelation eignet sich der Durbin-Watson-Test,[147] der die Nullhypothese H_0 (fehlende Autokorrelation erster Ordnung zwischen den Residuen) gegen die Alternativhypothese H_1 (positive bzw. negative Autokorrelation) testet.[148] Die Durbin-Watson-Statistik (DW-Statistik) führt im Wertebereich zwischen 1,36 und 2,64 zur Ablehnung der Alternativhypothese.[149] Entspricht die DW-Statistik einem Wert zwischen 1,08 und 1,36 oder zwischen 2,64 und 2,92, liegt die Statistik in einem sogenannten Unschärfebereich und es ist keine Aussage über das Vorliegen von Autokorrelation möglich. Nur für Werte kleiner 1,08 bzw. größer 2,92 wird die

---

[145] Vgl. beispielsweise Jacobson/Hansen (2001), S. 256 f.; Glen/Lee/Singh (2003), S. 474 oder Yurtoglu (2004), S. 617.

[146] Vgl. Backhaus et al. (2006), S. 88. Wie in Abschnitt 4.3.3.2 dargestellt, wäre die Anwendung der GMM-Methode auch beim Vorliegen von Autokorrelation zulässig. Um jedoch auch die Zulässigkeit der KQ-Methode bei der Schätzung der unternehmensspezifischen Konvergenzparameter sicherzustellen, muss an dieser Stelle das Vorliegen von Autokorrelation ausgeschlossen werden.

[147] Vgl. Durbin/Watson (1950 und 1951).

[148] Vgl. Poddig/Dichtl/Petersmeier (2001), S. 302.

[149] Die kritischen Werte ergeben sich für das vorliegende Modell auf einem Signifikanzniveau von 5%.

Nullhypothese verworfen und es wird angenommen, dass Autokorrelation vorliegt.

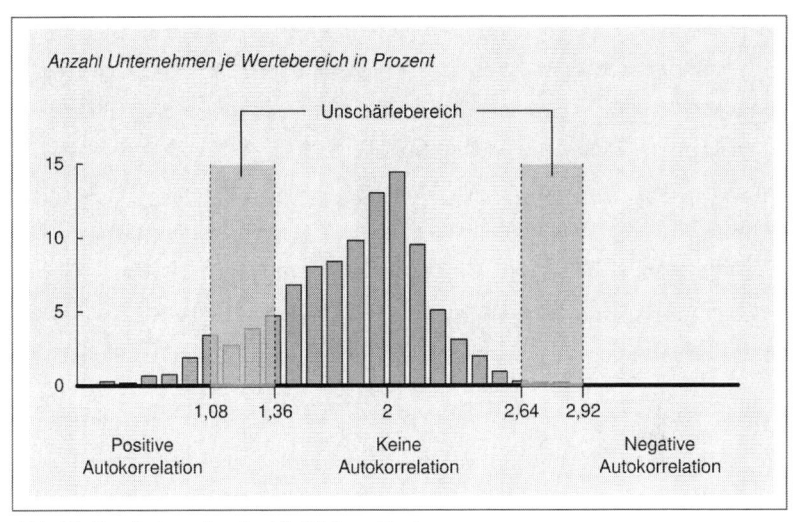

Abb. 36: Ergebnisse des Durbin-Watson-Tests

Abb. 36 veranschaulicht die Ergebnisse des Durbin-Watson-Tests für die 652 Unternehmen der Gesamtstichprobe. Im Durchschnitt ergibt sich ein Wert von 1,72. Für knapp 84 Prozent der Unternehmen kann die Alternativhypothese auf signifikantem Niveau verworfen werden, weitere 10 Prozent befinden sich im Unschärfebereich. Lediglich für 6 Prozent der Unternehmen muss davon ausgegangen werden, dass Autokorrelation vorliegt. In kaum einer der einschlägigen Persistence-of-Profits-Studien wird explizit auf die Untersuchung der verwendeten Zeitreihen auf Autokorrelation eingegangen, obwohl dies in fast allen Fällen für die Überprüfung der Modellannahmen erforderlich ist. Nur YURTOGLU weist die Berechnung der DW-Statistik auf Unternehmensebene aus und kommt dabei auf ein vergleichbares Ergebnis.[150] Für die vorliegende Stichprobe kann geschlussfolgert werden, dass für die überwiegende Mehrheit der untersuchten Zeitreihen keine Autokorrelation

---

[150] Bei neun der 176 von Yurtoglu untersuchten Unternehmen liegt Autokorrelation vor, dies entspricht einem Anteil von 5 Prozent, vgl. Yurtoglu (2004), S. 619.

vorliegt, sodass die Modellprämissen für die Verwendung eines linearen Regressionsmodells erfüllt sind.

Damit das Modell der partiellen Anpassung auf die vorhandene Datenbasis angewandt werden kann, ist es darüber hinaus erforderlich, dass die Zeitreihen stationär sind.[151] Stationarität liegt dann vor, wenn sich die statistischen Eigenschaften (Mittelwert, Varianz und Kovarianz) der zugrunde liegenden Zufallsvariablen im Zeitablauf nicht ändern.[152] Folgt eine Zeitreihe hingegen einem Trend, liegt keine Stationarität vor und das Modell der partiellen Anpassung eignet sich nicht zur Abbildung von Konvergenzprozessen. Dies wäre der Fall für $\lambda_i > 1$, was implizieren würde, dass die Rendite eines Unternehmens Jahr für Jahr immer stärker ansteigt und ins Unendliche wächst (siehe hierzu auch Abb. 29).[153]

Um zu testen, ob Stationarität vorliegt, wird üblicherweise der Dickey-Fuller-Test (DF-Test) verwendet.[154] Der DF-Test wurde von DAVID DICKEY und WAYNE FULLER entwickelt und überprüft die Nullhypothese $\lambda_i > 1$.[155] Kann diese Hypothese für eine Zeitreihe verworfen werden, ist sie stationär. Allerdings wird an diesem Test häufig kritisiert, dass er gerade bei kürzeren Zeitreihen wenig zuverlässige Ergebnisse liefert.[156] Dies führt teilweise dazu, dass Stationarität für einen Großteil der untersuchten Unternehmen auf Basis der Testergebnisse nicht eindeutig nachgewiesen werden kann, obwohl dies durch die vorliegenden Rentabilitätsverläufe klar impliziert wird.

---

[151] Vgl. Stock/Watson (2003), S. 446.

[152] Vgl. von Auer (2007), S. 509 f.

[153] Vgl. zum Verstoß gegen die Stationaritätseigenschaft durch stochastische Trends bei autoregressiven Modellen erster Ordnung ausführlich Poddig/Dichtl/Petersmeier (2001), S. 348-352.

[154] Vgl. Stock/Watson (2003), S. 462-464. Der DF-Test wird auch als „Einheitswurzeltest" *(Unit Root Test)* bezeichnet.

[155] Vgl. Dickey/Fuller (1979).

[156] Vgl. Goddard/Wilson (1999), S. 675, Glen/Lee/Singh (2003), S. 469 und Yurtoglu (2004), S. 618.

Als Alternative wird in einer Reihe von Paneluntersuchungen jüngeren Datums die Verwendung des sogenannten *Standardized T-Bar-Tests* von IM, PESARAN und SHIN vorgeschlagen.[157] Dieser Test basiert auf dem durchschnittlichen t-Wert der DF-Statistiken für alle untersuchten Zeitreihen. Für das vorliegende Panel europäischer Unternehmen beträgt der Wert −2,27 und liegt damit deutlich unter dem kritischen Wert von −1,67. Die Nullhypothese kann folglich mithilfe des Standardized T-Bar-Tests verworfen werden,[158] es liegt Stationarität vor und das Modell der partiellen Anpassung kann auf die vorhandene Datenbasis angewandt werden.

4.3.5.4 Voranalyse zum langfristigen Rentabilitätsverlauf

Anhand einer ersten Analyse auf aggregiertem Niveau lassen sich bereits an dieser Stelle erste Erkenntnisse hinsichtlich des langfristigen Rentabilitätsverlaufs europäischer Unternehmen gewinnen.[159] Dazu werden die 652 Unternehmen entsprechend ihrer durchschnittlichen Über- bzw. Unterrendite in der ersten Hälfte des Untersuchungszeitraums (1990 bis 1997) in acht gleich große Portfolios aufgeteilt. Anschließend wird die durchschnittliche Über- bzw. Unterrendite der acht Portfolios mit dem entsprechenden Durchschnittswert des Portfolios in der zweiten Hälfte des Untersuchungszeitraums (1998 bis 2005) verglichen. Die Zuordnung der Unternehmen zu den Portfolios ändert sich dabei nicht. Das Ergebnis ist in Abb. 37 dargestellt. Es wird deutlich, dass für jedes Portfolio mit überdurchschnittlicher Rendite im ersten Zeitraum die durchschnittliche Rendite im zweiten Zeitraum niedriger ausfällt, ein Teil der Überrendite also eliminiert wurde. Gleichzeitig weisen Unternehmen mit unterdurchschnittlicher Rendite im ersten Zeitraum mit Ausnahme von Portfolio 4 im Durchschnitt eine höhere standardisierte Rendite und da-

---

[157] Vgl. beispielsweise Glen/Lee/Singh (2003), S. 469 f.; Bentzen et al. (2005), S. 220 f. oder Goddard/McMillan/Wilson (2006), S. 270 f. Zum Standardized T-Bar-Test vgl. Im/Pesaran/Shin (1997); Im/Pesaran/Shin (2003) sowie Baltagi (2005), S. 242 f.

[158] Signifikant auf dem 5%-Niveau. Die kritischen Werte sind bei Im et al. (1997 und 2003) nur bis N = 100 tabelliert, sodass der Abstand zum kritischen Wert für N = 652 noch deutlich höher ausfallen dürfte.

[159] Vgl. Lehmann (1994), S. 182 f. für eine ähnliche Analyse 100 US-amerikanischer Aktiengesellschaften.

mit eine reduzierte Unterrendite im zweiten Zeitraum auf. Dieses Ergebnis deutet auf die Existenz von Konvergenzprozessen hin; sowohl über- als auch unterdurchschnittliche Renditen der Portfolios verringern sich über Zeit.

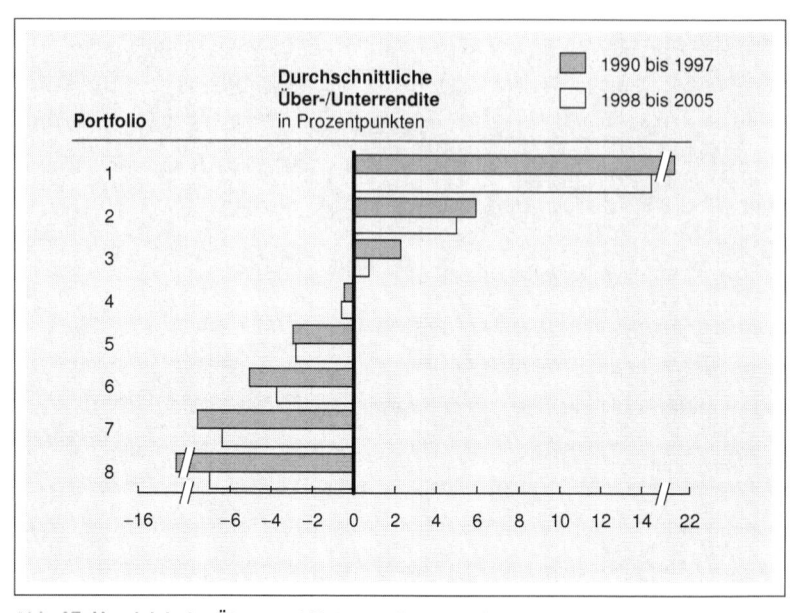

Abb. 37: Vergleich der Über- und Unterrendite nach Portfolio

Ebenso wird deutlich, dass sich die Reihenfolge der Portfolios im zweiten Zeitraum nicht geändert hat. Portfolio 1 weist immer noch die höchste Überrendite auf, während die Unternehmen in Portfolio 8 im Durchschnitt nach wie vor die niedrigste standardisierte Rendite und damit die höchste Unterrendite erwirtschaften. Dies kann als Indiz dafür gewertet werden, dass Konvergenzprozesse nicht immer vollständig verlaufen – viele Unternehmen konvergieren gegen eine langfristige Rendite, die über oder unter dem Durchschnittswert des Gesamtmarkts liegt. Dabei muss angemerkt werden, dass die Rendite der einzelnen Unternehmen innerhalb eines Portfolios im zweiten Zeitraum von der durchschnittlichen Über- bzw. Unterrendite des Portfolios mitunter deutlich abweichen kann. Das Ergebnis dieser Analyse ist daher auch nicht dahin gehend zu interpretieren, dass sich sämtliche Unternehmen über Zeit einander annähern und sich die Rendite aller Unternehmen langfristig auf einem Durchschnittswert einpendelt.[160] Vielmehr existieren neben den Unternehmen, deren anfängliche Über- bzw. Unterrendite teilweise erhalten bleibt („unvollständige Konvergenzprozesse") auch Unternehmen, die bei anfänglichen Überrenditen langfristig unterdurchschnittliche Renditen erwirtschaften bzw. die bei Unterrenditen zu Beginn des Untersuchungszeitraums gegen einen Wert konvergieren, der oberhalb des Gesamtdurchschnitts liegt. Diese unternehmensspezifischen Konvergenzprozesse werden im folgenden Abschnitt auf Basis des Modells der partiellen Anpassung ausführlich untersucht und diskutiert.

4.4 Ergebnisse

4.4.1 Gesamtstichprobe

Im ersten Schritt wird das Modell der partiellen Anpassung für das gesamte Datenpanel mithilfe der GMM-Methode geschätzt. Die Ergebnisse der Schätzung sind in Abb. 38 zusammengefasst.[161] Es ergibt sich ein Wert für die Widerstandsfähigkeit gegen Konvergenzprozesse λ von 0,49. Der Parameter ist signifikant auf dem 1-Prozent-Niveau und liegt genau im Wertebereich der einschlägigen Persistence-of-Profits-Untersuchungen.[162] Das langfristige Rentabilitätsniveau des gesamten Datenpanels beträgt 0 Prozent.[163] Zur Überprüfung der Instrumentvariablen wird üblicherweise ein allgemeiner Spezifikationstest nach Sargan verwendet.[164] Dieser Test ist ein Indikator für die Güte der verwendeten Instrumente und überprüft, ob diese valide, d. h. un-

---

[160] Wie zuvor bereits erläutert nimmt die Varianz der Renditen innerhalb der Gesamtstichprobe im Zeitablauf sogar leicht zu, vgl. Abschnitt 4.3.5.1.

[161] Zur Berechnung wurde die Ökonometrie-Software EViews (Version 5.1) verwendet.

[162] Glen, Lee und Singh kommen bei einem Vergleich von zwölf Persistence-of-Profits-Untersuchungen zu dem Ergebnis, dass mit Ausnahme einer Studie die Widerstandsfähigkeit im Bereich von 0,41 bis 0,54 liegt, vgl. Glen/Lee/Singh (2003), S. 472.

[163] Die durchschnittliche standardisierte Rendite über alle N und T beträgt per Definition null Prozent, vgl. Gleichung (4-1).

[164] Vgl. Breitung (1992), S. 107-109.

abhängig von den Störgrößen, sind.[165] Dazu wird die sogenannte Sargan-Statistik berechnet, mit deren Hilfe sich ein p-Wert unter der χ^2-Verteilung bestimmen lässt. Zur Berechnung der Sargan-Statistik liefert EViews eine „J-statistic", die im vorliegenden Fall einen Wert von 346,4 annimmt. Damit ergibt sich bei über 100 Freiheitsgraden[166] ein p-Wert von deutlich unter 1 Prozent, sodass die Validität der Instrumentvariablen auf signifikantem Niveau bestätigt werden kann.

```
Dependent Variable: R
Method: Panel Generalized Method of Moments
Transformation: First Differences
Cross-sections included: 652
Total panel (balanced) observations: 9128
Difference specification instrument weighting matrix
White period standard errors & covariance (d.f. corrected)
```

Variable	Coefficient	Std. Error	t-Statistic	Prob.
R (–1)	0.492075	0.03917	12.56264	0.0000

Effects Specification				
Cross-section fixed (first differences)				
Mean dependent var	0.0000	S.D. dependent var		0.132686
S.E. of regression	0.163545	Sum squared resid		244.1198
J-statistic	346.3966	Instrument rank		105

Abb. 38: Ergebnis der GMM-Schätzung für die Gesamtstichprobe

An dieser Stelle sei angemerkt, dass sich die Parameter alternativ auch für die Gesamtstichprobe unter Zuhilfenahme der in Abschnitt 4.3.4 beschriebenen Methode als Durchschnittswert der unternehmensspezifischen Konvergenzparameter berechnen lassen. Dabei ergibt sich ein durchschnittlicher Wert für die Widerstandsfähigkeit gegen Konvergenzprozesse λ von 0,47.

---

[165] Vgl. van Doorn (2004), S. 187.

[166] Die Anzahl der Freiheitsgrade entspricht dem unter „Instrument Rank" angegebenen Wert minus der Anzahl der geschätzten Koeffizienten.

Errechnet man das langfristige Rentabilitätsniveau R_i^{LT} anhand der Modellparameter für jedes einzelne Unternehmen, beträgt der Durchschnittswert über alle Unternehmen exakt 0 Prozent. Somit bilden auch die einzeln geschätzten Modelle im Durchschnitt Konvergenz gegen einen Wert ab, der genau der tatsächlichen standardisierten Rendite der Gesamtstichprobe entspricht. Zwar ist die GMM-Methode zur Schätzung des gesamten Datenpanels insgesamt besser geeignet, da sie zu effizienteren Schätzern führt, jedoch zeigt das Ergebnis, dass die Abweichung der Durchschnittswerte zwischen den beiden Schätzmethoden sehr gering ist.

Es lässt sich festhalten, dass der Konvergenzparameter für europäische Unternehmen zwischen null und eins liegt und dass die Konvergenzhypothese auf signifikantem Niveau bestätigt werden kann. Dieses Ergebnis ist von großer Bedeutung für die Unternehmensbewertung, es verdeutlicht, dass die – häufig implizit getroffene – Annahme konstanter Überrenditen im Restwertzeitraum zumindest pauschal nicht zutreffend ist.[167]

Im nächsten Schritt soll nun auf der Grundlage des gesamten Datenpanels untersucht werden, inwiefern sich die Konvergenzparameter von Unternehmen mit überdurchschnittlicher Rendite von solchen Unternehmen unterscheiden, die zu Beginn des Restwertzeitraums eine unterdurchschnittliche Rendite erwirtschaften. Mit der in Abb. 37 dargestellten Analyse konnte bereits gezeigt werden, dass jeweils im Durchschnitt Unternehmen mit hohen Renditen zu Beginn des Untersuchungszeitraums auch einige Jahre später noch überdurchschnittlich hohe Renditen erwirtschaften, während die Renditen unterdurchschnittlich rentabler Unternehmen auch zum Ende des Untersuchungszeitraums ein Niveau aufweisen, das unter dem Gesamtdurchschnitt liegt.

Um diese Unterschiede mithilfe des partiellen Anpassungsmodells zu quantifizieren, wird das Gesamtpanel in zwei Unterstichproben aufgeteilt. Hierzu

---

[167] Die Aussage gilt analog für die Annahme konstanter Unterrenditen.

wird für jedes der 652 Unternehmen die durchschnittliche standardisierte Rendite in den ersten drei Jahren des Untersuchungszeitraums bestimmt.[168] Es ergibt sich ein Panel mit 274 Unternehmen, die zu Beginn des Untersuchungszeitraums Überrenditen erwirtschaften, und ein Panel mit 378 Unternehmen, die in diesem Zeitraum Unterrenditen erwirtschaften. Für beide Panels wird das Modell der partiellen Anpassung mit der GMM-Methode geschätzt. Die Ergebnisse sind in Abb. 39 dargestellt.

Durchschnittliche Überrendite von 1990 bis 1992	Widerstandsfähigkeit gegen Konvergenzprozesse	Langfristiges Rentabilitätsniveau in Prozent
> 0	0,53	6,4
< 0	0,41	-4,6
Gesamtdurchschnitt	0,49	0

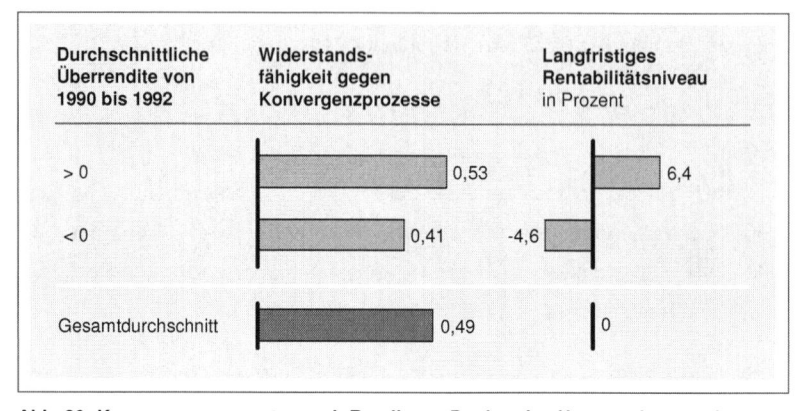

Abb. 39: Konvergenzparameter nach Rendite zu Beginn des Untersuchungszeitraums

Es wird deutlich, dass das langfristige Rentabilitätsniveau, gegen das die Unternehmen mit überdurchschnittlicher Rendite konvergieren, im Durchschnitt um 11 Prozentpunkte über dem Niveau der unterdurchschnittlich rentablen Unternehmen liegt. Für Unternehmen mit Überrenditen ist auch die Widerstandsfähigkeit gegen Konvergenzprozesse etwas höher als für Unternehmen mit unterdurchschnittlichen Renditen.[169] Im Ergebnis sind demnach Unternehmen mit Überrenditen zu Beginn des betrachteten Zeitraums langfristig deutlich erfolgreicher als Unternehmen mit Unterrenditen. Sie konvergieren nicht nur gegen ein höheres Rentabilitätsniveau, sondern besitzen auch eine

---

[168] Die Zuordnung ändert sich nur minimal, wenn alternativ der Durchschnitt über die ersten zwei, vier oder fünf Jahre des Untersuchungszeitraums herangezogen wird.

[169] Die Unterschiede sind jeweils signifikant auf dem 5%-Niveau.

höhere Widerstandsfähigkeit gegen Konvergenzprozesse, ihr Konvergenzprozess verläuft demnach im Durchschnitt langsamer.

Hinsichtlich der Unterschiede beim Widerstand gegen Konvergenzprozesse sind an dieser Stelle einige einschränkende Anmerkungen erforderlich. Die Unterschiede zwischen den beiden Renditeklassen sind nicht zuletzt aufgrund der großen Anzahl an Beobachtungen, die der Untersuchung zugrunde liegen, zwar signifikant, aber auch deutlich kleiner als beim langfristigen Rentabilitätsniveau. Im Rahmen der länder- und branchenspezifischen Analyse ist der Umfang der einzelnen Unterstichproben deutlich geringer. Dies führt gerade bei einigen Branchen dazu, dass eine zusätzliche Unterteilung der Unterstichprobe in über- und unterdurchschnittlich rentable Unternehmen problematisch ist, da der Umfang der untersuchten Unterstichproben dadurch weiter reduziert würde. Der Mehrwert einer solchen Unterteilung auf Branchenebene wäre zudem ohnehin fraglich. Die Branchenzugehörigkeit spielt bereits eine bedeutende Rolle bei der Frage, ob ein Unternehmen im Durchschnitt über- oder unterdurchschnittliche Renditen erwirtschaftet. Folglich würde in vielen Fällen eine Unterteilung nach durchschnittlicher Rendite zu Beginn des Untersuchungszeitraums zu einer sehr ungleichen Verteilung der Unternehmen einer Branche auf die beiden Renditeklassen führen. Auf Basis dieser Überlegungen wird daher für die folgenden länder- und branchenspezifischen Analysen nicht nach anfänglicher durchschnittlicher Rendite unterschieden.

4.4.2 Länderspezifische Ergebnisse
4.4.2.1 Vorbemerkung zur Untersuchung einzelner Unterstichproben

Wie in Abschnitt 4.3.4 erläutert, basieren die im weiteren Verlauf dieses Kapitels dargestellten Konvergenzparameter auf Durchschnittswerten, die aus unternehmensspezifischen KQ-Schätzern gebildet wurden. Die unternehmensspezifische Schätzung der Parameter ermöglicht die explizite Berücksichtigung von Unterschieden, die bezüglich des langfristigen Rentabilitätsverlaufs zwischen Unternehmen bestehen. Dies soll an dieser Stelle kurz anhand einiger Beispiele illustriert werden. Abb. 40 bis Abb. 43 stellen für einige Unternehmen die beobachtete standardisierte Rendite der Jahre 1990 bis 2005 in Form einzelner Datenpunkte dar. Dazu ist der Renditeverlauf, der durch das unternehmensspezifische Modell der partiellen Anpassung auf Basis der Rendite im Ausgangspunkt prognostiziert wird, als durchgezogene Linie abgebildet.[170]

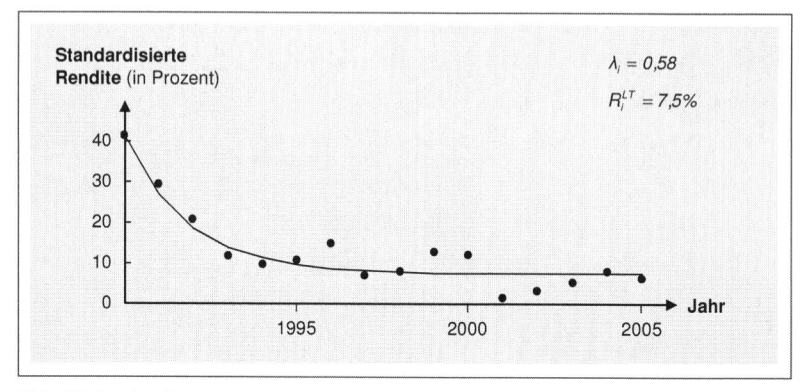

Abb. 40: Beobachteter und modellierter Rentabilitätsverlauf für Clarins SA

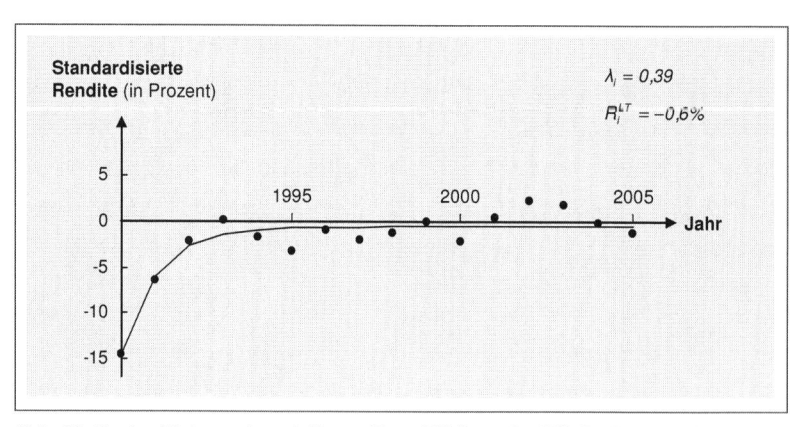

Abb. 41: Beobachteter und modellierter Rentabilitätsverlauf für Berkeley PLC

---

[170] Die Beispielunternehmen werden an dieser Stelle ausschließlich zu Illustrationszwecken ausgewählt. Herkunftsland oder Branchenzugehörigkeit der einzelnen Unternehmen spielen dabei keine Rolle.

Abb. 40 und Abb. 41 zeigen zwei Unternehmen, deren anfängliche über- bzw. unterdurchschnittliche Rendite im Zeitablauf teilweise erhalten bleibt. Das französische Kosmetikunternehmen Clarins erwirtschaftet zu Beginn des Untersuchungszeitraums mit über 40 Prozent eine sehr hohe Überrendite und konvergiert mit einer Widerstandsfähigkeit von 0,58 gegen den Zielwert von 7,5 Prozent. Dagegen ist die standardisierte Rendite von Berkeley, einem britischen Haus- und Wohnungsbauunternehmen, im Jahr 1990 deutlich unterdurchschnittlich, nähert sich aber bei einer Widerstandsfähigkeit von 0,39 einem langfristigen Rentabilitätsniveau von etwas unter 0 Prozent an. Beide Unternehmen konvergieren in Richtung des Durchschnittswerts aller Unternehmen, der langfristige Zielwert des Konvergenzparameters liegt jedoch leicht über bzw. unter diesem Durchschnittswert.

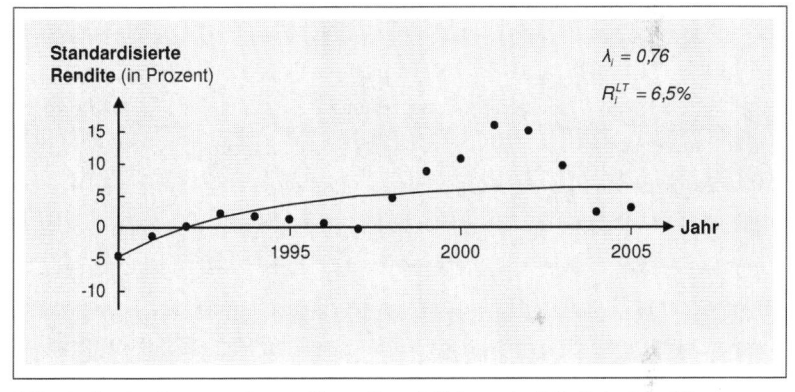

$\lambda_i = 0{,}76$
$R_i^{LT} = 6{,}5\%$

Abb. 42: Beobachteter und modellierter Rentabilitätsverlauf für Heineken NV

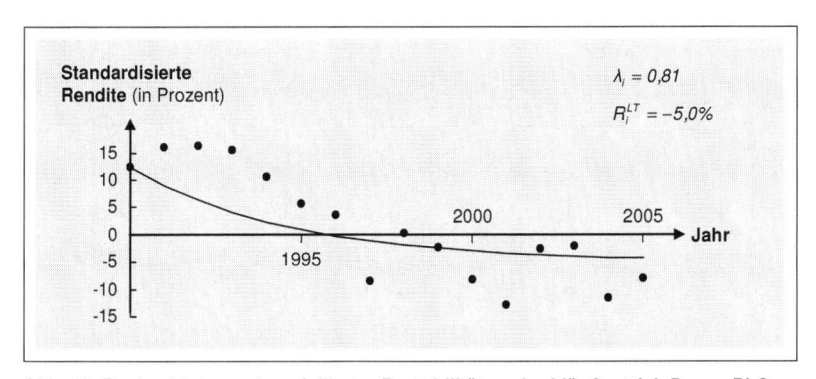

$\lambda_i = 0{,}81$
$R_i^{LT} = -5{,}0\%$

Abb. 43: Beobachteter und modellierter Rentabilitätsverlauf für Scottish Power PLC

Allerdings folgen nicht alle Unternehmen einem Konvergenzverlauf, bei dem ein Teil der anfänglichen über- bzw. unterdurchschnittlichen Rendite erhalten bleibt. In Abb. 42 und Abb. 43 sind zwei Unternehmen dargestellt, deren standardisierte Renditen im Laufe der Zeit die Vorzeichen wechseln. Der niederländische Getränkekonzern Heineken weist im Jahr 1990 noch eine unterdurchschnittliche Rendite von etwa –5 Prozent auf, nähert sich aber während des Untersuchungszeitraums einer Überrendite von über 6 Prozent an. Genau umgekehrt verläuft die Entwicklung beim schottischen Versorger Scottish Power. Ausgehend von einer Überrendite von teilweise über 15 Prozent in den ersten Jahren des Untersuchungszeitraums nimmt diese mit der Zeit ab, in der zweiten Hälfte des Untersuchungszeitraums erwirtschaftet das Unternehmen unterdurchschnittliche Renditen und konvergiert gegen einen Wert von –5 Prozent.

An dieser Stelle ließen sich weitere exemplarische Verlaufsformen aufzeigen. So sind beispielsweise einzelne Unternehmen zu beobachten, die zu Beginn des Untersuchungszeitraums Überrenditen erwirtschaften, deren langfristiges Rentabilitätsniveau das Ausgangsniveau aber noch übersteigt, sodass die standardisierte Rendite gegen einen Zielwert konvergiert, der über dem Ausgangsniveau liegt. Ebenso existieren Unternehmen, deren standardisierte Rendite ausgehend von einem unterdurchschnittlichen Niveau weiter nachlässt und sich einem noch niedrigeren langfristigen Wert annähert. Die hier dargelegten Unterschiede, die hinsichtlich des Konvergenzverlaufs zwischen Unternehmen bestehen, unterstreichen die Notwendigkeit einer unternehmensspezifischen Schätzung der Konvergenzparameter, auf der die im Folgenden diskutierten länder- und branchenspezifischen Ergebnisse basieren.

4.4.2.2 Durchschnittlicher Konvergenzverlauf nach Ländern

Abb. 44 stellt die durchschnittliche Widerstandsfähigkeit gegen Konvergenzprozesse und das langfristige Rentabilitätsniveau für die 15 europäischen Länder der Stichprobe dar. Die höchste Widerstandsfähigkeit gegen Konvergenzprozesse weisen mit 0,62 italienische Unternehmen auf, gefolgt von Unternehmen aus Irland und Spanien. Vergleichsweise gering ist die Widerstandsfähigkeit dagegen im Durchschnitt für deutsche und österreichische Unternehmen sowie in Nordeuropa (mit Ausnahme von Dänemark).[171] Dieses Ergebnis lässt sich auf unterschiedliche Art und Weise interpretieren. So kann eine geringe Widerstandsfähigkeit Ausdruck für ein besonders wettbewerbsförderndes und konkurrenzbetontes Marktumfeld sein. Im Umkehrschluss kann die verhältnismäßig hohe Widerstandsfähigkeit in Italien, Irland und Spanien als Indiz für die Existenz von staatlichen Monopolen oder vergleichbaren Markteintrittsbarrieren aufgefasst werden. Ebenso lassen sich die Ergebnisse aber auch dahin gehend interpretieren, dass Unternehmen in den Ländern mit hoher Widerstandsfähigkeit im Durchschnitt innovativer sind.

---

[171] Die drei portugiesischen Unternehmen sind nur der Vollständigkeit halber aufgeführt, eine zuverlässige Aussage auf Basis der geringen Stichprobengröße ist für Portugal nicht möglich.

Land	Widerstands-fähigkeit gegen Konvergenzprozesse	Langfristiges Rentabilitätsniveau in Prozent
Italien	0,62	-3,3
Irland	0,55	4,4
Spanien	0,54	-1,7
Dänemark	0,52	-4,2
Frankreich	0,51	2,2
Niederlande	0,51	1,3
Großbritannien	0,48	0,3
Schweiz	0,47	-2,2
Belgien	0,43	-1,5
Schweden	0,41	3,0
Deutschland	0,41	0,2
Norwegen	0,39	-2,6
Finnland	0,39	-0,3
Österreich	0,32	-4,7
Portugal*	0,12	-0,1

* Weniger als 10 Unternehmen in der Stichprobe enthalten

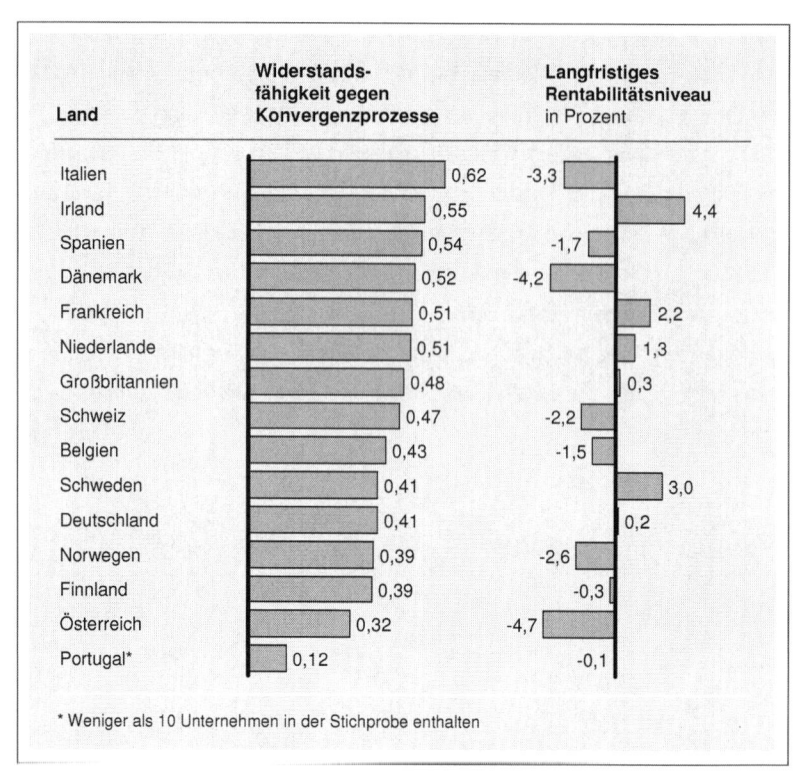

Abb. 44: Durchschnittliche Widerstandsfähigkeit und langfristiges Rentabilitätsniveau nach Ländern

Auffallend ist im Hinblick auf Deutschland, dass die durchschnittliche Widerstandsfähigkeit deutlich geringer ausfällt als in den beiden anderen großen europäischen Volkswirtschaften Frankreich und Großbritannien. Diese Ergebnisse bestätigen teilweise die Resultate vergangener Studien, zum Teil ergeben sich aber auch Unterschiede. GEROSKI und JACQUEMIN kommen für Großbritannien und Deutschland auf eine vergleichbare Differenz bei der Widerstandsfähigkeit und schlussfolgern entsprechend, dass das Marktumfeld in Großbritannien weniger konkurrenzbetont ist als in Deutschland. Sie schätzen jedoch für Frankreich ebenfalls eine Widerstandsfähigkeit von 0,41, was dem eher niedrigen Niveau deutscher Unternehmen entspricht.[172] Gleichzeitig ermitteln SCHWALBACH et al. und SCHOHL für deutsche Unternehmen eine Widerstandsfähigkeit von 0,49 bzw. 0,51.[173] Es muss allerdings festgehalten werden, dass die Vergleichbarkeit der Ergebnisse zwischen diesen Studien und der vorliegenden Arbeit stark eingeschränkt ist, da sich sämtliche vergangene Untersuchungen zu Konvergenzprozessen deutscher und französischer Unternehmen auf Zeitreihen beziehen, die lediglich bis Anfang der achtziger Jahre reichen.[174]

Wie bei der Widerstandsfähigkeit ist bei irischen und französischen Unternehmen auch der Wert für das langfristige Rentabilitätsniveau überdurchschnittlich hoch. Unternehmen aus diesen Ländern sind damit insgesamt im Durchschnitt am erfolgreichsten: Sie können nicht nur ihre kurzfristigen Überrenditen über einen verhältnismäßig langen Zeitraum aufrechterhalten, ihre Renditen konvergieren zudem langfristig auch gegen einen relativ hohen Wert. Am wenigsten erfolgreich sind dagegen im Durchschnitt Unternehmen aus Österreich und Norwegen, deren Werte für beide Konvergenzparameter im unteren Bereich liegen. Lässt man Portugal unberücksichtigt, liegt Österreich sogar jeweils an letzter Stelle. Auffällig ist das Ergebnis für schwedische Unternehmen. Sie weisen eine eher geringe Widerstandsfähigkeit gegen Konvergenzprozesse auf, ihre langfristige Rendite liegt im Durchschnitt aber über dem Niveau von Unternehmen aus anderen Ländermärkten. Während die vergleichsweise niedrige Widerstandsfähigkeit gegen Konvergenzprozesse als Indiz für ein besonders konkurrenzbetontes Marktumfeld in Schweden aufgefasst werden kann, lässt sich diese Interpretation durch die Betrachtung der langfristigen Rendite teilweise relativieren. Die kurzfristigen Überrenditen verschwinden zwar besonders schnell, im Durchschnitt werden jedoch langfristig überdurchschnittlich hohe Renditen erwirtschaftet. Genau gegenteilig

---

[172] Vgl. Geroski/Jacquemin (1988), S. 382.

[173] Vgl. Schwalbach/Graßhoff/Mahmoud (1989) und Schohl (1990).

[174] Vgl. hierzu auch die Übersicht bei Glen/Lee/Singh (2003), S. 472 und bei Smith/Madsen/ Dilling-Hansen (2005), S. 4.

stellt sich die Situation für italienische, spanische und dänische Unternehmen dar, die eine hohe Widerstandsfähigkeit bei unterdurchschnittlicher langfristiger Rendite aufweisen. Deutsche Unternehmen befinden sich hinsichtlich beider Konvergenzparameter unter dem Niveau von Frankreich und Großbritannien, bei der langfristigen Rendite liegt Deutschland allerdings knapp über dem europäischen Gesamtdurchschnitt.

4.4.2.3 Beurteilung der länderspezifischen Ergebnisse

Insgesamt muss festgestellt werden, dass die Aussagekraft des Parameters „Herkunftsland" nicht überbewertet werden darf. Die Zuordnung eines Unternehmens zu seinem Herkunftsland erfolgt nach dem Land, in dem der Firmensitz des Unternehmens liegt. Diese Zuordnung sagt unter Umständen wenig darüber aus, auf welche Ländermärkte ein Unternehmen den Schwerpunkt seiner Geschäftstätigkeit legt. Dabei dürfte gerade diese Frage einen nicht unerheblichen Einfluss auf den langfristigen Rentabilitätsverlauf eines Unternehmens besitzen. Zudem werden bei einer länderspezifischen Analyse Unternehmen über sämtliche Branchen miteinander verglichen, wodurch ebenfalls die Aussagekraft der hier ermittelten Durchschnittswerte eingeschränkt wird. Die Untersuchung der Konvergenzparameter nach Branchen im folgenden Abschnitt wird verdeutlichen, dass zwischen einzelnen Branchen teils erhebliche Unterschiede bestehen. Als Zwischenfazit lässt sich daher an dieser Stelle festhalten, dass der Ausweis und die Diskussion länderspezifischer Konvergenzparameter in einer paneuropäischen Untersuchung nicht fehlen dürfen, dass allerdings die Bedeutung dieser Ergebnisse insbesondere für die Prognose von langfristigen Renditeverläufen im Rahmen der Unternehmensbewertung nicht überschätzt werden sollte.

4.4.3 Branchenspezifische Ergebnisse
4.4.3.1 Vorbemerkung

Die Verwendung des Begriffs „Branche" entspricht im Folgenden nicht der Definition des S&P GICS, wonach es sich bei einer Branche um eine Untergruppierung der Kategorie „Industriezweig" handelt. Stattdessen beziehen sich die hier diskutierten branchenspezifischen Ergebnisse – je nach Größe der zur Verfügung stehenden Unterstichprobe – auf Konvergenzprozesse einzelner Sektoren, Industriegruppen oder Industriezweige. Einzelne Branchen nach S&P-GICS-Definition werden nicht untersucht, da die Gesamtstichprobe Unternehmen aus 101 verschiedenen GICS-Branchen enthält und daher die Fallzahl der einzelnen Unterstichproben zu gering wäre, um aussagekräftige Ergebnisse zu erzielen.[175]

Für die branchenspezifische Untersuchung wird bewusst nicht nach Ländern unterschieden. Würde man die Ergebnisse gleichzeitig nach Branchen und nach Ländern differenzieren, wäre die Fallzahl der einzelnen Unterstichproben zu klein, um einzelne Sektoren, Industriegruppen oder Industriezweige untersuchen zu können. Zudem erscheint eine grundsätzliche Unterscheidung der branchenspezifischen Ergebnisse auch nach Ländermärkten wegen der in Abschnitt 4.4.2.3 diskutierten Problematik des Parameters „Herkunftsland" wenig sinnvoll.

Die Darstellung der branchenspezifischen Ergebnisse ist wie folgt strukturiert. Zunächst werden Widerstandsfähigkeit gegen Konvergenzprozesse und langfristiges Rentabilitätsniveau der neun verschiedenen Sektoren gegenübergestellt. Anschließend wird der Konvergenzverlauf für die Sektoren Gesundheitswesen, Basiskonsumgüter, Nicht-Basiskonsumgüter, Industrie sowie Roh-, Hilfs- und Betriebsstoffe auf Ebene der Industriegruppen bzw. der Industriezweige untersucht. Für die Sektoren Telekommunikationsdienste, Energie und Versorgungsbetriebe lässt die geringe Stichprobengröße keine weiteren Unterteilungen zu. Die Unternehmen des IT-Sektors bestehen fast ausschließlich aus der Industriegruppe Hardware und Ausrüstung, sodass hier ebenfalls auf eine Differenzierung der Ergebnisse nach Industriegruppen verzichtet wird.

---

[175] Im Rahmen der vorliegenden Untersuchung wird davon ausgegangen, dass eine Unterstichprobe zur Ermittlung eines verwendbaren Konvergenzparameters mindestens 10 Unternehmen enthalten muss. Dies entspricht bei 16 Datenpunkten je Zeitreihe insgesamt mindestens 160 Beobachtungen, die einem Konvergenzparameter zugrunde liegen. Anhang 3 enthält eine detaillierte Übersicht über die branchenspezifischen Ergebnisse, in der auch die Anzahl der Unternehmen je Unterstichprobe aufgeführt ist.

4.4.3.2 Konvergenzverläufe nach Sektoren im Vergleich

Abb. 45 zeigt die Konvergenzparameter der neun Sektoren im Vergleich. Mit Ausnahme des Sektors Telekommunikationsdienste – hier ist die Aussagekraft aufgrund der geringen Anzahl an Beobachtungen eingeschränkt – liegen die Werte für die Widerstandsfähigkeit gegen Konvergenzprozesse zwischen 0,38 und 0,55. Die höchste Widerstandsfähigkeit weisen Unternehmen aus dem Gesundheitswesen und aus dem Basiskonsumgüterbereich auf. Vergleichsweise schnell konvergieren dagegen die kurzfristigen Überrenditen von Unternehmen aus dem Energie- und aus dem IT-Sektor.

Sektor	Widerstandsfähigkeit gegen Konvergenzprozesse	Langfristiges Rentabilitätsniveau in Prozent
Gesundheitswesen	0,55	11,8
Basiskonsumgüter	0,52	1,7
Nicht-Basiskonsumgüter	0,48	0,1
Industrie	0,46	-0,9
Versorgungsbetriebe	0,45	0,6
Roh-, Hilfs- und Betriebsstoffe	0,44	-3,2
IT	0,40	-0,1
Energie	0,38	-3,6
Telekommunikationsdienste*	0,25	1,7

* Weniger als 10 Unternehmen in der Stichprobe enthalten

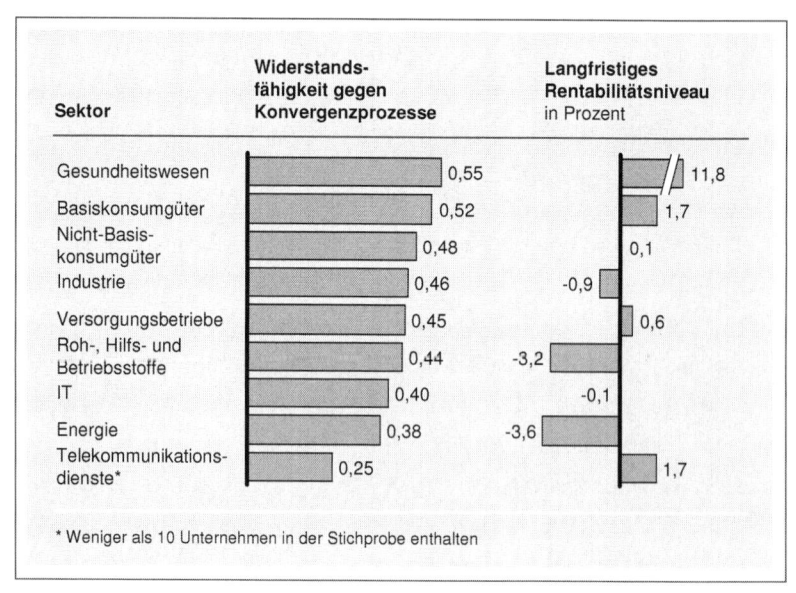

Abb. 45: Durchschnittliche Widerstandsfähigkeit und langfristiges Rentabilitätsniveau nach Sektoren

Beim langfristigen Rentabilitätsniveau weisen Unternehmen aus dem Gesundheitswesen im Durchschnitt den mit Abstand höchsten Wert auf. Diese Unternehmen sind also insgesamt besonders erfolgreich, da sowohl Widerstandsfähigkeit gegen Konvergenzprozesse als auch langfristiges Rentabilitätsniveau deutlich über dem Gesamtdurchschnitt liegen. Wenig erfolgreich sind dagegen Unternehmen aus dem Energiesektor, bei denen neben der geringen Widerstandsfähigkeit im Durchschnitt auch das langfristige Rentabilitätsniveau sehr niedrig ausfällt.

Interessant sind außerdem die Ergebnisse für die Sektoren Industrie, IT und Roh-, Hilfs- und Betriebsstoffe im Vergleich. Von diesen drei Sektoren besitzt der Industriesektor die höchste Widerstandsfähigkeit gegen Konvergenzprozesse, konvergiert allerdings gegen ein geringeres langfristiges Rentabilitätsniveau als der IT-Sektor. Noch niedriger ist die langfristige Rendite des Sektors Roh-, Hilfs- und Betriebsstoffe, dessen Widerstandsfähigkeit aber ebenfalls über der Widerstandsfähigkeit des IT-Sektors liegt. Abb. 46 veranschaulicht diese Zusammenhänge für drei durchschnittliche Unternehmen aus diesen Sektoren. Die anfängliche Überrendite beträgt beispielhaft für alle drei Unternehmen 5 Prozent, wobei sich dieser Wert jeweils aus langfristigem Rentabilitätsniveau und kurzfristiger Überrendite zusammensetzt. Da die langfristigen Rentabilitätsniveaus der Unternehmen voneinander abweichen, sind auch die kurzfristigen Überrenditen der Unternehmen verschieden. Die kurzfristige Überrendite entspricht der Differenz aus aktueller Überrendite und langfristigem Rentabilitätsniveau. Im Ausgangsniveau beträgt die kurzfristige Überrendite für das IT-Unternehmen 5,0% − (−0,1%) = 5,1%, für das Industrieunternehmen 5,9% und für das Unternehmen aus dem Sektor Roh-, Hilfs- und Betriebsstoffe 8,2%.

Standardisierte Rendite in Prozentpunkten

Sektor	Rendite in t_0	Zielwert	Widerstandsfähigkeit λ	Verbleibende Rendite in t_3	Davon kurzfristige Überrendite
IT	5,0	−0,1	0,40	0,2	0,3
Industrie	5,0	−0,9	0,46	−0,3	0,6
Roh-, Hilfs- und Betriebsstoffe	5,0	−3,2	0,44	−2,5	0,7

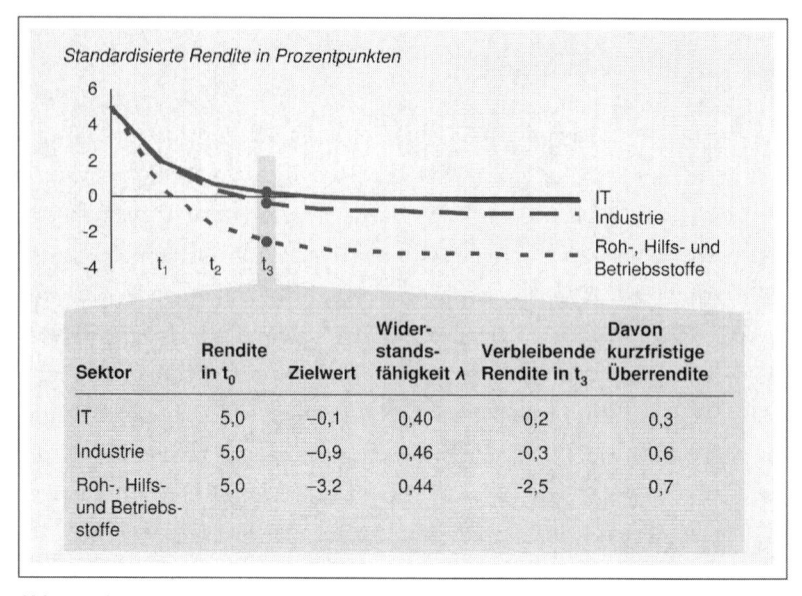

Abb. 46: Konvergenzverlauf der Sektoren IT, Nicht-Basiskonsumgüter und Roh-, Hilfs- und Betriebsstoffe im Vergleich

Es ist ersichtlich, dass die Rendite des Unternehmens aus dem Sektor Roh-, Hilfs- und Betriebsstoffe zum Zeitpunkt t_3 bereits deutlich unter dem Wert der anderen Unternehmen liegt. Dieser Unterschied erklärt sich ausschließlich über das langfristige Rentabilitätsniveau dieses Unternehmens, das mit −3,2 Prozent besonders niedrig ausfällt. Dies gilt hingegen nicht für seine Widerstandsfähigkeit gegen die Konvergenz der kurzfristigen Überrendite. Diese weist einen Wert von 0,44 auf, was bedeutet, dass sich die kurzfristige Überrendite jährlich um 56 Prozent reduziert. Damit verbleiben nach drei Jahren noch ca. 0,7 Prozentpunkte der anfänglichen kurzfristigen Überrendite, was einem Anteil von etwa 8,5 Prozent (= $0,44^3$) entspricht. Das Industrieunternehmen besitzt mit 0,46 eine leicht höhere Widerstandsfähigkeit, sodass nach drei Jahren noch 0,6 Prozentpunkte (und damit ein Anteil von knapp 10 Prozent) der anfänglichen kurzfristigen Überrendite verbleiben. Im Gegensatz dazu verfügt das IT-Unternehmen absolut betrachtet im Zeitpunkt t_3 zwar über die höchste Rendite, allerdings führt die im Vergleich geringste Widerstandsfähigkeit von 0,40 dazu, dass nach drei Jahren nur noch 0,3

Prozentpunkte erhalten sind, was einem Anteil an der anfänglichen kurzfristigen Überrendite von 6,4 Prozent entspricht. Die absolute Rendite des IT-Unternehmens besteht also im Zeitpunkt t_3 fast ausschließlich aus langfristiger „Überrendite",[176] während die kurzfristige Überrendite bei den anderen Unternehmen aufgrund der höheren Widerstandsfähigkeit zu diesem Zeitpunkt größer ist.

Nachdem in diesem Abschnitt die Widerstandsfähigkeit gegen Konvergenzprozesse und das langfristige Rentabilitätsniveau der verschiedenen Sektoren dargestellt und diskutiert wurden, erfolgt in den folgenden Abschnitten für die einzelnen Sektoren eine Untersuchung der Konvergenzparameter auf Ebene der jeweiligen Industriegruppen bzw. Industriezweige.

4.4.3.3 Gesundheitswesen

Der Sektor Gesundheitswesen besteht aus zwei Industriegruppen. Die Industriegruppe „Ausstattung und Dienste" umfasst Unternehmen, die medizinische Geräte und Ausstattung produzieren und verschiedene Dienstleistungen in diesem Bereich anbieten. Hierzu gehören beispielsweise Produzenten von Medizintechnik, Arzneimittelgroßhändler oder auf den Gesundheitsbereich spezialisierte Logistik- und Transportdienstleister. Die Industriegruppe „Pharmazeutika, Biotechnologie und Biowissenschaften" beinhaltet Unternehmen, die sich mit der Forschung, Entwicklung bzw. der Produktion und Vermarktung von Pharmazeutika und Biotechnologieprodukten befassen. Abb. 47 zeigt die Konvergenzparameter für die beiden Industriegruppen.

---

[176] Streng genommen handelt es sich bei allen drei Beispielunternehmen um eine langfristige Unterrendite.

Industriegruppe	Widerstands-fähigkeit gegen Konvergenzprozesse	Langfristiges Rentabilitätsniveau in Prozent
Pharmazeutika, Biotechnologie und Biowissenschaften	0,62	18,9
Ausstattung und Dienste	0,51	6,9
Gesundheitswesen gesamt	0,55	11,8

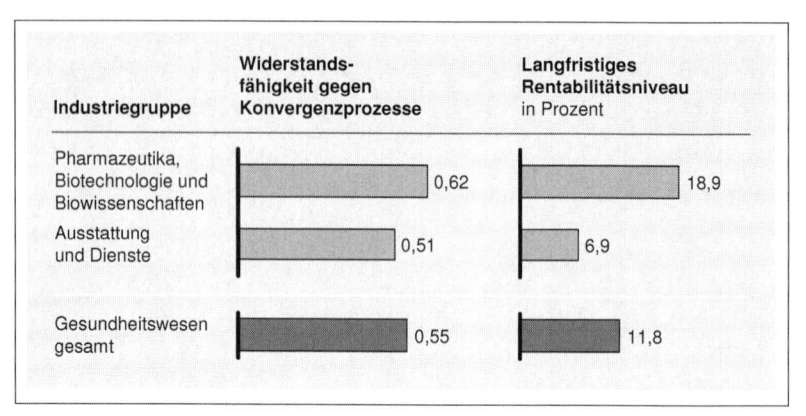

Abb. 47: Konvergenzparameter des Sektors Gesundheitswesen nach Industriegruppen

Es wird deutlich, dass beide Industriegruppen sowohl eine überdurchschnittlich hohe Widerstandsfähigkeit als auch ein überdurchschnittlich hohes langfristiges Rentabilitätsniveau aufweisen. Dabei sind Unternehmen aus dem Bereich Pharmazeutika, Biotechnologie und Biowissenschaften besonders erfolgreich, was in erster Linie im sehr hohen langfristigen Rentabilitätsniveau zum Ausdruck kommt. Begründet könnte diese Beobachtung durch die Tatsache sein, dass es sich hier um Unternehmen aus einer besonders patentintensiven Branche handelt, denen es im Durchschnitt besser gelingt, dem Einfluss von Wettbewerb auf kurz- und langfristige Überrenditen entgegenzuwirken.[177]

4.4.3.4 Basiskonsumgüter

Der Sektor Basiskonsumgüter umfasst Unternehmen, deren Geschäft in der Produktion von und dem Handel mit Gütern des täglichen Verbrauchs besteht. Diese Unternehmen lassen sich drei verschiedenen Industriegruppen zuordnen: „Lebensmittel, Getränke und Tabak", „Haushaltsartikel und Körperpflegeprodukte" sowie „Lebensmittel- und Basisartikeleinzelhandel". Abb. 48 stellt die Konvergenzparameter für diese Industriegruppen dar. Die Stich-

---

[177] Vgl. zur Bedeutung von Patenten bei der Bewertung von Pharmaunternehmen auch Merk/Merk (2007), S. 397 und 412.

probe enthält für die erste Industriegruppe ausschließlich Unternehmen aus den Industriezweigen „Getränke" und „Nahrungsmittel", also keine Unternehmen aus der Tabakindustrie. Die Ergebnisse sind daher für diese beiden Industriezweige separat ausgewiesen.

Industriegruppe/ Industriezweig	Widerstandsfähigkeit gegen Konvergenzprozesse	Langfristiges Rentabilitätsniveau in Prozent
Getränke	0,64	-0,7
Lebensmittel- und Basisartikeleinzelhandel	0,57	3,4
Nahrungsmittel	0,50	0,3
Haushaltsartikel und Körperpflegeprodukte	0,34	7,4
Basiskonsumgüter gesamt	0,52	0,1

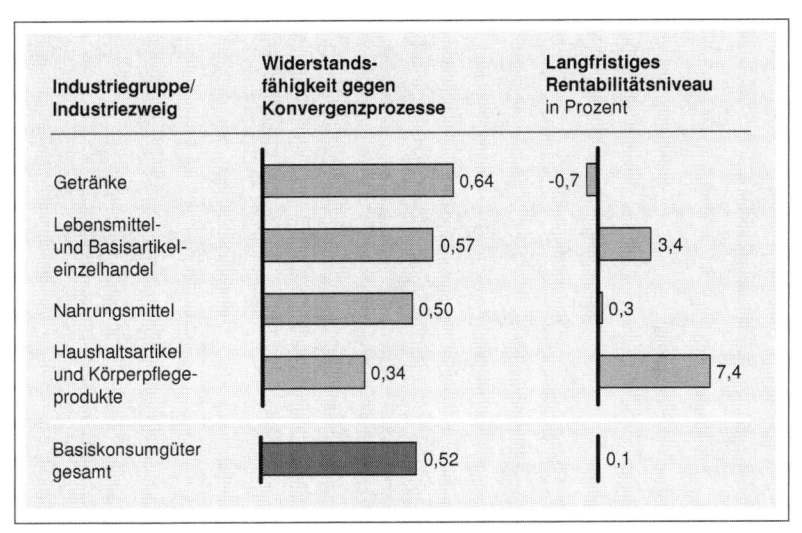

Abb. 48: Konvergenzparameter des Sektors Basiskonsumgüter nach Industriegruppen bzw. Industriezweigen

Innerhalb der Industriegruppe Basiskonsumgüter bestehen deutliche Unterschiede bei den Konvergenzverläufen. Auffallend ist vor allem das Ergebnis für die Industriegruppe „Haushaltsartikel und Körperpflegeprodukte". Während die Widerstandsfähigkeit gegen Konvergenzprozesse sehr gering ausfällt, ist das langfristige Rentabilitätsniveau mit Abstand das höchste im gesamten Sektor. Unternehmen aus dieser Industriegruppe können kurzfristige Überrenditen im Durchschnitt also nur für relativ kurze Zeit aufrechterhalten, langfristig liegt ihr Rentabilitätsniveau allerdings deutlich über dem Gesamtniveau.

4.4.3.5 Nicht-Basiskonsumgüter

Der Sektor Nicht-Basiskonsumgüter enthält sämtliche Unternehmen, deren Geschäftstätigkeit sich auf Konsumgüter bezieht, die nicht dem täglichen

Verbrauch zuzuordnen sind. Die zugehörigen Industriegruppen gliedern sich in Produktions- und Dienstleistungsunternehmen. Zur ersten Gruppe gehören „Automobile und Komponenten" sowie „Gebrauchsgüter und Bekleidung". Im Bereich Dienstleistungen lassen sich die „Verbraucherdienste" – hierzu gehören in erster Linie Hotels und Restaurants – „Medien" sowie „Groß- und Einzelhandel" unterscheiden. Abb. 49 stellt die Konvergenzparameter für die fünf Industriegruppen des Nicht-Basiskonsumgütersektors dar.

Industriegruppe	Widerstandsfähigkeit gegen Konvergenzprozesse	Langfristiges Rentabilitätsniveau in Prozent
Groß- und Einzelhandel	0,56	-1,4
Gebrauchsgüter und Bekleidung	0,54	-0,1
Medien	0,48	11,4
Verbraucherdienste	0,38	-1,1
Automobile und Komponenten	0,33	-1,8
Nicht-Basiskonsumgüter gesamt	0,48	-0,7

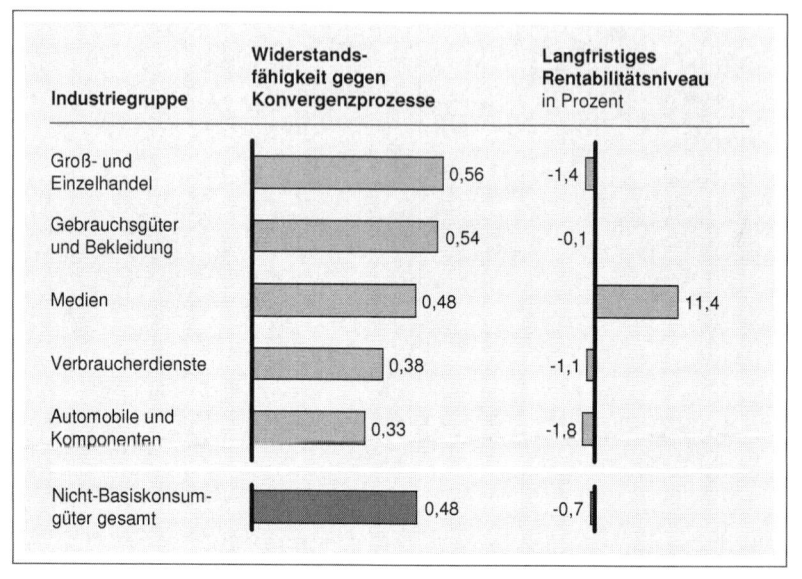

Abb. 49: Konvergenzparameter des Sektors Nicht-Basiskonsumgüter nach Industriegruppen

Während die Industriegruppen „Groß- und Einzelhandel" sowie „Gebrauchsgüter und Bekleidung" eine vergleichsweise hohe durchschnittliche Widerstandsfähigkeit gegen Konvergenzprozesse besitzen, ist diese für die Industriegruppen „Verbraucherdienste" und insbesondere „Automobile und Komponenten" deutlich unterdurchschnittlich. Das langfristige Rentabilitätsniveau ist mit einer Ausnahme für alle Industriegruppen leicht unterdurchschnittlich, lediglich die Industriegruppe „Medien" weist mit 11,4 Prozent einen sehr hohen überdurchschnittlichen Wert auf.

4.4.3.6 Industrie

Der Sektor Industrie stellt mit insgesamt 215 Unternehmen die größte Unterstichprobe dar. Diese Unternehmen lassen sich in drei Industriegruppen unterteilen. Die erste Industriegruppe enthält Unternehmen aus dem Transportwesen, wozu neben Flug-, Luftfracht- und Schifffahrtsgesellschaften auch Unternehmen aus den Bereichen Straßen- und Schienenverkehr sowie Transportinfrastruktur zählen. Die zweite Industriegruppe umfasst Unternehmen aus dem Bereich gewerbliche Dienste und Betriebsstoffe. Hierzu gehören beispielsweise Druckereien, Personaldienstleister oder Büro-, Umwelt- und Anlagendienste. Die dritte Industriegruppe enthält schließlich Unternehmen, deren Geschäftstätigkeit in der Produktion und dem Vertrieb von Investitionsgütern besteht. Dies sind Unternehmen aus dem Baugewerbe und aus dem Bereich Luftfahrt und Verteidigung, Industriekonglomerate, Hersteller von Maschinen und anderen elektrischen Geräten sowie reine Handels- und Vertriebsunternehmen. Abb. 50 zeigt die Konvergenzparameter für diese drei Industriegruppen.

Industriegruppe	Widerstandsfähigkeit gegen Konvergenzprozesse	Langfristiges Rentabilitätsniveau in Prozent
Transportwesen	0,49	-3,0
Gewerbliche Dienste und Betriebsstoffe	0,46	1,9
Investitionsgüter	0,45	-0,9
Industrie gesamt	0,46	-0,9

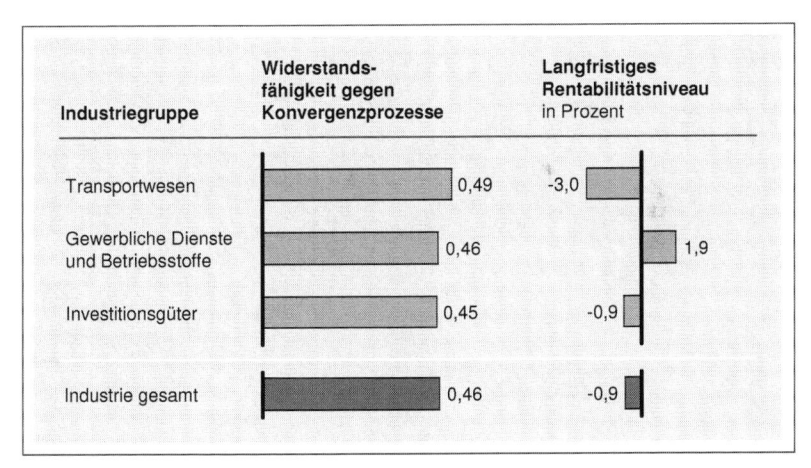

Abb. 50: Konvergenzparameter des Sektors Industrie nach Industriegruppen

Es wird deutlich, dass die Widerstandsfähigkeit aller drei Industriegruppen nahezu gleich hoch ist. Beim langfristigen Rentabilitätsniveau gibt es dagegen Unterschiede. Während die Industriegruppe „Transportwesen" gegen einen langfristigen Wert konvergiert, der 3,8 Prozent unter dem Gesamtdurchschnitt liegt, konvergieren Unternehmen aus der Gruppe „Gewerbliche Dienste und Betriebsstoffe" gegen eine Überrendite von 1,9 Prozent.

Da die untersuchte Stichprobe insgesamt 156 Unternehmen aus der Industriegruppe Investitionsgüter enthält, kann diese Industriegruppe – analog zur Industriegruppe Lebensmittel, Getränke und Tabak in Abschnitt 4.4.3.4 – auch nach Industriezweigen getrennt analysiert werden. Die Ergebnisse zeigen jedoch für beide Konvergenzparameter keine starken Abweichungen vom Durchschnittswert der gesamten Industriegruppe, sodass auf eine separate Darstellung an dieser Stelle verzichtet wird.

4.4.3.7 Roh-, Hilfs- und Betriebsstoffe

Der Sektor Roh-, Hilfs- und Betriebsstoffe wird im S&P GICS auf Ebene der Industriegruppen nicht weiter untergliedert, stattdessen lassen sich fünf verschiedene Industriezweige unterscheiden. Dabei handelt es sich um „Behälter und Verpackung", „Metalle und Bergbau", „Baustoffe", „Papier- und Forstprodukte" sowie „Chemikalien". Die Konvergenzparameter für diese Industriezweige sind in Abb. 51 dargestellt.

Industriezweig	Widerstandsfähigkeit gegen Konvergenzprozesse	Langfristiges Rentabilitätsniveau in Prozent
Behälter und Verpackung	0,65	-1,8
Metalle und Bergbau	0,51	-2,2
Baustoffe	0,47	-2,3
Papier- und Forstprodukte	0,45	-6,5
Chemikalien	0,34	-3,2
Roh-, Hilfs- und Betriebsstoffe gesamt	0,44	-3,2

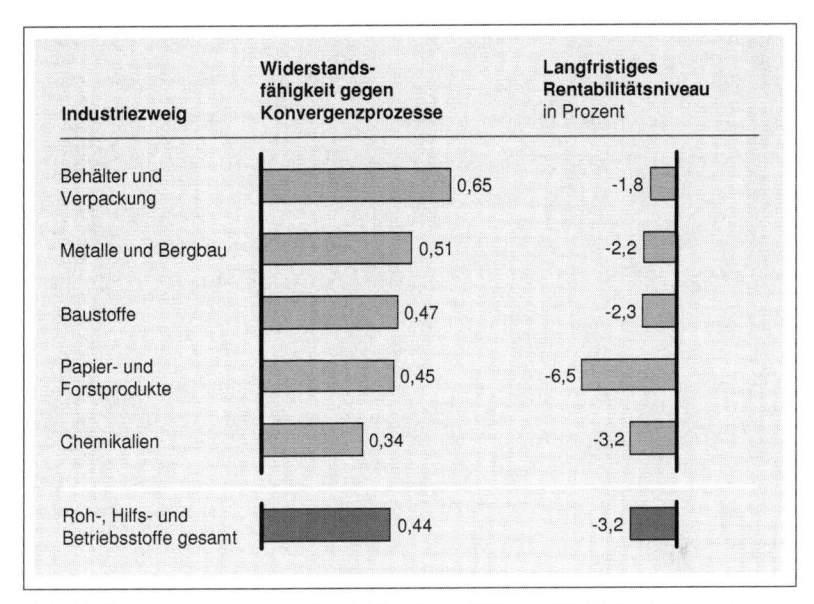

Abb. 51: Konvergenzparameter des Sektors Roh-, Hilfs- und Betriebsstoffe nach Industriezweigen

Die differenzierte Betrachtung nach Industriezweigen verdeutlicht, dass die insgesamt leicht unterdurchschnittliche Widerstandsfähigkeit des Sektors Roh-, Hilfs- und Betriebsstoffe (vgl. Abb. 45) fast ausschließlich auf den Industriezweig „Chemikalien" zurückzuführen ist. Die übrigen Unternehmen des Sektors besitzen eine deutlich höhere Widerstandsfähigkeit gegen Konvergenzprozesse auf, für den Industriezweig „Behälter und Verpackung" ist der Wert auch im Vergleich zu den Industriegruppen und -zweigen aller anderen Sektoren am höchsten. Das langfristige Rentabilitätsniveau liegt hingegen für alle anderen Industriezweige unter dem Gesamtdurchschnitt, mit −6,5 Prozent weist der Industriezweig „Papier- und Forstprodukte" sogar den niedrigsten Wert aller Branchen auf.

4.4.3.8 Beurteilung der branchenspezifischen Ergebnisse

Die Untersuchungsergebnisse machen deutlich, dass sich die Konvergenzverläufe für Unternehmen aus verschiedenen Branchen zum Teil deutlich voneinander unterscheiden. Dabei sind nicht nur Unterschiede zwischen den

Sektoren, sondern auch innerhalb der Sektoren zwischen den einzelnen Industriegruppen und Industriezweigen zu beobachten. Dieses Ergebnis zeigt, dass die pauschale Annahme eines einheitlichen Rentabilitätsverlaufs bei der Unternehmensbewertung problematisch ist. Ebenso bedeutsam für die Unternehmensbewertung ist die Erkenntnis, dass sich im Durchschnitt die Über- und Unterrenditen der Unternehmen in nahezu allen Branchen über Zeit nicht vollständig auflösen, sondern dass ein Teil dieser Über- und Unterrenditen auch langfristig erhalten bleibt.

Kritisch muss angemerkt werden, dass die im Zusammenhang mit den länderspezifischen Ergebnissen angesprochene Problematik, die mit der Zuordnung eines Unternehmens zu einem Herkunftsland verbunden ist, sich teilweise auch auf die branchenspezifischen Untersuchungen übertragen lässt. Mithilfe des im Rahmen der vorliegenden Untersuchung verwendeten S&P GICS erfolgt diese Zuordnung entsprechend der primären Geschäftätigkeit eines Unternehmens. Dabei gibt es zweifellos eine Reihe von Unternehmen, deren Geschäftätigkeit sich über mehrere Branchen erstreckt. Dieser Sachverhalt wird durch die Zuordnung zu einer einzigen Branche nur unzureichend abgebildet. Während sich die meisten Unternehmen relativ eindeutig einem der neun Sektoren zuordnen lassen, dürfte die Zuordnung zu einem der 52 Industriezweige zum Teil bereits zu Unschärfen führen.[178]

Letztendlich kann dieses Problem jedoch nicht gelöst werden. Würde man Rentabilitätsverläufe statt auf Konzernebene getrennt für einzelne Geschäftsbereiche untersuchen, wäre die Zuordnung unter Umständen trennschärfer, ohne dass man einen gewissen Interpretationsspielraum bei der Zuordnung gänzlich ausschließen könnte. Problematisch wäre dabei zudem die Ermittlung eines geschäftsbereichsspezifischen ROIC über mehrere Jah-

---

[178] Für Unternehmen, deren Geschäftätigkeit sich über mehrere Branchen erstreckt, muss angenommen werden, dass ihre Berücksichtigung in der Untersuchung die Streuung der Konvergenzparameter innerhalb einer Branche erhöht. Können trotz dieser Unschärfen signifikante Unterschiede zwischen den Branchen festgestellt werden, ist dies als besonders deutlicher Beweis für den Einfluss der Branchenzugehörigkeit auf die langfristige Rentabilitätsentwicklung zu werten, vgl. Waring (1996), S. 1256.

re. Dies würde voraussetzen, dass die Abgrenzung der Geschäftsbereiche über viele Jahre unverändert bleibt, um eine Vergleichbarkeit der Ergebnisse zu gewährleisten.

Trotz dieser Einschränkung kann allerdings im Vergleich zur länderspezifischen Untersuchung festgestellt werden, dass die Zuordnung zu einer Branche entsprechend der primären Geschäftätigkeit eines Unternehmens deutlich genauer und eindeutiger ist als die Zuordnung zu einem Ländermarkt anhand des Standortes, an dem der Firmensitz eines Unternehmens liegt. Dieser Ländermarkt wird in vielen Fällen – etwa bei Unternehmen mit Firmensitz in kleineren Ländern oder bei Unternehmen, die auf global geprägten Märkten agieren – nicht dem Land entsprechen, in dem ein Unternehmen seine primäre Geschäftätigkeit ausübt. Demgegenüber kann der Einfluss der Branchenzugehörigkeit auf die langfristige Rentabilitätsentwicklung eines Unternehmens nicht nur theoretisch auf Basis der IO-Ansätze fundiert werden, sondern wurde auch bereits in mehreren vergangenen Untersuchungen empirisch nachgewiesen. Außerdem fasst die Branchenzugehörigkeit bereits eine Reihe bedeutender branchenspezifischer Einflussfaktoren auf die langfristige Rentabilitätsentwicklung zusammen.[179]

Es kann daher geschlussfolgert werden, dass die Branchenzuordnung auf Basis des S&P GICS für die getätigte Analyse durchaus zweckmäßig ist, was sich auch in der Güte der Ergebnisse widerspiegelt. Die Streuung der Konvergenzparameter innerhalb der untersuchten Branchen verringert sich im Durchschnitt deutlich, wenn man diese statt auf Sektorenebene auf der Ebene der Industriegruppen und -zweige untersucht.[180] Die Streuung der Konvergenzparameter innerhalb einer Branche muss bei der Verwendung der Ergebnisse im Rahmen der Unternehmensbewertung berücksichtigt werden. Weisen die Parameter in einer Branche eine geringe Streuung auf, sind die

---

[179] Vgl. Abschnitt 4.3.4.2.

[180] Auf dieser Ebene sind die Unterschiede zwischen den Industriegruppen und -zweigen zum Teil hoch signifikant.

ermittelten Durchschnittswerte gut geeignet, um den langfristigen Rentabilitätsverlauf eines Unternehmens aus dieser Branche zu modellieren. Ist die Streuung dagegen vergleichsweise groß, kann es sinnvoll sein, unter Zuhilfenahme der empirischen Ergebnisse ein Intervall zu bestimmen, in dem sich die entsprechenden Werte für einen Großteil der Unternehmen in der Branche befinden. Auf die Verwendung der empirischen Ergebnisse im Rahmen der Unternehmensbewertung wird in Kapitel 6 detailliert eingegangen.

4.5 Zwischenfazit

Aus den Ergebnissen der vorliegenden empirischen Untersuchung lassen sich fünf grundlegende Implikationen für die Prognose der langfristigen Entwicklung des Werttreibers Rentabilität im Rahmen der Unternehmensbewertung ableiten. Diese sollen im Folgenden erläutert werden. Dabei beziehen sich die ersten drei Implikationen direkt auf Annahmen, die häufig bei der Unternehmensbewertung implizit oder explizit getroffen werden (vgl. Kapitel 2). Die letzten beiden Implikationen zeigen darüber hinaus auf, wie die Ergebnisse dieser Arbeit für eine differenziertere Restwertermittlung genutzt werden können.

1. Die Ergebnisse der empirischen Untersuchung bestätigen, dass das partielle Anpassungsmodell auch für die im Rahmen dieser Arbeit verwendete Datenbasis europäischer Unternehmen gut geeignet ist, um die langfristige Entwicklung des Werttreibers Rentabilität abzubilden. Dieser Werttreiber unterliegt bei der überwiegenden Mehrheit europäischer Unternehmen über alle Ländermärkte und Branchen hinweg Konvergenzprozessen, d. h., kurzfristige Über- und Unterrenditen lösen sich über Zeit auf. Für die Unternehmensbewertung bedeutet dies, dass die Annahme einer konstanten überdurchschnittlichen Rendite im Restwertzeitraum, die häufig implizit bei Anwendung des Gordon-Wachstumsmodells getroffen wird, in den meisten Fällen nicht korrekt ist.

2. Es kann gezeigt werden, dass Überrenditen für eine Vielzahl von Unternehmen nicht nur aus einer kurzfristigen Komponente bestehen, sondern dass es Unternehmen häufig gelingt, einen Teil der bestehenden Überrenditen auch langfristig aufrechtzuerhalten. Ebenso existieren Unternehmen, die über einen sehr langen Zeitraum lediglich unterdurchschnittliche Renditen erwirtschaften. Damit konvergieren die Unternehmen der Stichprobe langfristig nicht gegen den gleichen Durchschnittswert. Dies bedeutet für die Ermittlung des Restwerts, dass die Modellierung einer langfristigen Renditeentwicklung in Richtung eines Gesamtdurchschnitts bzw. der Kapitalkosten des Unternehmens in der Regel nicht der Realität entspricht.

3. Als Parameter zur Abbildung der Konvergenzverläufe lassen sich über das partielle Anpassungsmodell die Widerstandsfähigkeit gegen Konvergenzprozesse der kurzfristigen Überrendite und das langfristige Rentabilitätsniveau als Zielwert des Konvergenzverlaufs bestimmen. Hinsichtlich beider Parameter bestehen teils deutliche Unterschiede zwischen den Unternehmen. Es kann daher geschlussfolgert werden, dass die Verwendung eines pauschalen Konvergenzparameters für sämtliche Unternehmen nicht sinnvoll ist. Würde man im Rahmen der Unternehmensbewertung zwar Konvergenzverläufe in der Restwertphase unterstellen, gleichzeitig jedoch auf eine differenzierte Bestimmung der Konvergenzparameter verzichten, hätte dies unter Umständen lediglich eine Scheingenauigkeit zur Folge, die nicht zu einer substanziellen Verbesserung des Bewertungsergebnisses führen würde.

4. Ein Teil der Unterschiede, die hinsichtlich der Konvergenzparameter zwischen den Unternehmen bestehen, lässt sich durch die Branchenstruktur erklären, die einen Einfluss auf die in einer Branche potenziell erzielbare Rendite ausübt. Zwischen den untersuchten Branchen bestehen zum Teil deutliche Unterschiede bezüglich der durchschnittlichen Konvergenzparameter der zugehörigen Unternehmen. Um die oben skizzierte Scheingenauigkeit zu vermeiden und stattdessen eine differenzierte Prognose

des langfristigen Rentabilitätsverlaufs zu erreichen, bietet sich daher die Verwendung branchenspezifischer Konvergenzparameter an.

5. Die Konvergenzparameter der untersuchten Unternehmen variieren auch innerhalb einer Branche. Im Hinblick auf diese Unterschiede gibt es verschiedene Ansätze, die sich zur Erklärung unternehmensspezifischer Einflussfaktoren heranziehen lassen. Zu nennen sind hier beispielsweise Unternehmensgröße, Umsatzwachstum oder Marktanteil (vgl. Abschnitt 4.2.3). Zwar haben vergangene Studien gezeigt, dass der tatsächliche Einfluss dieser Faktoren formal schwierig zu erfassen ist und sich daher häufig empirisch nicht verlässlich quantifizieren lässt. Will man plausible Annahmen für die Prognose des zukünftigen Rentabilitätsverlaufs eines Unternehmens treffen, sollten diese Einflussfaktoren neben den branchenspezifischen Verlaufsparametern aber zumindest qualitativ berücksichtigt werden.

5 Konzept der Market Implied Competitive Advantage Period

5.1 Einführung

Nachdem im vorangegangenen Kapitel die Prognose des Werttreibers Rentabilität anhand seiner historischen Entwicklung untersucht wurde, widmet sich dieses Kapitel der Frage, inwiefern die Prognose der langfristigen Rentabilitätsentwicklung durch Marktpreise impliziert wird und aus diesen abgeleitet werden kann. Diese Analyse basiert auf dem Konzept der MICAP, welches in Abschnitt 5.2 vorgestellt wird. Anschließend wird in Abschnitt 5.3 untersucht, inwiefern sich das Konzept zur Bestimmung eines Modellparameters für die differenzierte Restwertermittlung eignet. Dazu werden zuerst grundlegende Voraussetzungen diskutiert, die erfüllt sein müssen, damit sich die MICAP überhaupt bestimmen lässt. Anschließend wird die Reaktion der MICAP auf Änderungen des Aktienkurses untersucht, bevor schließlich die Reaktion der MICAP auf Änderungen der zugrunde liegenden Modellprämissen analysiert wird. Da diese Untersuchung verdeutlicht, dass der Verwendung der MICAP als Bewertungsparameter enge Grenzen gesetzt sind, werden in Abschnitt 5.4 Möglichkeiten dargelegt, wie die MICAP trotz dieser Grenzen zur differenzierten Restwertermittlung genutzt werden kann.

5.2 Grundzüge des MICAP-Konzepts

5.2.1 Definition und Berechnung

Das Konzept der *Competitive Advantage Period (CAP)* geht auf MICHAEL MAUBOUSSIN und PAUL JOHNSON von der Columbia Business School zurück.[1] Sie definieren die CAP als *"the time during which the company is expected to generate returns on incremental investment that exceed its cost of capital."*[2]

---

[1] Vgl. Mauboussin/Johnson (1997).

[2] Mauboussin/Johnson (1997), S. 3. Rappaport verwendet für das gleiche Konzept den Begriff der *"Value Growth Duration"*, die er definiert als *"a finite time period to the company's expected ability to create value"*, Rappaport (1998), S. 71.

Man bezeichnet diesen Zeitraum als „*Market Implied Competitive Advantage Period" (MICAP)*, wenn zur Ermittlung der CAP der aktuelle Marktwert des zu bewertenden Unternehmens herangezogen wird. Wie das Modell der partiellen Anpassung basiert auch das Konzept der CAP auf der Annahme, dass die Rentabilität eines Unternehmens infolge von Wettbewerbsaktivitäten Konvergenzprozessen unterliegt. Der wesentliche Unterschied besteht darin, dass im Falle der CAP grundsätzlich davon ausgegangen wird, dass diese Rentabilität auf Dauer gegen die unternehmensspezifischen Kapitalkosten konvergiert (siehe Abb. 52).

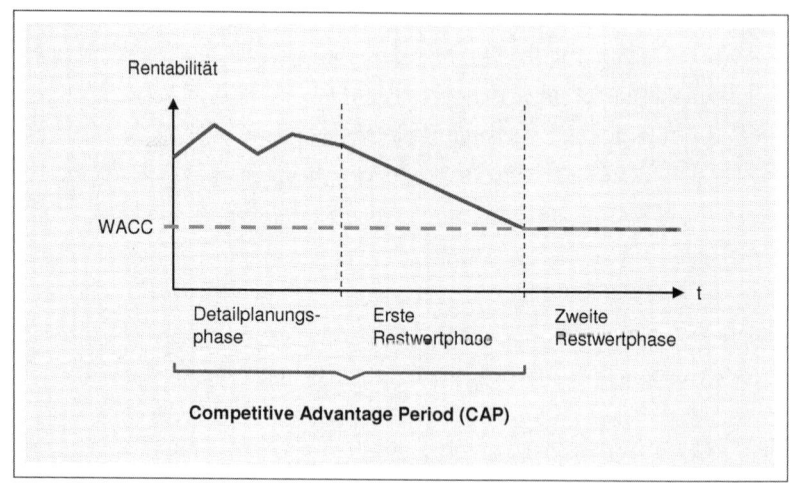

Abb. 52: Konzept der Competitive Advantage Period (CAP)

Obwohl das Konzept der MICAP auch in jüngeren Veröffentlichungen immer wieder aufgegriffen wird,[3] existieren kaum empirische Untersuchungen zur tatsächlichen Länge der MICAP. RAPPAPORT beziffert ihre Länge auf 15 bis 25 Jahre für Unternehmen, die nachweislich über Wettbewerbsvorteile verfügen. Gleichzeitig räumt er aber ein, dass sie für Unternehmen, die in besonders konkurrenzbetonten Märkten agieren, auch nahe Null liegen kann.[4] MAU-

---

[3] Vgl. etwa Rappaport/Mauboussin (2001), S. 74; Damodaran (2002), S. 308 oder Aders/Schröder (2004), S. 109.

[4] Vgl. Rappaport (1998), S. 71.

BOUSSIN und JOHNSON verweisen auf eine Untersuchung von fünf Unternehmen aus der Nahrungsmittelindustrie, deren MICAP für den Zeitraum von 1982 bis 1989 Werte zwischen 4 und 20 Jahren aufweist.[5] In beiden Fällen machen die Autoren jedoch keine Angaben zur Methodik, sodass die Berechnung der einzelnen MICAP-Werte für den Leser nicht transparent ist.

Die Ermittlung der MICAP erfolgt in vier Schritten mithilfe eines Bewertungsmodells, das dem Drei-Phasen-Modell mit linearem Rückgang der Wachstumsrate in der ersten Restwertphase entspricht (vgl. Abb. 53).[6] Im ersten Schritt wird der Teil des Unternehmenswerts ermittelt, der auf die Detailplanungsphase entfällt. Dies ist zumindest für größere Aktiengesellschaften relativ unproblematisch, da die Entwicklung der Hauptwerttreiber in den ersten Jahren regelmäßig von Analysten verschiedener Investmentbanken prognostiziert und veröffentlicht wird. Im zweiten Schritt wird zunächst eine Annahme über die Dauer der ersten Restwertphase getroffen, in der die Rentabilität linear abnimmt, bis das Niveau der Kapitalkosten erreicht ist. Anschließend wird der Teil des Unternehmenswerts bestimmt, der auf die erste Restwertphase entfällt.

Im dritten Schritt wird mittels Gordon-Wachstumsmodell der zweite Restwert berechnet, der auf die Cashflows im Zeitraum nach der CAP entfällt. Für diesen Zeitraum wird davon ausgegangen, dass sich das Unternehmen im Gleichgewichtszustand befindet. Im vierten Schritt wird schließlich der ermittelte Unternehmenswert mit dem Marktwert des Unternehmens verglichen. Liegt dieser über dem Marktwert, wird die Dauer der ersten Restwertphase im Bewertungsmodell so lange verkürzt, bis der berechnete Unternehmenswert auf das Niveau des Marktwerts abgesunken ist. Im umgekehrten Fall (berechneter Unternehmenswert > Marktwert) wird die Dauer der ersten Restwertphase entsprechend verlängert. Die Länge der MICAP ergibt sich

---

[5] Vgl. Mauboussin/Johnson (1997), S. 9 f. Dabei wurde der Wert für Unternehmen mit einer MICAP > 20 Jahre automatisch gleich 20 gesetzt.

[6] Zum Drei-Phasen-Modell mit linearem Rückgang der Wachstumsrate in der ersten Restwertphase vgl. Abschnitt 2.2.5.2.

schließlich aus der Länge von Detailplanungsphase und zweiter Restwertphase.

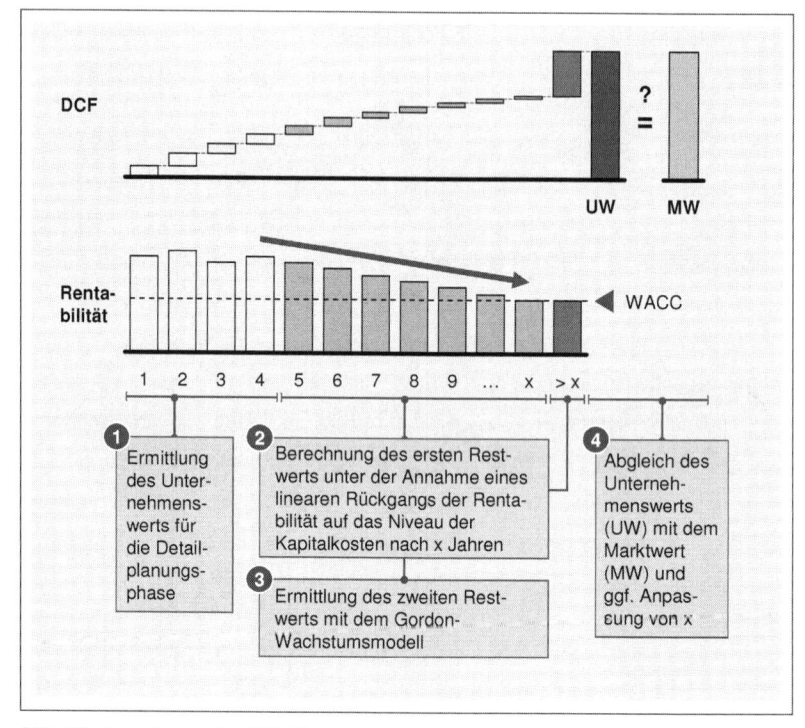

Abb. 53: Berechnung der MICAP

5.2.2 Berechnungsbeispiel

5.2.2.1 Vorbemerkung

Im Folgenden soll die Berechnung der MICAP für ein Beispielunternehmen aufgezeigt werden. Dieses Beispiel dient auch dazu, die Annahmen herauszustellen, die zur Berechnung der MICAP mithilfe der dargestellten Methodik getroffen werden müssen, und stellt somit die Grundlage für die Diskussion des Konzepts in Abschnitt 5.3 dar. Als Beispielunternehmen dient der deutsche Chemiekonzern Wacker Chemie, der im April 2006 an die Börse ging. Als zweitgrößter deutscher Börsengang im Jahr 2006 stand das Unternehmen in besonderem Maße im Interesse der Öffentlichkeit, sodass aus diesem Jahr eine Vielzahl an Analystenreports existiert, die eine Einschätzung über die Cashflows in der Detailplanungsphase liefern. Zudem wird durch die Berechnung der MICAP für das Jahr 2006 ein Vergleich mit der MICAP zu einem späteren Zeitpunkt ermöglicht.

5.2.2.2 Ermittlung des Unternehmenswerts für die Detailplanungsphase

Für das Rechenbeispiel wird von einer Detailplanungsphase von vier Jahren ausgegangen. Abb. 54 zeigt die Vorhersage der freien Cashflows für diesen Zeitraum:[7]

in Mio. EUR	Jahr			
	2006	2007	2008	2009
NOPLAT	293	336	381	410
− Nettoinvestitionen	144	192	59	190
Freier Cashflow	**149**	**144**	**322**	**220**
Investiertes Kapital	2.465	2.658	2.717	2.907
ROIC*	**12,6%**	**13,6%**	**14,3%**	**15,1%**
Wachstum des investierten Kapitals		7,8%	2,2%	7,0%

* Der ROIC bezieht sich jeweils auf das investierte Kapital zum Jahresanfang

Abb. 54: **Detailplanungsphase für Wacker Chemie**
Quelle: HSBC Trinkaus & Burkhardt (2006, Hrsg.), S. 34 und eigene Berechnungen.

Für die gewichteten Kapitalkosten (WACC) von Wacker Chemie wird ein Wert von 7,9 Prozent angesetzt. Dieser Wert setzt sich zusammen aus einer risikolosen Rendite von 3,9 Prozent und einer Marktrisikoprämie von 4,0 Pro-

---

[7] Die im Folgenden verwendeten Bewertungsparameter entstammen einem Analystenreport der Investmentbank HSBC Trinkaus & Burkhardt, vgl. HSBC Trinkaus & Burkhardt (2006, Hrsg.).

zent. Der Betafaktor von Wacker Chemie beträgt 1,0.[8] Für den Unternehmenswert, der auf die Detailplanungsphase entfällt, gilt:

$$UW_{DP} = \sum_{t=1}^{4} \frac{FCF_t}{(1+k_{WACC})^t} = \frac{149}{1,079} + \frac{144}{1,079^2} + \frac{322}{1,079^3} + \frac{220}{1,079^4}$$

$$= 680 \text{ Mio. EUR}.$$

5.2.2.3 Berechnung des ersten Restwerts

Für die gesamte CAP wird zunächst eine Länge von 80 Jahren angenommen. Es wird unterstellt, dass der ROIC des Unternehmens nach der vierjährigen Detailplanungsphase über einen Zeitraum von 76 Jahren linear abnimmt, bis das Niveau der Kapitalkosten erreicht ist. Für den periodenspezifischen $ROIC_s$ gilt dann:

$$ROIC_s = ROIC_{s-1} - \frac{15,1\% - 7,9\%}{76} \approx ROIC_{s-1} - 0,09\%.$$

In der ersten Restwertphase fällt der ROIC also um etwa 0,09 Prozent pro Jahr. Unterstellt man für die Zeit nach der Detailplanungsphase ein konstantes jährliches Wachstum von 3 Prozent, ergibt sich für die erste Restwertphase folgendes Bild:

---

[8] Vgl. HSBC Trinkaus & Burkhardt (2006, Hrsg.), S. 24.

in Mio. EUR	Jahr 2009	2010	2011	...	2084	2085
Investiertes Kapital zum Jahresanfang	2.717	2.907	2.994	...	25.904	26.681
× ROIC	15,10%	15,01%	14,91%	...	7,99%	7,90%
NOPLAT	410	436	446	...	2.070	2.108
− Nettoinvestitionen	190	87	90	...	777	800
Freier Cashflow	220	349	356	...	1.293	1.308
Wachstum des investierten Kapitals	7,0%	3,0%	3,0%	...	3,0%	3,0%

Abb. 55: Entwicklung der Hauptwerttreiber in der ersten Restwertphase

Der Teil des Unternehmenswerts, der auf die erste Restwertphase entfällt, beträgt

$$RW_1 = \sum_{t=5}^{80} \frac{FCF_t}{(1+k_{WACC})^t} = \frac{349}{1,079^5} + \frac{356}{1,079^6} + ... + \frac{1.293}{1,079^{79}} + \frac{1.308}{1,079^{80}}$$

$$= 4.347 \text{ Mio. EUR}.$$

5.2.2.4 Ermittlung des zweiten Restwerts

Es wird davon ausgegangen, dass sich das Unternehmen zum Ende der ersten Restwertphase im Gleichgewichtszustand befindet, in dem sich Rentabilität und Wachstumsrate nicht mehr ändern. Damit sind die Annahmen des Gordon-Wachstumsmodells erfüllt und man erhält für den zweiten Restwert zum Bewertungsstichtag

$$RW_2 = \frac{FCF_{81}}{(k_{WACC} - g_N) \cdot (1 + k_{WACC})^{80}} = \frac{1.308 \cdot 1,03}{(7,9\% - 3,0\%) \cdot 1,079^{80}}$$

$$= 63 \text{ Mio. EUR}.$$

5.2.2.5 Abgleich mit dem Marktwert

Bei einer CAP von 80 Jahren beträgt der Gesamtunternehmenswert

$$GUW = UW_{DP} + RW_1 + RW_2 = 680 + 4.347 + 63 = 5.090 \text{ Mio. EUR}.$$

Mithilfe des Gesamtunternehmenswerts wird zunächst der Wert des Eigenkapitals und anschließend der Wert pro Aktie bestimmt. Dazu wird der Wert des nicht betrieblichen Vermögens zum Gesamtunternehmenswert addiert, Fremdkapital und Minderheitsbeteiligungen werden subtrahiert (vgl. Abb. 56). Es ergibt sich ein Wert pro Aktie von 87,82 EUR.

in Mio. EUR	
Gesamtunternehmenswert *(Enterprise Value)*	5.090
+ Nicht betriebliches Vermögen	117
− Fremdkapital	848
− Minderheitsbeteiligungen	3
Wert des Eigenkapitals *(Equity Value)*	4.356
÷ Anzahl Aktien (in Mio.)	49,6
Wert pro Aktie	**87,82**

Abb. 56: Berechnung des Werts pro Aktie für Wacker Chemie
Quelle: HSBC Trinkaus & Burkhardt (2006, Hrsg.), S. 33.

Da die der Bewertung zugrunde liegenden Daten einer Analysteneinschätzung vom 25. August 2006 entstammen, wird als Vergleichswert der 30-Tages-Durchschnitt des Wacker-Chemie-Aktienkurses Ende August 2006 herangezogen.[9] Dieser Wert beträgt 87,44 EUR und liegt damit leicht unter dem Wert pro Aktie von 87,82 EUR, der für eine CAP von 80 Jahren ermittelt wurde. Unter Beibehaltung der getroffenen Annahmen wird die CAP nun schritt-

---

[9] Die durchschnittlichen Aktienkurse wurden auf Basis der täglichen Schlusskurse berechnet, die von Reuters veröffentlicht werden.

weise um ein Jahr verkürzt, bis der errechnete Wert pro Aktie dem Marktwert von Wacker Chemie entspricht. Verkürzt man die CAP auf 79 Jahre, verringert sich der Gesamtunternehmenswert auf 5.079 Mio. EUR, was einem Wert pro Aktie von 87,60 EUR entspricht. Bei einer CAP von 78 Jahren ergibt sich ein Wert pro Aktie von 87,38 EUR, sodass unter den getroffenen Annahmen die MICAP von Wacker Chemie im August 2006 gut 78 Jahre beträgt.

5.3 Eignung des Konzepts als Modellparameter

5.3.1 Problemstellung

MAUBOUSSIN und JOHNSON kritisieren, dass das Konzept der CAP gemessen an seiner Bedeutung zu wenig Berücksichtigung bei der Bewertung von Unternehmen findet: „Remarkably, in spite of CAP's importance in the analytical process [...] it remains one of the most neglected components of valuation."[10] Sie begründen diese Aussage zum einen damit, dass ein Großteil der Marktteilnehmer bei der Unternehmensbewertung auf rechnungslegungsorientierte Multiplikatoren, wie z. B. das Kurs-Gewinn-Verhältnis, zurückgreife und somit die MICAP höchstens implizit berücksichtigt werde. Zum anderen argumentieren MAUBOUSSIN und JOHNSON, dass Unternehmen für ihre strategische Planung häufig einen Prognosehorizont von nur wenigen Jahren verwenden, der deutlich kürzer sei als die MICAP. Die Kommunikation gegenüber Investoren orientiere sich daher stärker an der firmeninternen Planung als an den marktbasierten Erwartungen.[11]

Nach Ansicht des Autors liegen die Gründe für die von MAUBOUSSIN und JOHNSON kritisierte Nicht-Berücksichtigung der MICAP bei der Unternehmensbewertung jedoch zum Teil auch beim Konzept selbst. Zunächst müssen mehrere Voraussetzungen erfüllt sein, damit sich die MICAP überhaupt

---

[10] Mauboussin/Johnson (1997), S. 2.
[11] Vgl. Mauboussin/Johnson (1997), S. 2 f.

berechnen lässt. Selbst wenn diese Voraussetzungen erfüllt sind, lässt sich zum einen bei der Berechnung beobachten, dass die Höhe der MICAP sehr sensibel auf Kursänderungen des betreffenden Unternehmens reagiert. Zum anderen hängt die Länge der MICAP stark von den getroffenen Modellannahmen ab. Diese Aspekte führen dazu, dass der Verwendung der MICAP als zuverlässiger Bewertungsparameter enge Grenzen gesetzt sind. Dies soll im Folgenden aufgezeigt werden.

5.3.2 Voraussetzungen zur Berechnung der MICAP

Eine wesentliche Voraussetzung zur Berechnung der MICAP ergibt sich unmittelbar aus der Definition von MAUBOUSSIN und JOHNSON:[12] nur wenn das zu bewertende Unternehmen zu Beginn der ersten Restwertphase eine Rentabilität erwirtschaftet, die seine Kapitalkosten übersteigt, kann von einer Competitive *Advantage* Period gesprochen werden. Diese Bedingung ist im Fall von Wacker Chemie erfüllt. Betrachtet man hingegen ein Unternehmen, dessen ROIC zu Beginn des Restwertzeitraums niedriger ist als seine Kapitalkosten, und modelliert dann einen linearen Verlauf des ROIC in Richtung der Kapitalkosten, könnte man allenfalls von einer „Market Implied Competitive Disadvantage Period" *(MICDP)* sprechen. Die Länge dieser Periode könnte dann analog zur MICAP interpretiert werden als der Zeitraum, den das betreffende Unternehmen aus Marktsicht benötigt, um einen Teil seiner Wettbewerbsnachteile loszuwerden und zumindest seine Kapitalkosten zu verdienen.

Übersteigt die Rentabilität des zu bewertenden Unternehmens seine Kapitalkosten, ist es für die Berechnung der MICAP außerdem erforderlich, dass der Marktpreis einen Wert aufweist, in dem tatsächlich eine Competitive Advantage Period impliziert wird. Nur wenn die Annahme einer allmählich nachlassenden Rentabilität in der Restwertphase mit dem Marktwert vereinbar ist, lässt sich die MICAP auch bestimmen. Im Folgenden soll verdeutlicht wer-

---

[12] Vgl. Abschnitt 5.2.1.

den, dass bestimmte Wertebereiche existieren, in denen dies nicht der Fall ist.

Ein besonders niedriger Marktpreis lässt sich mit der Annahme eines allmählich nachlassenden ROIC in der Restwertphase nicht vereinbaren. Als Untergrenze, bei der diese Annahme im Fall von Wacker Chemie noch gültig und die MICAP ermittelbar ist, wird der Unternehmenswert berechnet, der sich ergibt, wenn das Unternehmen bereits ein Jahr nach der Detailplanungsphase nur noch seine Kapitalkosten erwirtschaftet. Abb. 57 zeigt die Entwicklung der Hauptwerttreiber in den ersten Jahren der Restwertphase für diesen Fall.

in Mio. EUR	Jahr			
	2009	2010	2011	...
Investiertes Kapital zum Jahresanfang	2.717	2.907	2.994	...
× ROIC	15,1%	7,9%	7,9%	...
NOPLAT	410	230	237	...
− Nettoinvestitionen	190	87	90	...
Freier Cashflow	220	143	147	...
Wachstum des investierten Kapitals	7,0%	3,0%	3,0%	...

Abb. 57: Entwicklung der Hauptwerttreiber bei abrupt abfallendem ROIC nach der Detailplanungsphase

Der Restwert lässt sich unmittelbar mit dem Gordon-Wachstumsmodell ermitteln, da der freie Cashflow ab dem Jahr 2010 bei konstantem ROIC mit gleichbleibender Rate wächst. Man erhält für den Restwert zum Bewertungsstichtag

$$RW_0 = \frac{FCF_5}{(k_{WACC} - g_N) \cdot (1 + k_{WACC})^4} = \frac{143}{(7,9\% - 3,0\%) \cdot 1,079^4}$$

$$= 2.153 \text{ Mio. EUR}.$$

Der Unternehmenswert, der auf die Detailplanungsphase entfällt, beträgt unverändert 680 Mio. EUR (vgl. Abschnitt 5.2.2.2). Für den Gesamtunternehmenswert ergibt sich

$$GUW = UW_{DP} + RW_0 = 680 + 2.153 = 2.833 \text{ Mio. EUR}.$$

Dies entspricht einem Equity Value von 2.099 Mio. EUR und einem Wert pro Aktie von 42,32 EUR.[13] Dieser Wert basiert auf der Annahme, dass die Rentabilität bereits nach einem Jahr vollständig bis auf das Niveau der Kapitalkosten abgesunken ist, und stellt damit die Untergrenze zur Berechnung der MICAP dar. Unterschreitet der Aktienkurs von Wacker Chemie diese Untergrenze, wäre der Aktienkurs mit der Annahme eines allmählich bis auf das Niveau der Kapitalkosten absinkenden ROIC in der Restwertphase nicht vereinbar und die MICAP ließe sich nicht mehr berechnen. Vielmehr könnte ein solcher Aktienkurs dahingehend interpretiert werden, dass die Marktteilnehmer nicht davon ausgehen, dass das zu bewertende Unternehmen in der Lage ist, zukünftig eine über den Kapitalkosten liegende Rendite zu erwirtschaften.

Analog zu den Ausführungen zur MICAP-Berechnung bei besonders niedrigen Marktpreisen sind auch besonders hohe Marktpreise mit der Annahme eines allmählich nachlassenden ROIC in der Restwertphase nicht vereinbar. Der kritische Marktwert, ab dem sich eine marktimplizierte Competitive Advantage Period nicht mehr berechnen lässt, ist der Unternehmenswert, der sich bei konstantem ROIC ohne Konvergenz in der Restwertphase ergibt. Nimmt man an, dass der ROIC nach der Detailplanungsphase auf einem Niveau von 15,1 Prozent verharrt, gilt für den Restwert zum Bewertungsstichtag:[14]

---

[13] Die Berechnung erfolgt anhand der Werte aus Abb. 56.
[14] Der Ausdruck entspricht der *Key Value Driver Formula* aus Abschnitt 2.2.4.2.

$$RW_0 = \frac{NOPLAT_5 \cdot \left(1 - \frac{g}{ROIC}\right)}{(k_{WACC} - g_N) \cdot (1 + k_{WACC})^4} = \frac{2.907 \cdot 15{,}1\% \cdot \left(1 - \frac{3{,}0\%}{15{,}1\%}\right)}{(7{,}9\% - 3{,}0\%) \cdot 1{,}079^4}$$

$= 5.296$ Mio. EUR.

Es ergibt sich ein Gesamtunternehmenswert von

$GUW = UW_{DP} + RW_0 = 680 + 5.296 = 5.976$ Mio. EUR.

Dieser Gesamtunternehmenswert entspricht einem Equity Value von 5.242 Mio. EUR und einem Wert pro Aktie von 105,69 EUR.[15] Erreicht der Aktienkurs von Wacker Chemie diesen Wert, wäre der Aktienkurs ebenfalls mit der Annahme eines bis auf das Niveau der Kapitalkosten absinkenden ROIC nach der Detailplanungsphase nicht mehr vereinbar. Ein solcher Aktienkurs würde bedeuten, dass die Marktteilnehmer davon ausgehen, dass es dem Unternehmen in Zukunft gelingt, sich vollständig Wettbewerbsprozessen zu widersetzen und dauerhaft eine sehr hohe Rendite zu erwirtschaften, die deutlich über den Kapitalkosten liegt.

Zusammenfassend kann festgehalten werden, dass sich insgesamt drei Bedingungen ergeben, die erfüllt sein müssen, damit sich die MICAP für ein Unternehmen überhaupt bestimmen lässt. Die entsprechenden Zusammenhänge sind in Abb. 58 dargestellt. Die erste Bedingung besagt, dass der prognostizierte ROIC über den Kapitalkosten des Unternehmens liegen muss, da sonst keine Competitive Advantage Period im Sinne der Definition von MAUBOUSSIN und JOHNSON vorliegt. Entsprechend der zweiten Bedingung muss der Marktwert mindestens dem Unternehmenswert entsprechen, der sich bei einer minimalen CAP, d. h. bei vollständiger Konvergenz im ersten Jahr der Restwertphase, ergibt. Ein Marktwert, der unter diesem Wert liegt, würde implizieren, dass das betrachtete Unternehmen in der Zukunft Wert vernichtet. Die dritte Bedingung bezieht sich auf die Obergrenze für den

---

[15] Die Berechnung erfolgt auch hier anhand der Werte aus Abb. 56.

Marktwert: ist der berechnete Unternehmenswert selbst bei einem konstanten, über den Kapitalkosten liegenden ROIC niedriger als der Marktwert, lässt sich der Marktwert unter der Annahme eines abnehmenden ROIC in der Restwertphase nicht mithilfe einer DCF-Bewertung abbilden. In diesem Fall ist zu schlussfolgern, dass der Marktwert eine unendlich lange CAP impliziert, in der die Rendite für eine bestimmte Zeit sogar noch über dem Ausgangsniveau liegt.

① **ROIC > WACC?**
— Ja → ② **Berechneter Unternehmenswert bei minimaler CAP* kleiner als der Marktwert?**
— Nein → Keine CAP, sondern „Competitive Disadvantage Period"

② — Ja → ③ **Berechneter Unternehmenswert bei konstant hohem ROIC größer Marktwert?**
— Nein → Marktwert impliziert Wertvernichtung in der Zukunft

③ — Ja → **MICAP ermittelbar**
— Nein → Marktwert impliziert unendlich lange CAP

* Vollständige Konvergenz im ersten Jahr nach der Detailplanungsphase

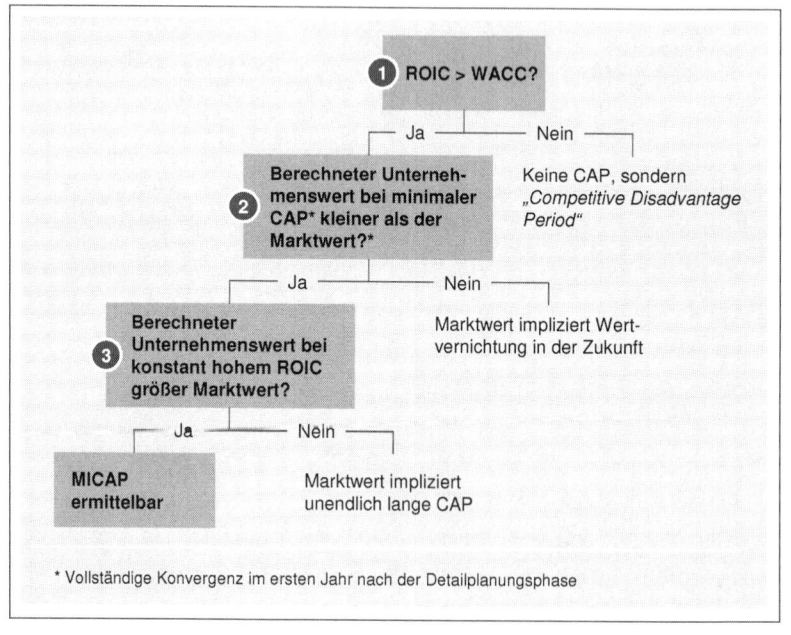

Abb. 58: Drei Bedingungen für die Anwendbarkeit des MICAP-Konzepts

5.3.3 Reaktion der MICAP auf Änderungen des Aktienkurses

Das Prinzip der MICAP findet – ähnlich wie die Multiplikatorverfahren in der Unternehmensbewertung – seine Fundierung in der Preistheorie. Es wird ein vollkommener Kapitalmarkt unterstellt, in dem der Marktwert eines Unternehmens einen Gleichgewichtspreis darstellt, der sämtliche zur Verfügung stehenden Informationen korrekt widerspiegelt.[16] Ändert sich der Marktpreis, wird davon ausgegangen, dass darin neue Informationen berücksichtigt sind, die zu einem neuen Gleichgewichtspreis führen. Problematisch ist allerdings, dass die MICAP deutlich stärker auf die Änderung von Marktpreisen reagiert als die üblicherweise in der Unternehmensbewertung verwendeten Multiplikatoren. Abb. 59 verdeutlicht dies beispielhaft für den Fall eines Anstiegs des Wacker-Chemie-Aktienkurses um 5 Prozent.

	Ausgangssituation	Situation nach Anstieg des Aktienkurses	Veränderung in Prozent
Aktienkurs Wacker Chemie	87,44	91,81	5,0
Enterprise Value *(in Mio. EUR)*	5.071	5.288	4,3
EBITDA 2006 *(in Mio. EUR)*		759	
EBIT 2006 *(in Mio. EUR)*		418	
Gewinn je Aktie *(in EUR)*		5,20	
Multiplikatoren			
KGV	16,8	17,7	5,0
EV/EBITDA	6,7	7,0	4,3
EV/EBIT	12,1	12,7	4,3
MICAP *(in Jahren)*	78	100	28,2

Abb. 59: **Reaktion von MICAP und Multiplikatoren auf einen Anstieg des Aktienkurses um fünf Prozent**
Quelle: HSBC Trinkaus & Burkhardt (2006, Hrsg.), S. 33 und eigene Berechnungen.

Der um 5 Prozent gestiegene Aktienkurs von Wacker Chemie bewirkt eine Steigerung des Kurs-Gewinn-Verhältnisses (KGV) um ebenfalls 5 Prozent, während EBITDA- und EBIT-Multiplikator – analog zur Veränderung des Enterprise Values – um 4,3 Prozent zunehmen. Demgegenüber verändert sich die MICAP bei einem Anstieg des Aktienkurses um 5 Prozent um gut 28 Prozent von 78 auf 100 Jahre. Diese Veränderung erscheint auch absolut be-

---

[16] Vgl. Barthel (1996), S. 152 f.

trachtet als sehr hoch, zumal ein Anstieg des Aktienkurses um 5 Prozent innerhalb kurzer Zeit nicht ungewöhnlich ist:[17] in wenigen Wochen hat sich die Periode, in der es Wacker Chemie nach Einschätzung der Marktteilnehmer gelingt, über den Kapitalkosten liegende Renditen zu erwirtschaften, um über 20 Jahre verlängert. Es kann daher an dieser Stelle festgehalten werden, dass sich eine verlässliche Aussage über die Dauer der MICAP schwierig gestaltet, da die MICAP schon bei vergleichsweise moderaten Änderungen des Aktienkurses starken Schwankungen unterliegt.

5.3.4 Reaktion der MICAP auf Änderungen der Modellprämissen

Zur beispielhaften Berechnung der MICAP für Wacker Chemie wurde eine Reihe von Annahmen über den Verlauf der Hauptwerttreiber in der Restwertphase getroffen (vgl. Abschnitt 5.2.2). Im Folgenden soll untersucht werden, inwiefern die Dauer der MICAP von leichten Änderungen dieser Annahmen beeinflusst wird. Betrachtet werden die folgenden vier Modellannahmen für die Restwertphase, auf denen die berechnete MICAP von 78 Jahren basiert:

1. Die Rentabilität von Wacker Chemie konvergiert gegen die gewichteten Kapitalkosten des Unternehmens.
2. Das Wachstum des investierten Kapitals beträgt 3 Prozent.
3. Das Wachstum des investierten Kapitals ist in der gesamten Restwertphase konstant.
4. Die Konvergenz der Rentabilität verläuft linear.

Abb. 60 stellt den durch diese vier Annahmen beschriebenen Verlauf von Rentabilität *(ROIC)* und Wachstum des investierten Kapitals (g_{IC}) in der Restwertphase graphisch dar. Bei einer MICAP von 78 Jahren wird unterstellt, dass Wacker Chemie nach der vierjährigen Detailplanungsphase noch

---

[17] Der Aktienkurs von Wacker Chemie stieg beispielsweise im Laufe des Monats August 2006 um 5,6 Prozent.

weitere 74 Jahre einen Wert schaffenden ROIC erwirtschaftet, bis dieser im Jahr 2083 auf das Niveau der Kapitalkosten abgesunken ist.

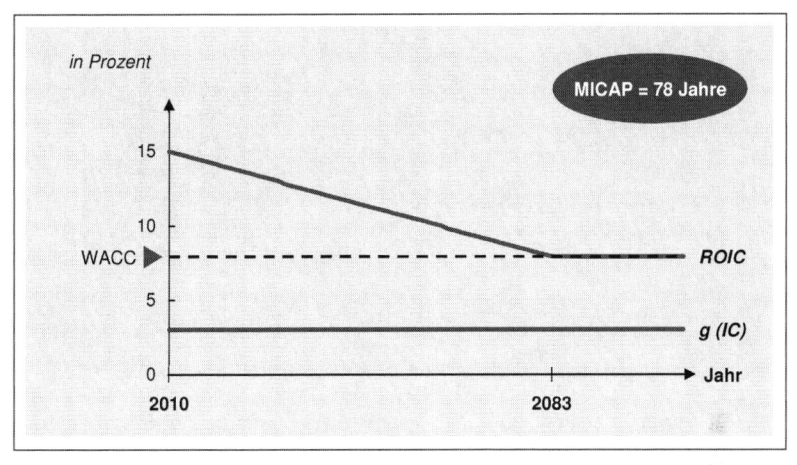

Abb. 60: **Verlauf von Rentabilität und Wachstum des investierten Kapitals in der Restwertphase**

5.3.4.1 Änderung des Konvergenz-Zielwerts (Annahme 1)

Im vorangegangenen Kapitel wurde dargelegt, dass sich die Zielwerte von Konvergenzprozessen einzelner Unternehmen teilweise deutlich voneinander unterscheiden.[18] Die Annahme, dass die Rendite eines Unternehmens langfristig grundsätzlich gegen seine Kapitalkosten konvergiert, ist in den meisten Fällen nicht zutreffend und muss daher kritisch hinterfragt werden.[19] Um die Reaktion der MICAP auf eine Änderung des Konvergenz-Zielwerts zu untersuchen, wird nachfolgend davon ausgegangen, dass es Wacker Chemie langfristig gelingt, eine Rendite zu erwirtschaften, die um 2 Prozentpunkte über den gewichteten Kapitalkosten des Unternehmens liegt.[20]

---

[18] Vgl. insbesondere die Ausführungen in Abschnitt 4.4.2.1.
[19] Vgl. auch Abschnitt 2.2.4.3.
[20] Der Konvergenz-Zielwert von WACC+2% wird hier aus rechentechnischen Gründen gewählt und basiert nicht auf den empirischen Ergebnissen aus Kapitel 4.

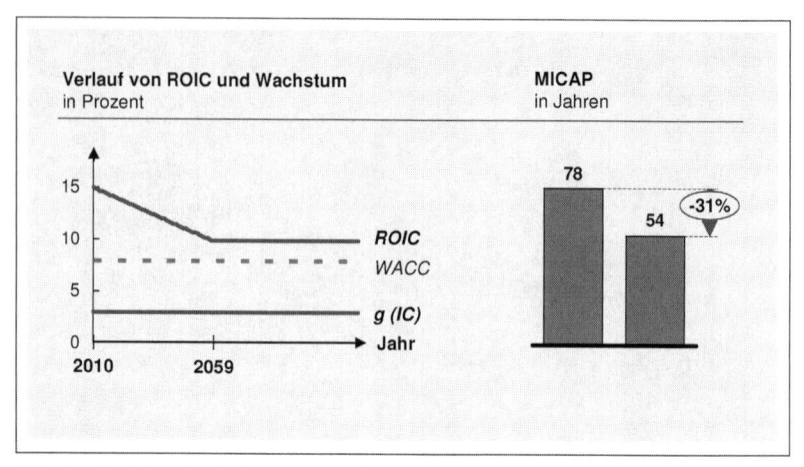

Abb. 61: Reaktion der MICAP auf eine Änderung des Konvergenz-Zielwerts

Abb. 61 veranschaulicht, dass sich die MICAP durch den höheren Konvergenz-Zielwert um 31 Prozent auf 54 Jahre verkürzt. Das Zielniveau von 9,9 Prozent wäre dann bereits im Jahr 2059 erreicht. Zu diesem Ergebnis ist anzumerken, dass es sich bei einem Konvergenz-Zielwert, der über den Kapitalkosten liegt, nach der Definition von MAUBOUSSIN und JOHNSON streng genommen bei der Periode von 54 Jahren nicht um eine Competitive Advantage Period handelt.[21] Diese wäre demnach für ein Unternehmen, dessen Rentabilität dauerhaft seine Kapitalkosten übersteigt, unendlich lang. Im Rahmen der vorliegenden Arbeit soll die Bezeichnung CAP aber auch für diesen Fall beibehalten werden. Sie beschreibt dann im Sinne des Modells der partiellen Anpassung die Periode, in der es einem Unternehmen gelingt, sich der Konvergenz von kurzfristigen Überrenditen zu widersetzen. Die Existenz von langfristigen Überrenditen, die sich von den Kapitalkosten eines Unternehmens unterscheiden, ist damit nicht ausgeschlossen.

5.3.4.2 Änderung des langfristigen Wachstums (Annahme 2)

Die Annahme einer langfristigen Wachstumsrate von 3 Prozent kann ebenfalls kritisch hinterfragt werden. So kommt beispielsweise ALBRECHT in seiner

---

[21] Vgl. Mauboussin/Johnson (1997), S. 3.

Untersuchung verschiedener Möglichkeiten zur plausiblen Festsetzung der langfristigen Wachstumsrate eines Unternehmens zu dem Ergebnis, *„dass das langfristige (nominale) Wachstumspotenzial in Deutschland bei 1,5-3% liegen dürfte [...]."*[22] Die in der Beispielrechnung für Wacker Chemie unterstellte Wachstumsrate von 3 Prozent liegt am oberen Rand dieses Wertebereichs, sodass auch ein geringerer Wert nicht unplausibel erscheint. Um die Reaktion der MICAP auf eine Änderung des langfristigen Wachstums zu verdeutlichen, wird die Wachstumsrate im Folgenden auf 2 Prozent reduziert. Abb. 62 zeigt, dass sich die MICAP bei einer Reduktion der Wachstumsrate um 1 Prozentpunkt auf 97 Jahre erhöht, was einem Anstieg von 80 Prozent entspricht.

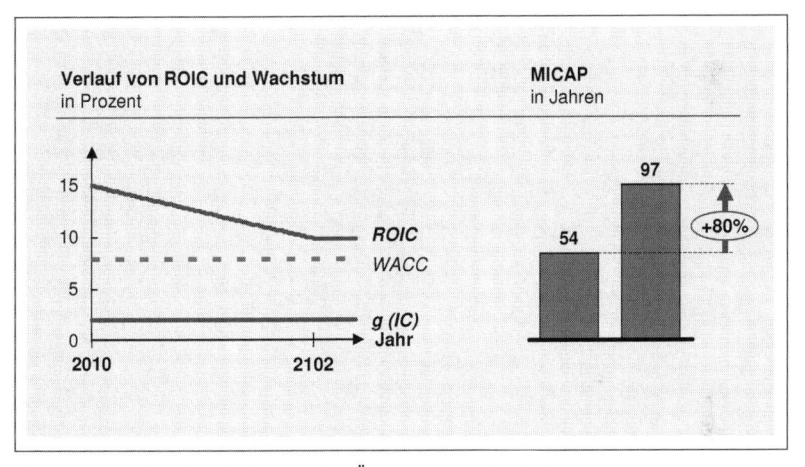

Abb. 62: Reaktion der MICAP auf eine Änderung der Wachstumsrate

Auf den ersten Blick mag das Ergebnis einer Erhöhung der MICAP bei Verringerung der Wachstumsrate überraschen. Eine geringere Wachstumsrate in der Restwertphase reduziert bei entsprechender Rentabilität (ROIC > WACC) den Unternehmenswert.[23] Es ließe sich also erwarten, dass der reduzierte Unternehmenswert auch in einer kürzeren CAP zum Ausdruck

---

[22] Albrecht (2004), S. 740.
[23] Vgl. Abschnitt 2.2.4.3.

kommt, das Unternehmen also nur noch über einen kürzeren Zeitraum in der Lage ist, sich der Konvergenz von kurzfristigen Überrenditen zu widersetzen. Tatsächlich stellt jedoch der Unternehmenswert beim Konzept der MICAP ein Fixum dar und wird durch den aktuellen Marktpreis bestimmt. Wird nun die Wachstumsrate als einer der Hauptwerttreiber in der Restwertphase reduziert, muss ceteris paribus zwangsläufig ein anderer Werttreiber – in diesem Fall die Länge der CAP – steigen, um den Marktpreis weiterhin zu rechtfertigen. Die gleiche Argumentation gilt umgekehrt für die beobachtete Verringerung der CAP bei Erhöhung der langfristigen Rentabilität. Es lässt sich festhalten: Je geringer (höher) die Werte für Wachstum und langfristiges Rentabilitätsniveau eines Unternehmens angesetzt werden, desto höher (geringer) ist der Wert, der sich für die MICAP ergibt.

5.3.4.3 Linearer Rückgang der Wachstumsrate in der Restwertphase (Annahme 3)

Im Berechnungsbeispiel wird unterstellt, dass die Wachstumsrate des investierten Kapitals nach der Detailplanungsphase abrupt abfällt und auf einem konstanten Niveau verharrt. Häufig erscheint es realistischer, wenn man davon ausgeht, dass die Wachstumsrate nicht plötzlich abfällt, sondern sich dem langfristigen Zielwert allmählich annähert.[24] Es wird deshalb im Folgenden unterstellt, dass die Wachstumsrate des investierten Kapitals über einen Zeitraum von 20 Jahren linear abnimmt, bis der Zielwert von 2 Prozent erreicht ist.

---

[24] Vgl. hierzu auch Henselmann (1999), S. 121 sowie die Ausführungen in Abschnitt 2.2.5.

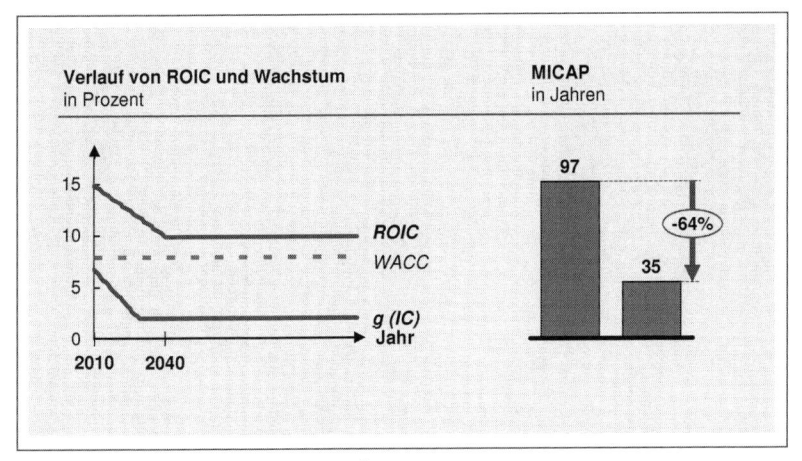

Abb. 63: Reaktion der MICAP auf eine Änderung des Wachstumsverlaufs

Wie in Abb. 63 ersichtlich ist, führt ein allmählicher Rückgang der Wachstumsrate zu einer Verringerung der MICAP. Im Beispiel beträgt der Rückgang 64 Prozent, der ROIC-Zielwert ist nun bereits nach 35 Jahren erreicht. Diese Reaktion ist dadurch zu erklären, dass ein allmählicher Rückgang der Wachstumsrate über 20 Jahre im Vergleich zum abrupten Rückgang gleichbedeutend ist mit einer höheren Wachstumsrate in den ersten 20 Jahren der Restwertphase. Wie zuvor erläutert, führt eine Erhöhung der Wachstumsrate ceteris paribus zu einer Verringerung der MICAP.

5.3.4.4 Nicht linearer Konvergenzverlauf der Rentabilität (Annahme 4)

Mögliche Konvergenzverläufe des Werttreibers Rentabilität wurden bereits in Kapitel 2 diskutiert. Eine durchaus plausible Annahme besteht darin, dass die Rentabilität in der Restwertphase nicht linear abfällt, sondern kontinuierlich gegen einen Zielwert konvergiert. Einen entsprechenden Verlauf unterstellt auch das in der empirischen Untersuchung in Kapitel 4 angewandte Modell der partiellen Anpassung. Nachfolgend wird deshalb unterstellt, dass sich die Rentabilität von Wacker Chemie mit einer konstanten Konvergenzrate dem Zielwert nähert.

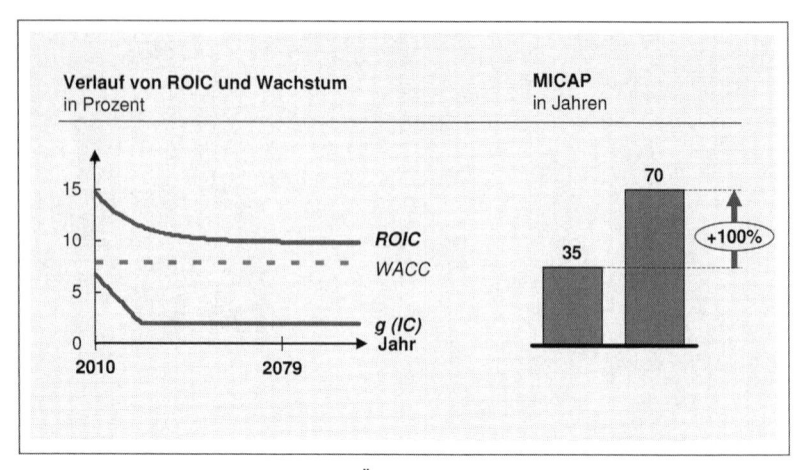

Abb. 64: Reaktion der MICAP auf eine Änderung des Rentabilitätsverlaufs

Streng genommen wird bei dem hier unterstellten Konvergenzverlauf der Zielwert nie erreicht. Es besteht allerdings ab einem gewissen Zeitpunkt nur noch eine minimale Differenz zwischen der tatsächlichen Rentabilität und dem Zielwert. Betrachtet man den Konvergenzprozess ab einer Differenz von weniger als 0,1 Prozentpunkten als abgeschlossen, ist der Zielwert im Beispiel im Jahre 2079 erreicht, die MICAP erhöht sich um 100 Prozent auf 70 Jahre. Dieser Verlauf entspricht einer Konvergenzrate von 0,06 bzw. einer Widerstandsfähigkeit von 0,94. Wie sich anhand von Abb. 64 erkennen lässt, sinkt der Werttreiber Rentabilität insbesondere zu Beginn der Restwertphase schneller als beim zuvor unterstellten linearen Rückgang, was die zu beobachtende Erhöhung der MICAP bewirkt.

5.3.5 Zusammenfassung

In diesem Abschnitt wurde die Eignung des MICAP-Konzepts als Modellparameter für die Restwertbestimmung untersucht. Zunächst wurden dazu Voraussetzungen diskutiert, die erfüllt sein müssen, damit sich die MICAP überhaupt berechnen lässt. Anschließend wurde dargelegt, dass die Anwendung des MICAP-Konzepts auch dann problematisch ist, wenn diese Voraussetzungen erfüllt sind. Es konnte gezeigt werden, dass bereits eine relativ geringe Erhöhung des Marktwerts zu starken Änderungen der MICAP führt.

Auch bei konstantem Marktwert führen vergleichsweise geringe Modifikationen der Modellannahmen zu starken Schwankungen bei der MICAP. So ergaben sich allein für die vier betrachteten, jeweils leicht modifizierten Modelle MICAP-Werte zwischen 35 und 97 Jahren. Aufgrund dieser Ergebnisse muss geschlussfolgert werden, dass sich die Verwendung einer durch Marktwerte implizierten CAP als quantitativer Bewertungsparameter in der Praxis äußerst schwierig gestalten dürfte.

5.4 Alternative Anwendungsmöglichkeiten zur differenzierten Restwertermittlung

5.4.1 Vorbemerkung

Grundsätzlich bieten sich zwei Möglichkeiten an, das Konzept der MICAP im Rahmen der Unternehmensbewertung zur differenzierten Restwertermittlung zu verwenden, wobei die im vorangegangenen Abschnitt geäußerten Einschränkungen berücksichtigt werden müssen. Zum einen ist es vorstellbar, die durchschnittliche MICAP für eine Reihe von Vergleichsunternehmen zu bestimmen und diese als Indikator für die CAP des zu bewertenden Unternehmens zu verwenden. Zum anderen kann das Konzept auch ohne den Vergleich mit anderen Unternehmen dazu beitragen, die Transparenz der Modellannahmen in einer DCF-Bewertung zu erhöhen und diese zu plausibilisieren. Beide Möglichkeiten sollen im Folgenden diskutiert werden.

5.4.2 Verwendung der MICAP von Vergleichsunternehmen

Von MAUBOUSSIN und JOHNSON selbst stammt der Vorschlag, die MICAP eines Unternehmens zu einem bestimmten Zeitpunkt mit der durchschnittlichen MICAP der Branche zu vergleichen.[25] Auch DAMODARAN verweist auf diese Möglichkeit: „The [...] market implied competitive advantage period (MICAP) can then be either compared across firms in a sector or evaluated on a quali-

---

[25] Vgl. Mauboussin/Johnson (1997), S. 6.

tative basis."²⁶ Das Konzept bietet jedoch nicht nur die Möglichkeit, die MICAP ähnlicher Unternehmen miteinander zu vergleichen. Vielmehr wäre es grundsätzlich auch denkbar, die durchschnittliche MICAP einer Reihe von Vergleichsunternehmen als Anhaltspunkt für die Länge der Competitive Advantage Period zu verwenden, die für das zu bewertende Unternehmen angesetzt werden muss. Diese Vorgehensweise basiert auf dem gleichen Grundprinzip wie die Vergleichsverfahren.²⁷

Im vorangegangenen Abschnitt wurde bereits erläutert, warum genau diese Vorgehensweise – nämlich die Verwendung einer durch Marktwerte implizierten CAP als quantitativer Bewertungsparameter – problematisch ist. Bereits für ein einzelnes Unternehmen lässt sich ein exakter MICAP-Wert nicht zuverlässig bestimmen. Es ist davon auszugehen, dass ein Durchschnittswert für mehrere Unternehmen entsprechend wenig Aussagekraft besitzt, da die MICAP-Werte der einzelnen Unternehmen häufig stark voneinander abweichen dürften. Gelingt es jedoch, mithilfe der für die Vergleichsunternehmen ermittelten MICAP-Werte eine Spanne für die marktkonforme Länge der Konvergenzphase festzulegen, kann anhand einer solchen Spanne durchaus eine Eingrenzung des Bewertungsergebnisses vorgenommen werden.

Zwar haben bereits geringe Änderungen des Aktienkurses starke Änderungen der MICAP zur Folge, dies bedeutet aber im Umkehrschluss, dass ein vergleichsweise großer Wertebereich für die MICAP zu einer eher geringen Spanne beim ermittelten Unternehmenswert führt. Dies soll kurz für das Beispielunternehmen Wacker Chemie verdeutlicht werden. Angenommen, die Competitive Advantage Period für Wacker Chemie wird auf Basis der für eine Reihe von Vergleichsunternehmen errechneten MICAP auf eine Länge von 30 bis 80 Jahren geschätzt. Daraus ergibt sich eine Spanne für den Aktienkurs zwischen 68,80 und 86,74 EUR.²⁸ Diese Spanne entspricht in etwa den

---

[26] Vgl. Damodaran (2002), S. 308.
[27] Vgl. Abschnitt 2.1.2.2.
[28] Bei linearem Konvergenzverlauf (Zielwert = WACC) und konstantem Wachstum von 2%

Unterschieden, die sich auch beim Vergleich der Bewertungsergebnisse einzelner Analystenreports ergeben. Lassen sich die übrigen Modellannahmen entsprechend plausibel begründen, stellt dieses Intervall den marktkonformen Wertebereich für die Aktie von Wacker Chemie zum entsprechenden Zeitpunkt dar. Der wesentliche Unterschied zu einem mit verschiedenen Multiplikatoren ermittelten Wertebereich liegt darin, dass dieses Ergebnis auf einer differenzierten DCF-Bewertung basiert, die unter Berücksichtigung eines marktimplizierten Parameters durchgeführt wurde.

5.4.3 Erhöhung der Transparenz hinsichtlich der Modellannahmen

Auch für den Fall, dass eine Eingrenzung des Wertebereichs über eine marktimplizierten CAP nicht gelingen sollte, bietet das Konzept wertvolle Anhaltspunkte für eine Unternehmensbewertung mit dem DCF-Verfahren. MAUBOUSSIN und JOHNSON weisen darauf hin, dass durch die CAP eine erhöhte Transparenz hinsichtlich der Modellannahmen erreicht werden kann: „*The first use for CAP in security analysis is to help translate the market expectations impounded in a share price into value drivers that are easy to understand and assess.*"[29] Berücksichtigt man das Konzept der CAP bei der Bewertung, werden dadurch Annahmen, die implizit in jedem DCF-Modell bezüglich der Entwicklung des Werttreibers Rentabilität im Restwertzeitraum enthalten sind, quantifiziert und somit explizit gemacht. Dies ermöglicht es dem Betrachter, diese Annahmen nachzuvollziehen und falls nötig zu plausibilisieren.

Ebenso kann mithilfe der MICAP überprüft werden, inwiefern sich aktuelle Marktpreise auf Basis der prognostizierten Geschäftsentwicklung der entsprechenden Unternehmen rechtfertigen lassen. Der Vorteil der MICAP im Vergleich zu anderen Kennzahlen besteht darin, dass es sich bei der MICAP um einen Werttreiber handelt, der die Annahmen der Marktteilnehmer im Hinblick auf die langfristige Rentabilitätsentwicklung direkt widerspiegelt und

---

in der Restwertphase. Der Gesamtunternehmenswert liegt zwischen 4.147 und 5.036 Mio. EUR.

[29] Mauboussin/Johnson, 1997, S. 6.

somit deutlich anschaulicher ist. Lässt sich beispielsweise beobachten, dass die MICAP bestimmter Unternehmen infolge gestiegener Aktienkurse innerhalb kurzer Zeit um mehrere Jahrzehnte zunimmt, kann diese Beobachtung direkt in konkrete Markterwartungen hinsichtlich der langfristigen Wettbewerbsfähigkeit übersetzt werden: Der Markt erwartet von diesen Unternehmen nun, dass sie ihre Wettbewerbsvorteile im Durchschnitt über mehrere Jahrzehnte länger aufrechterhalten und in diesem Zeitraum überdurchschnittliche Renditen erwirtschaften können.

Beobachtet man stattdessen in Zeiten einer Börsen-Hausse hohe Werte für Kennzahlen wie das Kurs-Gewinn- oder das Marktwert-Buchwert-Verhältnis, können diese Werte zwar ebenfalls mit Vergangenheitswerten verglichen werden. Ein solcher Vergleich ermöglicht jedoch lediglich Aussagen wie „das Kurs-Gewinn-Verhältnis liegt derzeit um x Prozent über dem Wert von vor drei Monaten" oder „der Markt ist zum heutigen Zeitpunkt bereit, x Prozent mehr je Euro bilanziertem Eigenkapital zu bezahlen als vor drei Monaten". Veränderte Markterwartungen werden von diesen Multiplikatoren allenfalls implizit widergespiegelt und können ggf. nur mithilfe zusätzlicher Annahmen berechnet werden. Multiplikatoren erlauben jedoch im Allgemeinen keine direkte Übersetzung in konkrete Markterwartungen bezüglich bestimmter Werttreiber, wie dies anhand der MICAP für die Rentabilität unmittelbar möglich ist. Dies ist dann Bedeutung, wenn darüber geurteilt werden soll, ob sich eine deutliche Veränderung von Marktpreisen noch auf Basis der prognostizierten Geschäftsentwicklung der entsprechenden Unternehmen rechtfertigen lässt oder ob die Veränderung auf unrealistischen Erwartungen der Marktteilnehmer basiert.

Zur Plausibilisierung aktueller Marktpreise besteht außerdem die Möglichkeit, die MICAP eines oder mehrerer Unternehmen mit den empirischen Ergebnissen aus Kapitel 4 abzugleichen. Bestehen deutliche Diskrepanzen zwischen Markterwartung hinsichtlich der zukünftigen Entwicklung und historisch beobachteter Entwicklung, muss untersucht werden, inwiefern sich diese Diskrepanzen beispielsweise durch veränderte Rahmenbedingungen rechtfertigen lassen. Möglicherweise gelangt man im Rahmen einer Unternehmensbewertung zu dem Ergebnis, dass aktuelle Marktpreise nicht mit Unternehmenswerten, deren Ermittlung empirische Erkenntnisse einbezieht, in Einklang zu bringen sind.

5.4.4 Zusammenfassung

Gelingt es, die MICAP für eine Reihe von Vergleichsunternehmen zu bestimmen, können diese Werte bei der Unternehmensbewertung als Indikation für eine marktkonforme Länge der Konvergenzphase und somit zur Plausibilisierung der Annahmen für die Ermittlung des Restwerts herangezogen werden. Dabei kann unter Umständen auch bei einer vergleichsweise großen Abweichung der MICAP-Werte zwischen den Vergleichsunternehmen eine deutliche Eingrenzung des Unternehmenswerts erreicht werden. Ein weiterer Mehrwert des MICAP-Konzepts besteht darin, dass Annahmen zur langfristigen Entwicklung der Rentabilität im Rahmen einer Unternehmensbewertung explizit gemacht werden, wodurch die Transparenz erhöht wird. Mithilfe der MICAP können veränderte Marktwerte in konkrete Markterwartungen hinsichtlich der langfristigen Wettbewerbsfähigkeit eines Unternehmens übersetzt werden. Dies ermöglicht einen Abgleich der Markterwartungen mit empirisch gewonnenen Erkenntnissen zur langfristigen Entwicklung des Werttreibers Rentabilität und somit eine besonders fundierte Beurteilung aktueller Marktwerte.

6 Anwendungsbeispiel

6.1 Beispielunternehmen und verwendete Analysteneinschätzungen

In diesem Kapitel wird anhand eines Beispiels aufgezeigt, wie die theoretischen Erkenntnisse und die empirischen Untersuchungsergebnisse aus den vorangegangenen Kapiteln im Rahmen der Unternehmensbewertung genutzt werden können. Als Beispielunternehmen dient der deutsche Automobilkonzern Daimler AG, der im Folgenden kurz vorgestellt wird. Anschließend wird die Daimler AG in Abschnitt 6.2 mit einem DCF-Modell bewertet. Dabei erfolgt die Prognose der langfristigen Cashflows unter Einbezug der theoretischen Überlegungen und der empirischen Ergebnisse zum langfristigen Rentabilitätsverlauf. Anschließend wird der Versuch unternommen, eine Plausibilisierung des Bewertungsresultats über das MICAP-Konzept zu erreichen. In Abschnitt 6.3 wird schließlich das Bewertungsergebnis beurteilt.

Der Automobilkonzern Daimler AG zählt zu den größten börsennotierten Unternehmen in Deutschland. Daimler selbst bezeichnet sich als „führender Anbieter von hochwertigen Premium-Pkw" sowie als „der weltweit größte Hersteller von Nutzfahrzeugen".[1] Die Daimler AG ist im DAX gelistet und ist nach Umsatz, Bilanzsumme und Börsenkapitalisierung der zweitgrößte europäische Automobilkonzern hinter Volkswagen.[2] Nach der Fusion mit dem US-amerikanischen Unternehmen Chrysler im Jahre 1998 firmierte der Konzern unter dem Namen DaimlerChrysler AG, bis im August 2007 die Mehrheit an der Chrysler Group und dem dazugehörigen nordamerikanischen Finanzdienstleistungsgeschäft an das Private-Equity-Unternehmen Cerberus verkauft wurde. Im Anschluss wurde das Unternehmen in Daimler AG umbenannt.[3]

---

[1] Daimler (2008, Hrsg.), S. 32.
[2] Vgl. Hoppenstedt (2008, Hrsg.).
[3] Vgl. Daimler (2008, Hrsg.), S. 25.

Das operative Geschäft der Daimler AG gliedert sich in die Bereiche Mercedes-Benz Cars, Daimler Trucks sowie Vans, Buses, and Other. Zum nicht operativen Geschäft ist der Bereich Daimler Financial Services zu zählen, dem eine unterstützende Funktion in Form von Finanzierungs- und Leasingangeboten für Endkunden und Händler zukommt. Darüber hinaus hält das Unternehmen mehrere Beteiligungen, insbesondere einen 24,9-Prozent-Anteil an der European Aeronautic Defense and Space Company (EADS) sowie einen verbleibenden Anteil von 19,9 Prozent an Chrysler.[4] Abb. 65 zeigt den Kursverlauf der Daimler-Aktie in dem halben Jahr nach der Trennung von Chrysler am 3. August 2007.

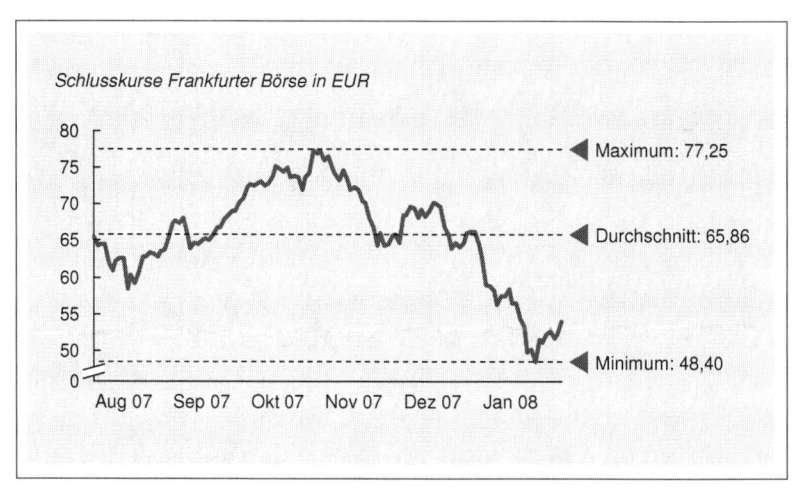

Abb. 65: Aktienkursentwicklung der Daimler AG 03.08.2007 bis 01.02.2008
Quelle: Reuters.

Für die nachfolgende Bewertung der Daimler AG wurden Analystenreports acht verschiedener Banken untersucht (vgl. Abb. 66). In sämtlichen Reports ist der Verkauf der Mehrheit an Chrysler bereits berücksichtigt. Es bestehen dennoch Unterschiede zwischen den Analysteneinschätzungen in vielerlei

---

[4] Vgl. Daimler (2008, Hrsg.), S. 160 f. Das Unternehmen sieht in seinem Geschäftsbericht keine Trennung in operatives und nicht operatives Geschäft vor, für eine differenzierte Bewertung des Unternehmens ist diese Trennung jedoch erforderlich und wird auch von den im Folgenden zitierten Aktienanalysten weitestgehend wie hier beschrieben vorgenommen.

Hinsicht. So kommen unterschiedliche Bewertungsverfahren zur Anwendung, wobei die hier verwendeten Reports ausnahmslos auch auf das DCF-Verfahren bzw. auf ein entsprechendes Werttreibermodell zurückgreifen. Bei der Bewertung werden unterschiedliche Prognosehorizonte gewählt, zudem variieren die Annahmen, die für die langfristige Entwicklung im Restwertzeitraum getroffen werden. Auffallend ist, dass die Ermittlung des Unternehmenswerts durchweg relativ intransparent ist, wobei vor allem die Annahmen für den Restwertzeitraum in den wenigsten Fällen vollständig aufgeführt werden. In keinem Report sind ausreichende Informationen angegeben, um das Bewertungsergebnis exakt nachvollziehen zu können. Unterschiedlich sind auch die von den jeweiligen Analysten ermittelten Kursziele *(Target Prices)*, die eine Einschätzung hinsichtlich des zu erwartenden Marktpreises darstellen. Das durchschnittliche Kursziel der acht Reports liegt bei etwa 79 EUR.

Bank (Hrsg.)	Erscheinungsdatum	Kursziel (in EUR)
Société Générale (2007)	06.07.2007	82,00
Bear Stearns (2007)	17.09.2007	100,00
Citigroup (2007)	13.12.2007	80,00
Merrill Lynch (2007)	13.12.2007	70,00
UBS (2008)	23.01.2008	80,00
M.M.Warburg (2008)	23.01.2008	80,00
Goldman Sachs (2008)	29.01.2008	62,00
Deutsche Bank (2008a)	14.02.2008	80,00

Abb. 66: Für Bewertungsbeispiel verwendete Analystenreports zur Daimler AG

6.2 Discounted-Cashflow-Bewertung

6.2.1 Prognose der Hauptwerttreiber für die Detailplanungsphase

6.2.1.1 Vorbemerkung

Im Rahmen des Bewertungsbeispiels kommt das in Kapitel 2 vorgestellte Werttreibermodell von KOLLER, GOEDHART und WESSELS zur Anwendung.[5] Dazu werden im Folgenden zunächst NOPLAT, freier Cashflow, investiertes Kapital und ROIC für die Detailplanungsphase prognostiziert. Die Länge der Detailplanungsphase beträgt drei Jahre (2008 bis 2010).[6] Die einzelnen Positionen werden jeweils als arithmetischer Mittelwert aus den Prognosen der verschiedenen Analysten gebildet. Diese sind in einem unterschiedlichen Detaillierungsgrad veröffentlicht, zudem erfolgt eine detaillierte Prognose zum Teil lediglich bis zum Jahr 2009, sodass für einzelne Positionen auch nur ein Teil der acht Reports berücksichtigt wird. Es sei an dieser Stelle noch einmal angemerkt, dass sich die Prognosen ausschließlich auf das operative Geschäft der Daimler AG beziehen. Die Werte des Bereichs Financial Services sowie der Finanzinvestitionen werden erst im Anschluss an die DCF-Bewertung des operativen Geschäfts hinzugerechnet.

6.2.1.2 NOPLAT und Freier Cashflow

Abb. 67 stellt die Ermittlung der durchschnittlich prognostizierten Werte für NOPLAT und freien Cashflow der Jahre 2007 bis 2010 dar. Es wird erwartet, dass der Umsatz des operativen Geschäfts bis zum Ende der Detailplanungsphase auf über 100 Mrd. EUR ansteigt. Die durchschnittlich prognostizierte EBIT-Marge beträgt zum Ende der Detailplanungsphase 8,6 Prozent. Der NOPLAT beläuft sich auf 5,9 Mrd. EUR und der freie Cashflow auf 4,6 Mrd. EUR.

---

[5] Vgl. Koller/Goedhart/Wessels (2005), S. 61-63 und Abschnitt 2.2.4.

[6] Bewertungsstichtag ist der 01.01.2008, die Werttreiber für das Jahr 2007 sind nur zur Information aufgeführt.

in Mio. EUR	Jahr 2007	2008	2009	2010
Umsatz	91.494	95.317	100.146	101.545
EBIT	8.379	7.679	8.994	8.743
EBIT-Marge	9,2%	8,1%	9,0%	8,6%
− Steuern auf EBIT	3.361	2.518	2.943	2.856
Steuersatz	40,1%	32,8%	32,7%	32,7%
NOPLAT	**5.018**	**5.162**	**6.052**	**5.887**
+ Abschreibungen	4.760	4.113	4.274	4.398
Betrieblicher Cashflow	**9.778**	**9.275**	**10.325**	**10.285**
− Ersatz- und Erweiterungsinvestitionen	3.839	4.757	4.910	5.383
− Zunahme des Working Capital	1.186	125	575	295
Freier Cashflow (FCF)	**6.552***	**4.394**	**4.840**	**4.607**

* Enthält Sondereffekte in Höhe von 1.799 Mio. EUR

Abb. 67: Prognose von NOPLAT und freiem Cashflow für die Detailplanungsphase

6.2.1.3 Investiertes Kapital und ROIC

Die zur Prognose der Hauptwerttreiber herangezogenen Analystenreports weisen das investierte Kapital zumeist gar nicht aus oder definieren diese Größe anders als im Werttreibermodell von KOLLER, GOEDHART und WESSELS. Eine Verwendung der entsprechenden Prognosewerte, die auf einer anderen Definition beruhen, würde daher zu falschen ROIC-Werten führen. Sämtliche Werttreiber im Modell von KOLLER, GOEDHART und WESSELS beziehen sich ausschließlich auf das operative Geschäft des zu bewertenden Unternehmens. Das investierte Kapital ist demnach definiert als der Betrag, der benötigt wird, um die betrieblichen Aktivitäten eines Unternehmens zu finanzieren.[7] Für das Bewertungsbeispiel wird das investierte Kapital entsprechend dieser Definition mithilfe der Bilanzprognosen berechnet. Lediglich der

---

[7] Vgl. Koller/Goedhart/Wessels (2005), S. 160.

Report von Bear Stearns prognostiziert die Bilanzentwicklung der Daimler AG in einem Detaillierungsgrad, der die Berechnung des investierten Kapitals ermöglicht.[8] Diese Berechnung ist in Abb. 68 dargestellt.

in Mio. EUR	Jahr		
	2007	2008	2009
Betriebliches Umlaufvermögen	26.358	28.326	30.209
− Betriebliche kurzfristige Verbindlichkeiten	8.718	9.328	9.729
Betriebliches Working Capital	**17.640**	**18.998**	**20.480**
+ Betriebliches Anlagevermögen	16.268	17.210	17.709
+ Sonstiges Nettovermögen	252	252	252
Investiertes Kapital*	**34.160**	**36.460**	**38.441**

* Investiertes Kapital am Jahresende ohne Goodwill

Abb. 68: Prognose des investierten Kapitals
Quelle: Bear Stearns (2007, Hrsg.), S. 67 und eigene Berechnungen.

Mit den Prognosen für NOPLAT und investiertes Kapital lässt sich zunächst der ROIC für die Jahre 2007 bis 2010 berechnen. Da das investierte Kapital nur auf der Prognose einer einzigen Bank beruht, wird zur Plausibilisierung ein weiterer Bericht der Investmentbank Morgan Stanley herangezogen, der ROIC-Prognosen für die führenden europäischen Automobilhersteller zumindest für die Jahre 2008 und 2009 enthält.[9] Für die Bewertung wird in diesen Jahren der Durchschnitt aus beiden ROIC-Prognosen verwendet (vgl. Abb. 69).

---

[8] Vgl. Bear Stearns (2007, Hrsg.), S. 67.
[9] Vgl. Morgan Stanley (2007a, Hrsg.), S. 9.

in Mio. EUR	Jahr 2008	2009	2010
NOPLAT	5.162	6.052	5.887
÷ Investiertes Kapital am Jahresanfang	34.160	36.460	38.441
ROIC (Bear Stearns)	15,1%	16,6%	15,3%
ROIC (Morgan Stanley)	14,2%	16,2%	–
Durchschnittlicher ROIC	**14,7%**	**16,4%**	**15,3%**

Abb. 69: Prognose des ROIC

Nachdem sämtliche relevante Werttreiber für die Detailplanungsphase prognostiziert wurden, wird im nächsten Abschnitt auf den langfristigen Verlauf dieser Werttreiber im Restwertzeitraum eingegangen.

6.2.2 Prognose der langfristigen Entwicklung

Keiner der untersuchten Analystenreports stellt die Bewertung derart transparent dar, dass sich die Annahmen hinsichtlich der langfristigen Entwicklung für alle Hauptwerttreiber nachvollziehen lassen. Dennoch wird bereits anhand der größtenteils recht unvollständigen Angaben deutlich, dass häufig pauschale Annahmen getroffen werden, die wenig plausibel erscheinen. In einem Report wird beispielsweise für die Wachstumsrate des freien Cashflows ein Wert von 2,5 Prozent unterstellt. Gleichzeitig entspricht die Höhe der Investitionen exakt der Summe der Abschreibungen, was bedeutet, dass keine Nettoinvestitionen getätigt werden und das investierte Kapital im Zeitablauf konstant bleibt.[10] Diese Annahmen implizieren einen stetig ansteigenden ROIC im Restwertzeitraum: Nur wenn der ROIC Jahr für Jahr zunimmt, kann der freie Cashflow bei konstantem investierten Kapital im Restwertzeitraum ebenfalls ansteigen. Die Annahme eines bis in die Ewigkeit stetig an-

---

[10] Vgl. zum Zusammenhang zwischen Wachstumsrate und Nettoinvestitionen im Restwertzeitraum auch Stellbrink (2005), S. 130-134.

steigenden ROIC ist jedoch vor dem Hintergrund der in der Realität zu beobachtenden, langfristigen Rentabilitätsverläufe als unrealistisch einzustufen.[11] Dementsprechend erscheint auch die Annahme einer positiven langfristigen Wachstumsrate des freien Cashflows ohne jährliche Nettoinvestitionen wenig plausibel. Dieses Beispiel unterstreicht die Notwendigkeit einer Überprüfung der implizit getroffenen Annahmen bei der Bestimmung des Restwerts, um die Plausibilität des Bewertungsergebnisses zu gewährleisten.

Im Mittelpunkt des vorliegenden Bewertungsbeispiels steht die Prognose des langfristigen ROIC-Verlaufs unter Einbezug der theoretischen Überlegungen und empirischen Ergebnisse aus dieser Arbeit. Zuvor soll kurz auf die Annahmen eingegangen werden, die für die übrigen Werttreiber getroffen werden. Bezüglich der langfristigen Wachstumsrate bewegen sich die Prognosen der Analysten zwischen 1,5 und 2,5 Prozent. Für den Restwertzeitraum wird daher eine konstante Wachstumsrate von 2,0 Prozent angesetzt. Es wird ein konstanter Vermögensumschlag unterstellt, sodass sich die Wachstumsraten für Umsatz und investiertes Kapital entsprechen. Die Investitionsquote ist in diesem Fall identisch mit der Wachstumsrate des investierten Kapitals. Sie steht für die Nettoinvestitionen, die notwendig sind, um ein jährliches Wachstum von 2 Prozent zu ermöglichen. Es wird ein Steuersatz von 32 Prozent angenommen, die gewichteten Kapitalkosten betragen 8 Prozent.[12]

Auf Basis der theoretischen Überlegungen und der empirischen Ergebnisse aus den vorangegangenen Kapiteln wird für die Rentabilität in der Restwertphase ein Konvergenzverlauf unterstellt. Im Folgenden soll für diesen Verlauf ein Schätzintervall festgelegt werden, anhand dessen eine Ober- und Untergrenze für den Unternehmenswert der Daimler AG ermittelt werden kann. Grundlage für die Prognose des langfristigen Rentabilitätsverlaufs sind die

---

[11] Vgl. hierzu auch die Ausführungen in den Abschnitten 4.3.2.3 und 4.3.5.3.
[12] Vgl. beispielsweise Bear Stearns (2007, Hrsg.), S. 13 und Citigroup (2007, Hrsg.), S. 19.

empirisch ermittelten Konvergenzparameter für die Branche Automobile und Komponenten (vgl. Abschnitt 4.4.3.5). Im Durchschnitt weisen Unternehmen dieser Branche eine Widerstandsfähigkeit gegen Konvergenzprozesse von 0,33 auf und konvergieren gegen eine langfristige standardisierte Rendite von minus 1,8 Prozent. Die Standardabweichung beträgt 0,22 für die Widerstandsfähigkeit gegen Konvergenzprozesse und 5,0 Prozent für das langfristige Rentabilitätsniveau (vgl. Anhang 3).[13] Die Streuung innerhalb der Branche ist also relativ hoch, sodass die Verwendung eines Schätzintervalls sinnvoll erscheint. Um ein Intervall festlegen zu können, das einen plausiblen Wertebereich für die Daimler AG abbildet, muss zunächst eine Einschätzung in Bezug auf die wirtschaftliche Leistungsfähigkeit des Unternehmens im Vergleich zum Branchendurchschnitt getroffen werden. Dazu werden an dieser Stelle beispielhaft einige Indikatoren betrachtet, mit denen sich eine solche Einschätzung vornehmen lässt. Es sei angemerkt, dass diese Indikatoren lediglich eine Auswahl darstellen und dass darüber hinaus weitere Kennzahlen existieren, mit deren Hilfe die hier beispielhaft vorgenommene Einschätzung weiter verfeinert werden kann.

Betrachtet man das Geschäftsfeld Mercedes-Benz Cars, welches mit über 50 Prozent des Gesamtumsatzes die bedeutendste Unternehmenseinheit darstellt,[14] deuten einige Indikatoren auf ein im Vergleich zum Branchendurchschnitt leicht überdurchschnittliches Renditepotenzial hin. So wird beispielsweise die sehr vorteilhafte Preispositionierung im Pkw-Bereich hervorgehoben, die dem Unternehmen zu relativ hohen Margen verhilft.[15] Als weiterer Indikator kann das Alter des Produktportfolios herangezogen werden, das relativ genau dem Durchschnitt der Branche entspricht.[16] Hervorzuheben ist außerdem das vergleichsweise moderate Risiko des Geschäfts-

---

[13] Bei dem Wert von 5,0 Prozent handelt es sich um die Standardabweichung der Schätzwerte für den Parameter α. Aufgrund der linearen Beziehung ist diese Standardabweichung auf das errechnete, langfristige Rentabilitätsniveau übertragbar.
[14] Vgl. Daimler (2008, Hrsg.), S. 33.
[15] Vgl. Citigroup (2007, Hrsg.), S. 3 und Société Générale (2007, Hrsg.), S. 1.
[16] Vgl. Citigroup (2007, Hrsg.), S. 6.

felds Mercedes-Benz Cars. Dies spiegelt sich zum einen in der sehr stabilen Entwicklung des Geschäftsfelds in der Vergangenheit wider.[17] Zum anderen besteht eine im Vergleich zur Konkurrenz eher moderate Abhängigkeit vom US-Dollar, sodass das Unternehmen in geringerem Maße Wechselkursschwankungen ausgesetzt ist.[18]

An dieser Stelle bietet sich die bereits angesprochene „qualitative Verwendung" der in mehreren Persistence-of-Profits-Untersuchungen identifizierten unternehmensspezifischen Einflussfaktoren auf Konvergenzprozesse an.[19] Für immaterielle Ressourcen konnte beispielsweise ein positiver Einfluss auf die Widerstandsfähigkeit gegen Konvergenzprozesse festgestellt werden,[20] die Unternehmensgröße wirkt sich positiv auf Widerstandsfähigkeit und langfristiges Rentabilitätsniveau aus.[21] Der Pkw-Bereich der Daimler AG weist in Bezug auf beide Einflussfaktoren eine überdurchschnittliche Ausprägung auf. Verwendet man als Indikator für immaterielle Ressourcen die Markenstärke, so liegt Mercedes-Benz in der vierteljährlich erhobenen ADAC-AutomarxX-Studie regelmäßig unter den ersten drei europäischen Automarken.[22] Auch die Größe des Unternehmens ist im Vergleich zu anderen europäischen Automobilunternehmen überdurchschnittlich; Daimler liegt im Hinblick auf Umsatz, Bilanzsumme und Börsenkapitalisierung europaweit auf Platz zwei hinter der Volkswagen AG.[23]

Die Situation des Geschäftsbereichs Daimler Trucks stellt sich hingegen im Vergleich zum Branchendurchschnitt als leicht unterdurchschnittlich dar. Dies wird deutlich bei Betrachtung der EBIT-Marge, die in den vergangenen Jah-

---

[17] Vgl. Deutsche Bank (2008a, Hrsg.), S. 7.
[18] Vgl. Citigroup (2007, Hrsg.), S. 1.
[19] Vgl. Abschnitt 4.2.3.
[20] Vgl. Villalonga (2004), S. 219-226.
[21] Vgl. Yurtoglu (2004), S. 622; Goddard/Wilson (1996), S. 114 und Cubbin/Geroski (1987), S. 439.
[22] Vgl. o. V. (2007), S. 6.
[23] Vgl. Hoppenstedt (2008, Hrsg.).

ren unter der Marge der Konkurrenten MAN, Scania und Volvo lag.[24] Allerdings wird auch darauf hingewiesen, dass der Geschäftsbereich noch relativ jung ist und die EBIT-Marge daher Verbesserungspotenzial durch eine verstärkte Integration der globalen Aktivitäten in den kommenden Jahren bietet.[25] Hinsichtlich des kleinsten Geschäftsbereichs Vans, Buses, and Other wird in den Analysen der verschiedenen Banken kein direkter Vergleich mit den Wettbewerbern vorgenommen. Es lässt sich lediglich feststellen, dass für absehbare Zeit ein angemessenes und stabiles Ergebnis im Van- und Busgeschäft zu erwarten ist.[26]

Insgesamt kann aufgrund dieser Beobachtungen geschlussfolgert werden, dass die zu erwartende Leistungsfähigkeit der Daimler AG nicht besonders stark vom Branchendurchschnitt abweichen dürfte. Es erscheint daher plausibel, für die Prognose des langfristigen Rentabilitätsverlaufs der Daimler AG Intervallgrenzen festzulegen, die relativ nah am durchschnittlichen Verlauf der Branche liegen. Setzt man die untere Grenze für Widerstandsfähigkeit und langfristiges Rentabilitätsniveau bei jeweils 0,5 Standardabweichungen unter dem Branchendurchschnitt („Worst Case") und die obere Grenze bei 0,5 Standardabweichungen über dem Branchendurchschnitt („Best Case"), so umfasst dieses Intervall knapp 40 Prozent aller Unternehmen aus der Branche Automobile und Komponenten.[27] Dabei handelt es sich um die 40 Prozent aller Unternehmen aus der Branche, deren langfristiger Rentabilitätsverlauf dem durchschnittlichen Branchenverlauf am nächsten kommt. Vor dem Hintergrund der zuvor getätigten Einschätzung der Daimler AG im Vergleich zum Branchendurchschnitt stellt dieses Intervall eine gute Approximation für den langfristigen Rentabilitätsverlauf des Unternehmens dar.

---

[24] Vgl. Citigroup (2007, Hrsg.), S. 10 und Deutsche Bank (2008a, Hrsg.), S. 8.
[25] Vgl. Deutsche Bank (2008a, Hrsg.), S. 9.
[26] Vgl. Citigroup (2007, Hrsg.), S. 11.
[27] Es wird eine Normalverteilung innerhalb der Branche unterstellt.

Da das langfristige Rentabilitätsniveau im Rahmen der empirischen Untersuchung für die standardisierte Rendite berechnet wurde, muss dieses zur Bestimmung der Intervallgrenzen für die DCF-Bewertung in einen langfristigen ROIC umgerechnet werden. Es gilt entsprechend Gleichung (4-1) auf S. 20:

(6-1) $\quad ROIC^{LT} = \overline{ROIC}^{LT} + R^{LT}$

$ROIC^{LT}$ = Langfristiger ROIC (der Branche)
$\overline{ROIC}^{LT}$ = Durchschnittlicher, langfristiger ROIC aller Unternehmen
R^{LT} = Langfristige standardisierte Rendite (der Branche)

Als Näherungswert wird für den durchschnittlichen langfristigen ROIC aller Unternehmen der durchschnittliche ROIC der Gesamtstichprobe aus der empirischen Untersuchung über die Jahre 1990 bis 2005 herangezogen.[28] Dieser beträgt 13,7 Prozent. Bei einer langfristigen standardisierten Rendite von minus 1,8 Prozent beträgt der langfristige ROIC der Branche Automobile und Komponenten:

$ROIC^{LT}_{Auto} = 13,7\% - 1,8\% = 11,9\%$.

Für den langfristigen ROIC der oberen Intervallgrenze gilt

$ROIC^{LT}_{Best\ Case} = 11,9\% - 0,5 \cdot 5,0\% = 9,4\%$.

Für den langfristigen ROIC der unteren Intervallgrenze ergibt sich

$ROIC^{LT}_{Worst\ Case} = 11,9\% + 0,5 \cdot 5,0\% = 14,4\%$.

Abb. 70 zeigt den prognostizierten ROIC-Verlauf der Daimler AG in den ersten Jahren nach der Detailplanungsphase für die Intervallobergrenze, für den Branchendurchschnitt und für die Intervalluntergrenze.

---

[28] Vgl. Abschnitt 4.3.5.

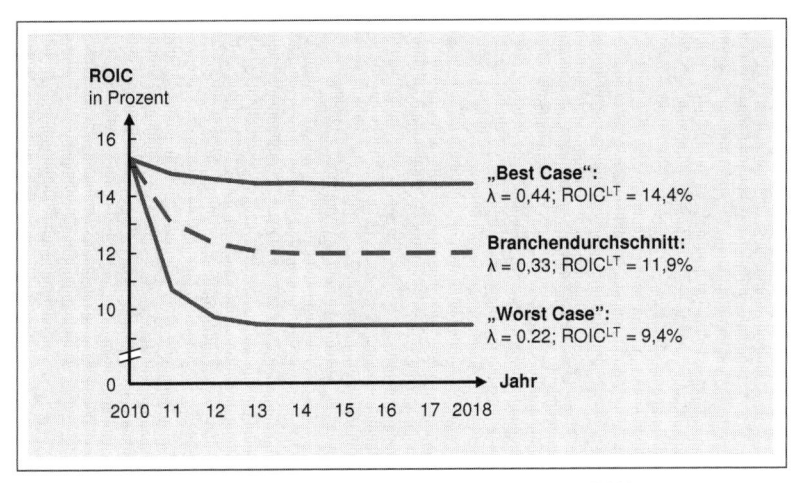

```
ROIC
in Prozent
16
14 ─────────────── „Best Case":
                    λ = 0,44; ROIC^LT = 14,4%
12 ─ ─ ─ ─ ─ ─ ─ ─  Branchendurchschnitt:
                    λ = 0,33; ROIC^LT = 11,9%
10 ─────────────── „Worst Case":
                    λ = 0.22; ROIC^LT = 9,4%
 0                                    → Jahr
   2010 11 12 13 14 15 16 17 2018
```

Abb. 70: Schätzintervall für den Konvergenzverlauf des Daimler-ROIC

Im Folgenden wird die Bewertung im Detail für die Annahme durchgeführt, dass der ROIC-Verlauf der Daimler AG im Restwertzeitraum exakt dem durchschnittlichen Konvergenzverlauf der Branche entspricht. Abb. 71 stellt die Entwicklung der Hauptwerttreiber in den ersten Jahren nach der Detailplanungsphase dar. Es wird deutlich, dass die Konvergenz der kurzfristigen Überrenditen relativ schnell erfolgt. Bereits nach drei Jahren ist der ROIC von ursprünglich 15,3 Prozent auf 12,0 Prozent abgesunken und hat seinen langfristigen Zielwert damit fast erreicht. Aufgrund der Widerstandsfähigkeit von 0,33 sind nach drei Jahren nur noch knapp 4 Prozent ($0{,}33^3 = 0{,}036$) der ursprünglichen kurzfristigen Überrendite erhalten. Zum Vergleich: Ein Unternehmen mit einer doppelt so hohen Widerstandsfähigkeit würde zu diesem Zeitpunkt noch fast 30 Prozent ($0{,}66^3 = 0{,}287$) seiner kurzfristigen Überrendite aufweisen.

in Mio. EUR	Jahr 2010	2011	2012	2013	2014	...	2018
Investiertes Kapital zum Jahresanfang	38.441	40.246	41.051	41.872	42.709	...	46.230
× ROIC	15,3%	13,0%	12,3%	12,0%	11,9%	...	11,9%
NOPLAT	5.887	5.238	5.035	5.033	5.099	...	5.502
− Nettoinvestitionen	1.280	805	821	837	854	...	925
Freier Cashflow	**4.607**	**4.433**	**4.214**	**4.195**	**4.245**	...	**4.577**
Wachstum des investierten Kapitals		2,0%	2,0%	2,0%	2,0%	...	2,0%

Abb. 71: Prognostizierte Entwicklung der Hauptwerttreiber von 2010 bis 2018

Im Jahr 2018 beträgt der ROIC konstant 11,9 Prozent, der Konvergenzprozess ist zu diesem Zeitpunkt abgeschlossen.[29] Es bietet sich daher eine Unterteilung des Bewertungszeitraums in drei Phasen an: eine Detailplanungsphase von 2008 bis 2010, eine erste Restwertphase (Konvergenzphase) bis 2018 und eine zweite Restwertphase für die Folgejahre. Dabei ist es für das Bewertungsergebnis im Prinzip irrelevant, zu welchem Zeitpunkt die zweite Restwertphase beginnt, solange sichergestellt ist, dass der Konvergenzprozess zu diesem Zeitpunkt faktisch abgeschlossen ist.

Der Unternehmenswert, der auf die Detailplanungsphase entfällt, beträgt

$$UW_{DP} = \sum_{t=1}^{3} \frac{FCF_t}{(1+k_{WACC})^t} = \frac{4.394}{1,08} + \frac{4.840}{1,08^2} + \frac{4.607}{1,08^3} = 11.875 \text{ Mio. EUR}.$$

---

[29] Die verbleibende kurzfristige Überrendite liegt deutlich unter einem Prozent und kann daher vernachlässigt werden.

Auf die Konvergenzphase (erste Restwertphase) entfällt ein Wert von

$$RW_1 = \sum_{t=4}^{11} \frac{FCF_t}{(1+k_{WACC})^t} = \frac{4.433}{1,08^4} + \frac{4.214}{1,08^5} + \frac{4.195}{1,08^6} + \frac{4.245}{1,08^7} + \ldots + \frac{4.577}{1,08^{11}}$$

$= 19.823$ Mio. EUR.

Zu Beginn der zweiten Restwertphase wird davon ausgegangen, dass sich das Unternehmen im Gleichgewichtszustand befindet. NOPLAT, Nettoinvestitionen und freier Cashflow wachsen gleichmäßig mit 2 Prozent pro Jahr bei konstanter Investitionsquote und konstantem ROIC. Für die Berechnung des Unternehmenswerts, der auf die zweite Restwertphase entfällt, kann daher das Gordon-Wachstumsmodell herangezogen werden:

$$RW_2 = \frac{FCF_{12}}{(k_{WACC} - g) \cdot (1+k_{WACC})^{11}} = \frac{4.577 \cdot 1,02}{(0,08 - 0,02) \cdot 1,08^{11}}$$

$= 33.371$ Mio. EUR.

Es ergibt sich ein Gesamtunternehmenswert von

$$GUW = UW_{DP} + RW_1 + RW_2 = 11.875 + 19.823 + 33.371$$

$= 65.069$ Mio. EUR.

Mithilfe des Gesamtunternehmenswerts wird zunächst der Wert des Eigenkapitals und anschließend der Wert pro Aktie bestimmt. Dazu werden Fremdkapital[30] und Anteile in Fremdbesitz vom Gesamtunternehmenswert subtrahiert, das nicht betriebliche Vermögen wird addiert (vgl. Abb. 72). Es ergibt sich ein Wert pro Aktie von 77,58 EUR, der in etwa dem durchschnittli-

---

[30] Zum Bewertungsstichtag übersteigen die Zahlungsmittelbestände das Fremdkapital der Daimler AG, sodass sich ein „negatives Fremdkapital" in Form von Netto-Zahlungsmittelbeständen ergibt, die zum Gesamtunternehmenswert addiert werden.

chen Kursziel der acht untersuchten Analystenreports entspricht (vgl. Abb. 66).

in Mio. EUR	
Gesamtunternehmenswert *(Enterprise Value)*	65.069
+ Netto-Zahlungsmittelbestände	5.124
+ EADS-Anteil	2.961
+ Sonstige Finanzinvestitionen	3.933
+ Buchwert Daimler Financial Services	4.035
− Anteile in Fremdbesitz	1.991
Wert des Eigenkapitals *(Equity Value)*	79.131
÷ Anzahl Aktien (in Mio.)	1.020
Wert pro Aktie (in EUR)	**77,58**

Abb. 72: Berechnung des Werts pro Aktie
Quelle: M.M.Warburg (2008, Hrsg.), S. 4.

Berechnet man auf gleiche Weise den Unternehmenswert für die Intervallgrenzen, so ergibt sich für das Worst-Case-Szenario ein Wert pro Aktie von 64,65 EUR. Für das Best-Case-Szenario liegt der Wert pro Aktie bei 90,24 EUR. Dies entspricht einem Gesamtunternehmenswert zwischen 52 und 80 Mrd. EUR (siehe Abb. 73).

Szenario	Konvergenz-parameter	Unternehmenswert in Mio. EUR	Wert pro Aktie in EUR
„Best Case"	$\lambda = 0{,}44$ $ROIC^{LT} = 14{,}4\%$	11.875 / 66.105 / 77.980 UW_{DP} RW GUW	90,24
Branchen-durchschnitt	$\lambda = 0{,}33$ $ROIC^{LT} = 11{,}9\%$	11.875 / 53.194 / 65.069 UW_{DP} RW GUW	77,58
„Worst Case"	$\lambda = 0{,}22$ $ROIC^{LT} = 9{,}4\%$	11.875 / 40.010 / 51.885 UW_{DP} RW GUW	64,65

Abb. 73: Bewertungsergebnisse der drei Szenarien im Vergleich

Aus der ROIC-Prognose auf Basis der empirischen Ergebnisse lässt sich unmittelbar eine Vorhersage der EBIT-Marge ableiten. Dies kann deshalb von Bedeutung sein, weil die EBIT-Marge einen zusätzlichen, häufig verwendeten Parameter zur Beurteilung des operativen Geschäfts darstellt, sodass durch eine „Übersetzung" des langfristigen ROIC-Zielwerts in eine langfristige EBIT-Marge ein erhöhtes Ausmaß an Transparenz hinsichtlich der bei der Bewertung getroffenen Annahmen erreicht werden kann. Für den langfristigen ROIC gilt:[31]

$$(6\text{-}2) \quad ROIC = \frac{NOPLAT}{IC} = \frac{EBIT \cdot (1 - Steuersatz)}{IC}.$$

Ergänzt man die rechte Seite der Gleichung um den Umsatz, ergibt sich

$$(6\text{-}3) \quad ROIC = \frac{EBIT}{Umsatz} \cdot \frac{Umsatz}{IC} \cdot (1 - Steuersatz).$$

Der erste Ausdruck auf der rechten Seite der Gleichung (EBIT geteilt durch Umsatz) entspricht der EBIT-Marge. Der zweite Ausdruck (Umsatz geteilt

---

[31] Vgl. Formel (2-10) auf S. 9.

durch investiertes Kapital) steht für den Kapitalumschlag des zu bewertenden Unternehmens. Sind Kapitalumschlag und Steuersatz im Zeitablauf konstant, kann die EBIT-Marge als konstanter Anteil am ROIC ausgedrückt werden:

(6-4) $\quad ROIC = EBIT\text{-}Marge \cdot Kapitalumschlag \cdot (1 - Steuersatz)$

$\Leftrightarrow EBIT\text{-}Marge = ROIC \cdot \dfrac{1}{Kapitalumschlag \cdot (1 - Steuersatz)}.$

Bei einem durchschnittlichen Kapitalumschlag von 2,7 und einem Steuersatz von 32 Prozent ergibt sich für die Daimler AG folgender Zusammenhang zwischen EBIT-Marge und ROIC:[32]

(6-5) $\quad EBIT\text{-}Marge = ROIC \cdot \dfrac{1}{2,7 \cdot (1 - 0,32)} = ROIC \cdot 0,54$

Berechnet man die langfristige EBIT-Marge auf Basis der definierten Intervallgrenzen für den langfristigen ROIC, erhält man für das Worst-Case-Szenario eine EBIT-Marge von 5,1 Prozent. Für den Branchendurchschnitt beträgt der Wert 6,4 Prozent und für das Best-Case-Szenario 7,8 Prozent. Damit liegt die Marge selbst unter der Annahme eines besonders positiven Geschäftsverlaufs noch unter den für die Detailplanungsphase prognostizierten Werten.[33] Dies deckt sich damit, dass für die Rentabilität ein Konvergenzverlauf im Restwertzeitraum unterstellt wird, sodass der langfristige ROIC auch im Best-Case-Szenario leicht unter den Werten liegt, die in der Detailplanungsphase erreicht werden.

6.2.3 Zur Möglichkeit einer Ergebnis-Plausibilisierung anhand des MICAP-Konzepts

In Kapitel 5 wurde das MICAP-Konzept und seine Verwendung zur differenzierten Restwertermittlung ausführlich diskutiert. Dabei wurde darauf hinge-

---

[32] Der Kapitalumschlag von 2,7 entspricht dem durchschnittlichen Kapitalumschlag der Jahre 2008 bis 2010 (vgl. Abb. 67 und Abb. 68).

[33] Vgl. Abb. 67.

wiesen, dass es trotz einiger Einschränkungen hinsichtlich der Anwendbarkeit des Konzepts ggf. sinnvoll sein kann, mithilfe der MICAP eine Eingrenzung des Bewertungsergebnisses vorzunehmen, indem auf Basis der MICAP einiger Vergleichsunternehmen eine Spanne für die marktkonforme Länge der Konvergenzphase festgelegt wird.[34] Als Vergleichsunternehmen werden drei weitere europäische Automobilunternehmen herangezogen: Volkswagen als größter europäischer Automobilhersteller, BMW als einer der Hauptkonkurrenten der Daimler AG im PKW-Bereich[35] sowie mit PSA Peugeot-Citroën einer der größten nicht-deutschen Automobilkonzerne in Europa. Anhand dieser Vergleichsunternehmen wird der Versuch unternommen, ein marktkonformes Intervall für die Konvergenzphase der Daimler AG zu bestimmen. Grundlage für die Untersuchung bilden auch hier Analystenreports verschiedener Banken (siehe Abb. 74). Als Referenz für den Marktwert wird analog zu Abschnitt 6.2 für alle drei Unternehmen der durchschnittliche Aktienkurs vom 03.08.2007 bis zum 01.02.2008 herangezogen. Die einzelnen DCF-Bewertungsmodelle sind im Detail in Anhang 4 aufgeführt.

---

[34] Vgl. Abschnitt 5.4.2.
[35] BMW ist zudem nach Umsatz und Bilanzsumme das drittgrößte Automobilunternehmen in Deutschland hinter Volkswagen und Daimler, vgl. Hoppenstedt (2008, Hrsg.).

Analysiertes Unternehmen	Bank (Hrsg.)	Erscheinungsdatum des Reports
BMW	Credit Suisse (2007)	24.01.2007
	Morgan Stanley (2007a)	06.11.2007
	Deutsche Bank (2008b)	13.01.2008
Volkswagen	Goldman Sachs (2007)	13.03.2007
	Deutsche Bank (2007a)	26.03.2007
	ABN Amro (2007)	29.05.2007
PSA Peugeot-Citroën	Morgan Stanley (2007b)	16.04.2007
	Natixis Securities (2007)	29.08.2007
	Deutsche Bank (2007b)	13.12.2007

Abb. 74: Für MICAP-Berechnung verwendete Analystenreports

Bei der Untersuchung der Analystenreports fällt auf, dass der prognostizierte ROIC sowohl für Volkswagen als auch für BMW unter den jeweiligen gewichteten Kapitalkosten liegt (ROIC < WACC). Damit ist für diese Unternehmen die erste der in Abschnitt 5.3.2 formulierten Voraussetzungen zur Berechnung der MICAP nicht erfüllt. Es erscheint wenig sinnvoll, für Volkswagen und BMW eine Market Implied Competitive Disadvantage Period (MICDP) zu berechnen, um anschließend eine Analogie herzustellen zwischen der MICDP zweier wertvernichtender Unternehmen und der Rentabilitätsentwicklung eines wertschaffenden Unternehmens. Die entsprechenden MICDP-Werte eignen sich daher nicht für die Bewertung der Daimler AG, da diese einen ROIC aufweist, der über den gewichteten Kapitalkosten liegt.

Als einziges der drei Vergleichsunternehmen verfügt PSA Peugeot-Citroën über einen ROIC, der über den Kapitalkosten liegt. Die Berechnung der MICAP ist jedoch auch in diesem Fall problematisch, da die zweite Bedingung aus Abschnitt 5.3.2 zur Berechnung der MICAP nicht erfüllt ist: selbst unter der Annahme einer sehr kurzen CAP (1 Jahr) liegt der mittels DCF-Methode bestimmte Unternehmenswert deutlich über dem Marktwert des Unternehmens. Würde man nun die im DCF-Modell unterstellte Dauer der CAP verlängern, hätte dies einen weiteren Anstieg des berechneten Unternehmenswerts zur Folge, sodass sich der niedrigere Marktwert über das DCF-Modell erst recht nicht abbilden ließe. Dieses Ergebnis kann dahin gehend interpretiert werden, dass die Marktteilnehmer nicht davon ausgehen, dass PSA Peugeot-Citroën in der Lage ist, zukünftig eine über den Kapitalkosten liegende Rendite zu erwirtschaften.

Damit muss festgehalten werden, dass die MICAP für keines der drei Vergleichsunternehmen berechnet werden kann. Eine Plausibilisierung der Daimler-Bewertung anhand der MICAP dieser Unternehmen ist daher nicht möglich. Dieses Ergebnis bedeutet zwar nicht, dass der Einsatz des MICAP-Konzepts zur Plausibilisierung einer DCF-Bewertung grundsätzlich nicht möglich ist, verdeutlich jedoch erneut die mit diesem Konzept verbundenen Schwierigkeiten. Es kann kritisch angemerkt werden, dass diese Schwierigkeiten auf die Auswahl der Vergleichsunternehmen zurückzuführen sind. Dem ist jedoch entgegenzusetzen, dass es sich bei Volkswagen, BMW und PSA Peugeot-Citroën um wichtige Konkurrenten der Daimler AG und daher um relevante Vergleichsunternehmen handelt. Selbst für den Fall, dass sich die MICAP für andere europäische Automobilunternehmen berechnen ließe, wäre eine ganzheitliche Betrachtung, die alle relevanten Vergleichsunternehmen aus dieser Branche umfasst, nicht möglich.

6.3 Beurteilung des Bewertungsergebnisses

In Kapitel 6 wurde gezeigt, wie die theoretischen Überlegungen und die empirischen Ergebnisse aus dieser Arbeit für die Prognose des langfristigen Rentabilitätsverlaufs genutzt werden können. Dabei wurde deutlich, dass auch mithilfe statistisch gesicherter Beobachtungen keine deterministische Vorhersage der zukünftigen Entwicklung eines Unternehmens erreicht werden kann. Die empirischen Ergebnisse ermöglichen jedoch eine Eingrenzung des langfristigen Rentabilitätsverlaufs und damit des gesamten Bewertungsergebnisses.

Der Mehrwert der empirischen Untersuchung ist in erster Linie darin zu sehen, dass anhand der Ergebnisse zum langfristigen Rentabilitätsverlauf eine verbesserte Plausibilität der getroffenen Annahmen und damit letztendlich ein differenzierteres Bewertungsergebnis erreicht werden kann. Dabei ist das erzielte Bewertungsergebnis allein nicht als Kriterium für die Güte der Bewertung geeignet, da die Bestimmung eines „objektiv richtigen" Unternehmenswerts auch mithilfe der empirischen Ergebnisse nicht möglich ist. Betrachtet man die Bewertungsergebnisse aus den untersuchten Analystenreports, lässt sich lediglich feststellen, dass ein Großteil der in diesen Reports ermittelten Kursziele innerhalb des Intervalls liegt, das auf Basis der empirischen Ergebnisse für die Daimler AG ermittelt wurde. Will man jedoch die Güte dieser Ergebnisse miteinander vergleichen, wäre in erster Linie die Plausibilität der getroffenen Annahmen zu hinterfragen. Diese sind allerdings in den Analystenreports zumeist derart intransparent dargestellt, dass sich das Bewertungsergebnis kaum nachvollziehen lässt.

Die Ergebnisse der empirischen Untersuchung eignen sich darüber hinaus auch für eine Prognose der langfristigen EBIT-Marge, wodurch die Transparenz der Bewertungsannahmen weiter erhöht werden kann. Eine Plausibilisierung des Bewertungsergebnisses anhand des MICAP-Konzepts gestaltet sich hingegen schwierig. Im Rahmen des vorliegenden Bewertungsbeispiels war die Ermittlung der MICAP für die drei ausgewählten Vergleichsunternehmen nicht möglich, sodass diese auch nicht zur Plausibilisierung herangezogen werden konnte.

7 Schlussbetrachtung

Die Zielsetzung der vorliegenden Arbeit bestand darin, empirisch fundierte Modellparameter für die Unternehmensbewertung abzuleiten, um eine differenziertere Prognose der langfristigen Rentabilitätsentwicklung europäischer Unternehmen zu ermöglichen und somit die Restwertermittlung auf der Basis von Pauschalannahmen zu vermeiden. Zunächst wurde die Notwendigkeit einer Restwertermittlung auf der Basis differenzierterer Prognosen verdeutlicht, indem aufgezeigt wurde, dass der Restwert im üblicherweise angewandten Zwei-Phasen-Modell zumeist deutlich mehr als die Hälfte des Gesamtunternehmenswerts ausmacht. Ermittelt wird dieser Restwert i. d. R. mithilfe des Gordon-Wachstumsmodells, wobei eine Vielzahl größtenteils impliziter Pauschalannahmen getroffen wird. Dabei ist insbesondere die Annahme einer auf ewig konstanten Rentabilität kritisch zu bewerten, da sie in der Realität zumeist nicht erfüllt sein dürfte. Gleichzeitig stellt die Rentabilität einen der Hauptwerttreiber des freien Cashflows dar, sodass die Anwendung des Gordon-Wachstumsmodells zu erheblichen Bewertungsfehlern führen kann.

Das alternativ vorgeschlagene Drei-Phasen-Modell, das zwischen Detailplanungs- und Restwertphase eine Überrenditephase vorsieht, in der die Rentabilität bis auf das Niveau der Kapitalkosten absinkt, bietet den Vorteil, dass die bezüglich der Rentabilität getroffenen Annahmen explizit im Modell enthalten sind. Allerdings ist die pauschale Annahme einer auf das Niveau der Kapitalkosten absinkenden Rendite ebenfalls zu kritisieren, da auch sie in den wenigsten Fällen der Realität entsprechen dürfte. Aus diesem Grund wurden verschiedene Verfahren vorgestellt, mit denen sich differenziertere Annahmen im Hinblick auf die langfristige Entwicklung einiger Werttreiber abbilden lassen.

Um eine plausible Festsetzung dieser Annahmen zu ermöglichen, wurde der langfristige Rentabilitätsverlauf europäischer Unternehmen empirisch untersucht. Für die Untersuchung wurden Konvergenzverläufe dieses Werttreibers unterstellt, die sich unter Zuhilfenahme verschiedener theoretischer Ansätze begründen lassen. Dabei wird eine hohe Rentabilität als Ausdruck von Wettbewerbsvorteilen aufgefasst, über die ein Unternehmen im Vergleich zur Konkurrenz verfügt. Den Ausgangspunkt für die theoretische Begründung von Konvergenzprozessen bildet das neoklassische Marktmodell, das vollkommene Konkurrenz unterstellt, in der Wettbewerbsvorteile grundsätzlich nicht möglich sind bzw. allenfalls ein kurzfristiges Phänomen darstellen.

Im Gegensatz dazu liefern die aus der theoretischen Fundierung des strategischen Managements bekannten Ansätze vielfältige Erklärungen für die Existenz nachhaltiger Wettbewerbsvorteile. Eine wichtige Rolle spielen dabei die industrieökonomischen Ansätze, die Wettbewerbsvorteile maßgeblich anhand der Branchenzugehörigkeit eines Unternehmens erklären, sowie der ressourcenbasierte Ansatz, der primär unternehmensspezifische Faktoren zur Erklärung von Wettbewerbsvorteilen anführt. Neben diesen beiden Ansätzen wurden weitere theoretische Strömungen diskutiert, anhand derer ebenfalls begründet werden kann, dass die Annahmen des neoklassischen Marktmodells nicht vollständig erfüllt sind, weshalb einige Unternehmen auch langfristig über Wettbewerbsvorteile verfügen und Überrenditen erwirtschaften, während Unternehmen mit Wettbewerbsnachteilen und unterdurchschnittlichen Renditen gleichermaßen existieren.

Im Rahmen der empirischen Untersuchung konnten Konvergenzprozesse des Werttreibers Rentabilität für europäische Unternehmen über alle Ländermärkte und Branchen hinweg nachgewiesen werden. Gleichzeitig zeigen die Ergebnisse, dass hinsichtlich des Konvergenzverlaufs zum Teil deutliche Unterschiede zwischen den Unternehmen bestehen. Diese Unterschiede betreffen sowohl die Widerstandsfähigkeit gegen die Konvergenz kurzfristiger Überrenditen als auch das langfristige Rentabilitätsniveau, gegen das die Unternehmen konvergieren. Es konnte gezeigt werden, dass es einigen Unternehmen auch langfristig gelingt, überdurchschnittliche Renditen zu erwirtschaften, während andere Unternehmen über einen langen Zeitraum nur unterdurchschnittliche Renditen aufweisen.

Auf Basis der Untersuchungsergebnisse wurden mehrere Implikationen für die Unternehmensbewertung abgeleitet. So unterstreicht der Nachweis von Konvergenzprozessen, dass die bei Anwendung des Gordon-Wachstumsmodells getroffene Annahme einer konstanten Rendite im gesamten Restwertzeitraum in den meisten Fällen nicht zutreffend ist. Die Existenz langfristiger Über- bzw. Unterrenditen verdeutlicht außerdem, dass die pauschale Modellierung einer langfristigen Renditeentwicklung in Richtung eines Durchschnittswerts bzw. der Kapitalkosten des Unternehmens ebenfalls nicht zweckmäßig ist. Berücksichtigt man die Tatsache, dass mitunter erhebliche Unterschiede zwischen den Konvergenzverläufen verschiedener Unternehmen bestehen, muss festgestellt werden, dass grundsätzlich durch die undifferenzierte Verwendung eines pauschalen Konvergenzparameters für sämtliche Unternehmen keine erhebliche Verbesserung der Prognosegüte zu erwarten ist.

In der vorliegenden Arbeit wurden daher branchenspezifische Konvergenzparameter bestimmt, um eine nach Branchen differenzierte Prognose des langfristigen Rentabilitätsverlaufs bei der Unternehmensbewertung vornehmen zu können. Es konnte gezeigt werden, dass die Branchenzugehörigkeit einen Teil der Unterschiede erklärt, die im Hinblick auf den langfristigen Rentabilitätsverlauf zwischen Unternehmen bestehen. Darüber hinaus waren auch innerhalb der Branchen Unterschiede bei den Konvergenzparametern der jeweiligen Unternehmen zu beobachten. Dieses Ergebnis macht deutlich, dass für die Prognose des langfristigen Rentabilitätsverlaufs auch bei Verwendung branchenspezifischer Konvergenzparameter nicht gänzlich auf die Berücksichtigung unternehmensspezifischer Einflussfaktoren verzichtet werden sollte.

Durch die Analyse des MICAP-Konzepts wurde die Betrachtung der historischen Entwicklung langfristiger Rentabilitätsverläufe um eine zukunftsgerichtete, marktbasierte Perspektive erweitert. Die Untersuchung ergab allerdings, dass die MICAP in bestimmten Konstellationen überhaupt nicht berechnet werden kann. Dies ist der Fall, wenn der ROIC die Kapitalkosten des zu bewertenden Unternehmens unterschreitet oder wenn der Marktwert trotz eines über den Kapitalkosten liegenden ROIC impliziert, dass das Unternehmen in der Zukunft Wert vernichtet. Ein besonders hoher Marktwert kann ebenfalls dazu führen, dass die Bestimmung der MICAP nicht möglich ist. In diesem Fall impliziert der Marktwert, dass es dem Unternehmen gelingt, bis in die Ewigkeit Wert zu schaffen.

Im weiteren Verlauf der Untersuchung wurde gezeigt, dass das MICAP-Konzept als Modellparameter für die Unternehmensbewertung auch dann nur sehr bedingt geeignet ist, wenn die Berechnung grundsätzlich möglich ist. Zum einen führen bereits relativ geringe Schwankungen des zugrunde liegenden Marktwerts zu einer überproportionalen Änderung der MICAP. Zum anderen reagiert die MICAP sehr sensibel auf Veränderungen einzelner Annahmen. In diesem Zusammenhang ist auch kritisch anzumerken, dass zur Berechnung der MICAP eine vollständige DCF-Bewertung des entsprechenden Unternehmens durchgeführt werden muss, sodass das Ergebnis grundsätzlich abhängig ist von den Annahmen hinsichtlich der übrigen Werttreiber. Insgesamt geht mit dem MICAP-Konzept zwar eine Erhöhung der Bewertungstransparenz einher, da die Annahmen zur langfristigen Entwicklung der Rentabilität explizit gemacht werden. Allerdings muss aufgrund der Untersuchungsergebnisse geschlussfolgert werden, dass sich die Verwendung der MICAP als quantitativer Bewertungsparameter in der Praxis äußerst schwierig gestalten dürfte.

In Form eines Anwendungsbeispiels wurde schließlich dargelegt, wie sich die theoretischen Überlegungen und die empirischen Ergebnisse der Arbeit zur Prognose des langfristigen Rentabilitätsverlaufs im Rahmen der Unternehmensbewertung verwenden lassen. Es wurde darauf hingewiesen, dass eine deterministische Vorhersage der zukünftigen Entwicklung, verbunden mit der Bestimmung eines „objektiv richtigen" Bewertungsergebnisses auch mithilfe statistisch gesicherter Beobachtungen unmöglich ist. Dennoch liefern die Ergebnisse der vorliegenden Arbeit wertvolle Anhaltspunkte, um die Plausibilität der getroffenen Annahmen sicherzustellen, sodass eine differenzierte Eingrenzung der Rentabilitätsprognose und damit des Bewertungsergebnisses erreicht werden kann. Empirisch fundierte Parameter können allerdings die strategische Analyse des Unternehmens und seiner Umwelt, die zwingender Bestandteil einer jeden Unternehmensbewertung sein sollte, nicht vollständig ersetzen. Im Rahmen des Anwendungsbeispiels wurde daher durch die Berücksichtigung von Variablen, die sich aus der Analyse der strategischen Positionierung des zu bewertenden Unternehmens ergeben, ein Schätzintervall für den langfristigen unternehmensspezifischen Rentabilitätsverlauf festgelegt.

Angesichts der großen Bedeutung des DCF-Verfahrens in Theorie und Praxis ist zu erwarten, dass auch in Zukunft Fragestellungen zur Restwertproblematik und zur Zukunftsprognose anhand möglichst plausibler Annahmen eine hohe Relevanz besitzen werden. Im Hinblick auf weitere Forschungsarbeiten kann davon ausgegangen werden, dass sich die Datenbasis für die empirische Untersuchung langfristiger Rentabilitätsverläufe europäischer Unternehmen in der Zukunft noch deutlich vergrößern wird, sodass zukünftige Arbeiten auf größere Untersuchungsstichproben und längere Zeitreihen zurückgreifen können. Die Verwendung einer größeren Stichprobe würde eine noch feinere Unterteilung in einzelne Unterstichproben ermöglichen, z. B. in enger definierte Branchen, in verschiedene Größenklassen oder nach Rentabilitätsniveau im Ausgangspunkt. Durch die Untersuchung längerer Zeitreihen kann unter Umständen eine höhere Genauigkeit der geschätzten Parameter erreicht werden, außerdem ließe sich überprüfen, ob die im Rahmen der vorliegenden Arbeit erzielten Ergebnisse zeitinvariant sind. Insgesamt ist zu vermuten, dass sich durch weitere empirische Untersuchungen in diesem Bereich die Prognosegenauigkeit des langfristigen Rentabilitätsverlaufs weiter verbessern lässt.

Darüber hinaus wäre es denkbar, andere Hauptwerttreiber einer vergleichbaren Untersuchung zu unterziehen, wie z. B. Wachstumsrate oder Kapitalumschlag, um ggf. auch in Bezug auf diese Werttreiber eine erhöhte Plausibilität der Bewertungsannahmen zu erreichen. Zudem sollte eine marktbasierte

Perspektive bei der Prognose des zukünftigen Verlaufs auch Eingang in zukünftige Forschungsarbeiten zur Restwertermittlung finden. Dabei kann das MICAP-Konzept trotz der dargestellten Probleme einen hilfreichen Ansatzpunkt darstellen, beispielsweise zur empirischen Ermittlung einer MICAP für bestimmte Branchen, in denen die diskutierten Bedingungen weitestgehend erfüllt sind. Ebenso ist die Entwicklung alternativer Konzepte im Rahmen zukünftiger Forschungsarbeiten denkbar, die eine Berücksichtigung der Marktperspektive bei der Zukunftsprognose ermöglichen. Es steht außer Frage, dass sowohl die historische Entwicklung als auch die Perspektive der Marktteilnehmer wesentliche Elemente einer ganzheitlichen Zukunftsprognose der Unternehmensentwicklung darstellen, sodass ein Prognoseverfahren immer darauf abzielen sollte, beide Aspekte zu integrieren.

Literaturverzeichnis

ABN Amro (2007, Hrsg.): Volkswagen. Porsche's plaything. Analystenreport, London, 29.05.2007.

Aders, Christian/ Schröder, Jakob (2004): Konsistente Ermittlung des Fortführungswertes bei nominellem Wachstum. In: Richter, Frank/Timmreck, Christian (2004, Hrsg.): Unternehmensbewertung. Moderne Instrumente und Lösungsansätze. Schäffer-Poeschel, Stuttgart, 2004, S. 99-116.

Agrawal, Anup/ Knoeber, Charles (1996): Firm Performance and Mechanisms to Control Agency Problems between Managers and Shareholders. In: Journal of Financial and Quantitative Analysis, Vol. 31, No. 3, September 1996, S. 377-397.

Ahn, Seung/ Schmidt, Peter (1995): Efficient estimation of models for dynamic panel data. In: Journal of Econometrics, Vol. 68, No. 1, 1995, S. 5-27.

Albrecht, Thomas (2004): Überlegungen zu Endwertermittlung und Wachstumsabschlag. In: Finanz Betrieb, 6. Jg., Heft 11, 2004, S. 732-740.

Alcalde-Fradejas, Nuria/ Ramírez-Alesón, Marisa/ Espitia-Escuer, Manuel (2002): The Persistence of Profits in the Long Term for the Manufacturing Sector: An International Comparison, 1985-1999. Paper presented at the 28th EIBA Conference in Athens, 8.-10. Dezember 2002, URL: http://www.aueb.gr/deos/EIBA2002.files/Index.htm (20.09.2007).

Alchian, Armen (1961): Some Economics of Property. Rand, Santa Monica, 1961.

Alchian, Armen (1965): Some economics of property rights. In: Il Politico, Vol. 30, No. 4, 1965, S. 816-829.

Alchian, Armen/ Demsetz, Harold (1973): The Property Rights Paradigm. In: Journal of Economic History, Vol. 33, No. 1, 1973, S. 16-27.

Arellano, Manuel/ Bond, Stephen (1991): Some Tests of Specification for Panel Data: Monte Carlo Evidence and an Application to Employment Equations. In: Review of Economic Studies, Vol. 58, No. 194, S. 277-297.

Arellano, Manuel/ Bover, Olympia (1995): Another look at the instrumental variable estimation of error-components models. In: Journal of Econometrics, Vol. 68, No. 1, 1995, S. 29-51.

Arminger, Gerhard/ Müller, Franz (1990): Lineare Modelle zur Analyse von Paneldaten. Westdeutscher Verlag, Opladen, 1990.

Arnold, Volker/ Geiger, Norbert (2007): Volkswirtschaftslehre. Theoretische Grundlagen und Wirtschaftspolitik. Vahlen, München, 2007.

Backhaus, Klaus/ Erichson, Bernd/ Plinke, Wulff/ Weiber, Rolf (2006): Multivariate Analysemethoden: Eine anwendungsorientierte Einführung. 11., überarbeitete Auflage, Springer, Berlin u. a., 2006.

Baetge, Jörg/ Niemeyer, Kai/ Kümmel, Jens (2005): Darstellung der Discounted-Cashflow-Verfahren mit Beispiel. In: Peemöller, Volker (2005, Hrsg.): Praxishandbuch der Unternehmensbewertung, 3., aktualisierte und erweiterte Auflage, Neue Wirtschafts-Briefe, Herne, Berlin, 2005, S. 265-362.

Bain, Joe (1956): Barriers to New Competition. Harvard University Press, Cambridge, 1956.

Bain, Joe (1959): Industrial Organization. Wiley, New York, 1959.

Bain, Joe (1972): Essays on Price Theory and Industrial Organization. Little, Brown, Boston, 1972.

Ballwieser, Wolfgang (1990): Unternehmensbewertung und Komplexitätsreduktion. 3., überarbeitete Auflage, Gabler, Wiesbaden, 1990.

Ballwieser (1991): Unternehmensbewertung mit Hilfe von Multiplikatoren. In: Rückle, Dieter (1991, Hrsg.): Aktuelle Fragen der Finanzwirtschaft und der Unternehmensbesteuerung. Festschrift für Erich Loitlsberger zum 70. Geburtstag. Linde, Wien, 1991, S. 47-66.

Ballwieser, Wolfgang (1998): Unternehmensbewertung mit Discounted Cash Flow-Verfahren. In: Die Wirtschaftsprüfung, 51. Jg., Heft 3, 1998, S. 81-92.

Ballwieser, Wolfgang (2002): Der Kalkulationszinsfuß in der Unternehmensbewertung: Komponenten und Ermittlungsprobleme. In: Die Wirtschaftsprüfung, 55. Jg., Heft 14, 2002, S. 736-743.

Ballwieser, Wolfgang (2005): Verbindungen von Ertragswert- und Discounted-Cashflow-Verfahren. In: Peemöller, Volker (2005, Hrsg.): Praxishandbuch der Unternehmensbewertung, 3., aktualisierte und erweiterte Auflage, Neue Wirtschafts-Briefe, Herne, Berlin, 2005, S. 363-376.

Ballwieser, Wolfgang (2007): Unternehmensbewertung. Prozess, Methoden und Probleme. 2., überarbeitete Auflage, Schäffer-Poeschel, Stuttgart, 2007.

Ballwieser, Wolfgang/ Leuthier, Rainer (1986): Betriebswirtschaftliche Steuerberatung: Grundprinzipien, Verfahren und Probleme der Unternehmensbewertung (Teil I). In: Deutsches Steuerrecht, 24. Jg., Heft 16/17, 1986, S. 545-551.

Baltagi, Badi (2005): Econometric Analysis of Panel Data. 3. Edition, Wiley, Chichester, 2005.

Bamberger, Ingolf/ Wrona, Thomas (1996a): Der Ressourcenansatz im Rahmen des Strategischen Managements. In: Wirtschaftswissenschaftliches Studium, 25. Jg., Heft 8, 1996, S. 386-391.

Bamberger, Ingolf/ Wrona, Thomas (1996b): Der Ressourcenansatz und seine Bedeutung für die Strategische Unternehmensführung. In: Zeitschrift für betriebswirtschaftliche Forschung, 48. Jg., Heft 2, 1996, S. 130-151.

Bamberger, Ingolf/ Wrona, Thomas (2004): Strategische Unternehmensführung. Strategien, Systeme, Prozesse. Vahlen, München, 2004.

Barney, Jay (1991): Firm Resources and Sustained Competitive Advantage. In: Journal of Management, Vol. 17, No. 1, 1991, S. 99-120.

Barney, Jay/ Wright, Mike/ Ketchen, David (2001): The resource-based view of the firm: Ten years after 1991. In: Journal of Management, Vol. 27, No. 6, 2001, S. 625-641.

Barthel, Carl (1996): Unternehmenswert: Die vergleichsorientierten Bewertungsverfahren. In: Der Betrieb, 49. Jg., Heft 4, 1996, S. 149-163.

Bartlett, Christopher/ Ghoshal, Sumantra (1990): Internationale Unternehmensführung. Innovation, globale Effizienz, differenziertes Marketing. Campus, Frankfurt, New York, 1990.

Bausch, Andreas (2000): Die Multiplikator-Methode. Ein betriebswirtschaftlich sinnvolles Instrument zur Unternehmenswert- und Kaufpreisfindung in Akquisitionsprozessen? In: Finanz Betrieb, 2. Jg., Heft 7-8, 2000, S. 448-459.

Bausch, Andreas/ Pape, Ulrich (2005): Ermittlung von Restwerten – eine vergleichende Gegenüberstellung von Ausstiegs- und Fortführungswerten. In: Finanz Betrieb, 7. Jg. Heft 7-8, 2005, S. 474-484.

BCG (2002, Hrsg.): Succeed in uncertain times. A global study of how today's top corporations can generate value tomorrow. Value Creators Report 2002. The Boston Consulting Group, München, 2002.

Bea, Franz/ Haas, Jürgen (2005): Strategisches Management. 4., neu bearbeitete Auflage. Lucius & Lucius, Stuttgart, 2005.

Bear Stearns (2007, Hrsg.): Daimler. Trucks to Deliver Upside. Analystenreport, London, 17.09.2007.

Bentzen, Jan/ Madsen, Erik/ Smith, Valdemar/ Dilling-Hansen, Mogens (2005): Persistence in Corporate Performance? Empirical Evidence from Panel Unit Root Tests. In: Empirica, Vol. 32, No. 2, 2005, S. 217-230.

Berger, Ulrike/ Bernhard-Mehlich, Isolde (2006): Die Verhaltenswissenschaftliche Entscheidungstheorie. In: Kieser, Alfred/ Ebers, Mark (2006, Hrsg.): Organisationstheorien. 6., erweiterte Auflage, Kohlhammer, Stuttgart, 2006, S. 169-214.

Berkman, Henk/ Bradbury, Michael/ Ferguson, Jason (1998): The magic of earning in terminal value calculations. In: Journal of Financial Statement Analysis, Vol. 3, No. 4, Summer 1998, S. 27-32.

Besanko, David/ Dranove, David/ Shanley, Mark (2004): Economics of Strategy. Wiley, New York u. a., 2004.

Bharadwaj, Sundar/ Varadarajan, Rajan/ Fahy, John (1993): Sustainable Competitive Advantage in Service Industries: A Conceptual Model and Research Propositions. In: Journal of Marketing, Vol. 57, October 1993, S. 83-99.

Bhattacharya, Mita/ Bloch, Harry (2000): Adjustment of Profits: Evidence from Australian Manufacturing. In: Empirica, Vol. 27, No. 2, 2000, S. 157-173.

Blundell, Richard/ Bond, Stephen (1998): Initial Conditions and Moment Restrictions in Dynamic Panel Data Models. In: Journal of Econometrics, Vol. 87, No. 1, 1998, S. 115-143.

Blundell, Richard/ Bond, Stephen/ Windmeijer, Frank (2000): Estimation in Dynamic Panel Data Models: Improving on the Performance of the Standard GMM Estimator. Working Paper 00/12, The Institute for Fiscal Studies, London, 2000.

Böbel, Ingo (1984): Wettbewerb und Industriestruktur. Industrial-Organization-Forschung im Überblick. Springer, Berlin u. a., 1984.

Börner, Dietrich (1980): Unternehmensbewertung. In: Albers, Willi et al. (1980, Hrsg.): Handwörterbuch der Wirtschaftswissenschaften (HdWW), zugleich Neuauflage des Handwörterbuchs der Sozialwissenschaften. Fischer, Stuttgart, New York; Mohr, Tübingen; Vandenhoeck & Ruprecht, Göttingen, Zürich, 1980, 8. Band, Terminmärkte bis Wirtschaft der DDR, Die, S. 111-123.

Borgatti, Stephen/ Foster, Pacey (2003): The Network Paradigm in Organizational Research: A Review and Typology. In: Journal of Management, Vol. 29, No. 6, 2003, S. 991-1013.

Born, Karl (2003): Unternehmensanalyse und Unternehmensbewertung. 2., aktualisierte und erweiterte Auflage, Schäffer-Poeschel, Stuttgart, 1995.

Bortz, Jürgen (2005): Statistik für Human- und Sozialwissenschaftler. 6., vollständig überarbeitete und aktualisierte Auflage, Springer Medizin Verlag, Heidelberg, 2005.

Bou, Juan/ Satorra, Albert (2007): The Persistence of Abnormal Returns at Industry and Firm Levels: Evidence from Spain. In: Strategic Management Journal, Vol. 28, No. 7, 2007, S. 707-722.

Bowman, Cliff/ Ambrosini, Veronique (2003): How the Resource-based and the Dynamic Capability Views of the Firm Inform Corporate-level Strategy. In: British Journal of Management, Vol. 14, No. 4, 2003, S. 289-303.

Brealey, Richard/ Myers, Stewart/ Allen, Franklin (2008): Corporate Finance. 9., International Edition, McGraw-Hill/Irwin, Boston u. a., 2008.

Breitung, Jörg (1992): Dynamische Modelle für die Paneldatenanalyse. Schriften zur angewandten Ökonometrie, Heft 24, Haag + Herchen, Frankfurt am Main, 1992.

Busse von Colbe, Walther (1957): Der Zukunftserfolg. Die Ermittlung des künftigen Unternehmungserfolges und seine Bedeutung für die Bewertung von Industrieunternehmen. Gabler, Wiesbaden, 1957.

Camphausen, Bernd (2007): Strategisches Management. Planung, Entscheidung, Controlling. 2. Auflage, Oldenbourg, München, Wien, 2007.

Campus, Antonietta (1987): Marginalist economics. In: Eatwell, John/ Milgate, Murray/ Newman, Peter (1987, Hrsg.): The New Palgrave. A Dictionary of Economics. Macmillan, London, Basingstoke, Volume 3, 1987, S. 320-322.

Caves, William/ Porter, Michael/ Spence, Michael (1980): Competition in the Open Economy. A Model Applied to Canada. Harvard University Press, Cambridge, London, 1980.

Cavusgil, Erin/ Seggie, Steven/ Talay, Mehmet (2007): Dynamic Capabilities View: Foundations and Research Agenda. In: Journal of Marketing Theory and Practice, Vol. 15, No. 2, 2007, S. 59-166.

Cheridito, Yves/ Schneller, Thomas (2004): Der Residualwert in der Unternehmensbewertung. In: Der Schweizer Treuhänder, Heft 9, 2004, S. 735-741.

Citigroup (2007, Hrsg.): Daimler AG. Quality When It Counts.... Analystenreport, 13.12.2007.

Coenenberg, Adolf (2003): Bewertung von Unternehmen: Konzeptionen und Perspektiven. In: Börsig, Clemens/ Coenenberg, Adolf (2003, Hrsg.): Bewertung von Unternehmen. Strategie – Markt – Risiko. Schäffer-Poeschel, Stuttgart, 2003, S. 25-46.

Coenenberg, Adolf/ Schultze, Wolfgang (2002a): Unternehmensbewertung: Konzeptionen und Perspektiven. In: Die Betriebswirtschaft, 62. Jg., Heft 6, 2002, S. 597-621.

Coenenberg, Adolf/ Schultze, Wolfgang (2002b): Das Multiplikator-Verfahren in der Unternehmensbewertung: Konzeptionen und Kritik. In: Finanz Betrieb, 4. Jg., Heft 12, 2002, S. 697-703.

Collis, David/ Montgomery, Cynthia (1995): Competing on Resources: Strategy in the 1990s. In: Harvard Business Review, July-August 1995, S. 118-128.

Comanor, William/ Wilson, Thomas (1974): Advertising and Market Power. Harvard University Press, Cambridge, 1974.

Conner, Kathleen (1991): A Historical Comparison of Resource-Based Theory and Five Schools of Thought Within Industrial Organization Economics: Do We Have a New Theory of the Firm? In: Journal of Management, Vol. 17, No. 1, 1991, S. 121-154.

Corsten, Hans (1998): Grundlagen der Wettbewerbsstrategie. Teubner, Stuttgart, Leipzig, 1998.

Credit Suisse (2007, Hrsg.): BMW. Forgotten again? Analystenreport, London, 24.01.2007.

Cubbin, John/ Geroski, Paul (1987): The convergence of profits in the long run: inter-firm and inter-industry comparisons. In: The Journal of Industrial Economics, Vol. 35, No. 4, 1987, S. 427-442.

Cubbin, John/ Geroski, Paul (1990): The persistence of profits in the United Kingdom. In: Mueller, Dennis (1990, Hrsg.): The dynamics of company profits. An international comparison. Cambridge University Press, Cambridge u. a., 1990, S. 147-168.

Cyert, Richard/ March, James (1963): A Behavioral Theory of the Firm. Prentice-Hall, Englewood Cliffs, 1963.

Daimler (2008, Hrsg.): Geschäftsbericht 2007. Daimler AG, Stuttgart, 2008.

Damodaran, Aswath (2001a): The Dark Side of Valuation. Valuing Old Tech, New Tech and New Economy Companies. FT Press, London, 2001.

Damodaran, Aswath (2001b): Corporate Finance. Theory and Practice. Second Edition, Wiley, New York u. a., 2001.

Damodaran, Aswath (2002): Investment Valuation. Tools and Techniques for Determining the Value of Any Asset. 2. Edition, Wiley, New York, 2002.

Damodaran, Aswath (2007): Return on Capital (ROC), Return on Invested Capital (ROIC) and Return on Equity (ROE): Measurement and Implications. Working Paper, Stern School of Business, July 2007. URL: http://www.stern.nyu.edu/~adamodar/pdfiles/papers/returnmeasures.pdf (17.03.2008).

Demsetz, Harold (1964): The Exchange and Enforcement of Property Rights. In: Journal of Law & Economics, Vol. 7, No. 1, October 1964, S. 1-26.

Demsetz, Harold (1967): Toward a Theory of Property Rights. In: American Economic Review, Vol. 57, No. 2, May 1967, S. 347-359.

Deutsche Bank (2007a, Hrsg.): Volkswagen AG. Family Reunion? Analystenreport, London, 26.03.2007.

Deutsche Bank (2007b, Hrsg.): Peugeot SA. A defensive play; upgrading from Hold to Buy. Analystenreport, London, 13.12.2007.

Deutsche Bank (2008a, Hrsg.): Daimler. Stay tuned. Analystenreport, London, 14.02.2008.

Deutsche Bank (2008b, Hrsg.): BMW. Machiavelli's Season's Greetings. Analystenreport, London, 13.01.2008.

Dickey, David/ Fuller, Wayne (1979): Distribution of the Estimators for Autoregressive Time Series with a Unit Root. In: Journal of the American Statistical Association, Vol. 74, No. 366, June 1979, S. 427-431.

Dierickx, Ingemar/ Cool, Karel (1989): Asset Stock Accumulation and Sustainability of Competitive Advantage. In: Management Science, Vol. 35, No. 12, December 1989, S. 1504-1511.

DiMaggio, Paul/ Powell, Walter (1983): The iron cage revisited: institutional isomorphism and collective rationality in organizational fields. In: American Sociological Review, Vol. 48, April 1983, S. 147-160.

Dörner, Wolfgang (1992): Die Unternehmensbewertung. In: IDW (1992, Hrsg.): Wirtschaftsprüfer-Handbuch 1992. Handbuch für Rechnungslegung, Prüfung und Beratung. Band II, 10. Auflage, IDW-Verlag, Düsseldorf, 1992, S. 1-136.

Droucopoulos, Vassilis/ Lianos, Theodoros (1993): The Persistence of Profits in the Greek Manufacturing Industry, 1963-88. In: International Review of Applied Economics, Vol. 7, No. 2, 1993, S. 163-76.

Drukarczyk, Jochen (1995): DCF-Methoden und Ertragswertmethode – einige klärende Anmerkungen. In: Die Wirtschaftsprüfung, 48. Jg., Heft 10, 1995, S. 329-334.

Drukarczyk, Jochen/ Schüler, Andreas (2007): Unternehmensbewertung. 5., überarbeitete und erweiterte Auflage, Vahlen, München, 2007.

Durbin, J./ Watson, G. S. (1950): Testing for Serial Correlation in Least Squares Regression, I. In: Biometrika, Vol. 37, No. 3-4, Dezember 1950, S. 409-428.

Durbin, J./ Watson, G. S. (1951): Testing for Serial Correlation in Least Squares Regression, II. In: Biometrika, Vol. 38 No. 1-2, Juni 1951, S. 159-179.

Dyer, Jeffrey/ Singh, Harbir (1998): The Relational View: Cooperative Strategy and Sources of Interorganizational Competitive Advantage. In: Academy of Management Review, Vol. 23, No. 4, 1998, S. 660-679.

Ebers, Mark/ Gotsch, Wilfried (2006): Institutionenökonomische Theorien der Organisation. In: Kieser, Alfred/ Ebers, Mark (2006, Hrsg.): Organisationstheorien. 6., erweiterte Auflage, Kohlhammer, Stuttgart, 2006, S. 247-308.

Eisenhardt, Kathleen/ Martin, Jeffrey (2000): Dynamic capabilities: what are they? In: Strategic Management Journal, Vol. 21, No. 10/11, Oktober/November 2000, S. 1105-1121.

Engels, Wolfram (1962): Betriebswirtschaftliche Bewertungslehre im Licht der Entscheidungstheorie. Westdeutscher Verlag, Köln u. a., 1962.

Eurostat (2007): Offizielle Website des statistischen Amts der Europäischen Union. URL: epp.eurostat.ec.europa.eu (23.08.2007).

Fischer, Marc (2001): Produktlebenszyklus und Wettbewerbsdynamik. Grundlagen für die ökonomische Bewertung von Markteintrittsstrategien. Gabler, Wiesbaden, 2001.

Fitzroy, Peter/ Hulbert, James (2005): Strategic Management. Creating Value in a Turbulent World. Wiley, New York u. a., 2005.

Franke, Jürgen (1996): Grundzüge der Mikroökonomik. 8., durchgesehene Auflage, Oldenbourg, München, Wien, 1996.

Frühling, Volker (2004): Sensitivitätsanalyse zum Barwertmodell der Unternehmensbewertung. In: Finanz Betrieb, 6. Jg., Heft 11, 2004, S. 741-746.

Furubotn, Eirik/ Pejovich, Svetozar (1972): Property Rigths and Economic Theory: A Survey of Recent Literature. In: Journal of Economic Literature, Vol. 10, No. 4, 1972, S. 1137-1162.

Galbraith, Jay (1998): Designing the networked organization. In: Mohrmann, Susan/ Galbraith, Jay/ Lawler, Edward (1998, Hrsg.): Tomorrow's Organization. Crafting Winning Capabilities in a Dynamic World. Jossey-Bass, San Francisco, 1998, S. 76-102.

Geroski, Paul (1990): Modelling persistent profitability. In: Mueller, Dennis (1990, Hrsg.): The dynamics of company profits. An international comparison. Cambridge University Press, Cambridge u. a., 1990, S. 15-34.

Geroski, Paul/ Jacquemin, Alexis (1988): The Persistence of Profits: A European Comparison. In: The Economic Journal, Vol. 98, June 1988, S. 375-389.

Glen, Jack/ Lee, Kevin/ Singh, Ajit (2003): Corporate Profitability and the Dynamics of Competition in Emerging Markets: A Time Series Analysis. In: The Economic Journal, Vol. 113, November 2003, S. 465-484.

Goddard, John/ McMillan, David/ Wilson, John (2006): Do firm sizes and profit rates converge? Evidence on Gibrat's Law and the persistence of profits in the long run. In: Applied Economics, Vol. 38, No. 3, 2006, S. 267-278.

Goddard, John/ Tavakoli, Manouche/ Wilson, John (2005): Determinants of profitability in European manufacturing and services: evidence from a dynamic panel model. In: Applied Financial Economics, Vol. 15, No. 18, 2005, S. 1269-1282.

Goddard, John/ Wilson, John (1996): Persistence of Profits for UK Manufacturing and Service Sector Firms. In: The Service Industries Journal, Vol. 16, No. 2, 1996, S. 105-117.

Goddard, John/ Wilson, John (1999): The persistence of profits: a new empirical interpretation. In: International Journal of Industrial Organization, Vol. 17, No. 5, S. 663-687.

Goldman Sachs (2007, Hrsg.): Volkswagen. Analystenreport, London, 13.03.2007.

Goldman Sachs (2008, Hrsg.): Daimler AG. Analystenreport, London, 29.01.2008.

Graf, Gerhard (2002): Grundlagen der Volkswirtschaftslehre. 2. vollständig überarbeitete Auflage, Physica, Heidelberg, 2002.

Grant, Robert (1991): The Resource-Based Theory of Competitive Advantage: Implications for Strategy Formulation. In: California Management Review, Vol. 33, No. 3, Spring 1991, S. 114-135.

Grant, Robert (1997): The Knowledge-based View of the Firm: Implications for Management Practice. In: Long Range Planning, Vol. 30, No. 3, 1997, S. 450-454.

Grant, Robert/ Nippa, Michael (2006): Strategisches Management. Analyse, Entwicklung und Implementierung von Unternehmensstrategien. 5., aktualisierte Auflage. Pearson, München, 2006.

Graumann, Mathias (1994): Bausteine einer Theorie des dynamischen Wettbewerbs. In: Wirtschaftswissenschaftliches Studium, 23. Jg., Heft 3, März 1994, S. 143-146.

Greene, William (2003): Econometric analysis. Fifth International Edition, Prentice Hall, Upper Saddle River, 2003.

Günther, Rolf (2003): Unternehmensbewertung nach IDW S 1: Steuerliche Implikationen der im Wirtschaftsprüfer-Handbuch 2002 dargestellten Netto-Ertragswertformel. In: Finanz Betrieb, 5. Jg., Heft 6, 2003, S. 348-355.

Hall, Richard (1992): The Strategic Analysis of Intangible Resources. In: Strategic Management Journal, Vol. 13, No. 2, 1992, S. 135-144.

Hannan, Michael/ Freeman, John (1977): The Population Ecology of Organizations. In: American Journal of Sociology, Vol. 82, No. 5, 1977, S. 929-964.

Hansen, Bruce/ West, Kenneth (2002): Generalized Method of Moments and Macroeconomics. In: Journal of Business & Economic Statistics, Vol. 20, No. 4, 2002, S. 460-469.

Harvard Business School (1998, Hrsg.): Notes on Alternative Methods for Estimating Terminal Value. Harvard Business School Note, No. 9-298-166, June 8, 1998.

Hatch, Mary (2006): Organization Theory. Modern, Symbolic, and Postmodern Perspectives. Oxford University Press, Oxford u. a., 2006.

Hayn, Marc (2003): Bewertung junger Unternehmen. Neue Wirtschafts-Briefe, Herne, Berlin, 2003.

Henselmann, Klaus (1999): Unternehmensrechnungen und Unternehmenswert. Ein situativer Ansatz. Shaker, Aachen, 1999.

Henselmann, Klaus (2000): Der Restwert in der Unternehmensbewertung – eine Kleinigkeit? In: Finanz Betrieb, 2. Jg., Heft 3, 2000, S. 151-157.

Henselmann, Klaus/ Weiler, Axel (2007): Empirische Erkenntnisse zu Restwertverläufen in der Unternehmensbewertung. In: Finanz Betrieb, 9. Jg., Heft 6, 2007, S. 354-362.

Hering, Thomas (1999): Finanzwirtschaftliche Unternehmensbewertung. Gabler, Wiesbaden, 1999.

Hering, Thomas (2006): Unternehmensbewertung. 2., vollständig überarbeitete und stark erweiterte Auflage. Oldenbourg, München, Wien, 2006.

Hirsch, Barry (1997): Unionization and Economic Performance: Evidence on Productivity, Profits, Investment, and Growth. In: Public Policy Sources, No. 3, June 1997, S. 5-27.

Hirshleifer, Jack/ Glazer, Amihai/ Hirshleifer, David (2005): Price Theory and Applications. Decisions, Markets, and Information. 7. Edition, Cambridge University Press, Cambridge, 2005.

Hölters, Wolfgang (2005): Mergers & Acquisitions. In: Hölters, Wolfgang (2005, Hrsg.): Handbuch des Unternehmens- und Beteiligungskaufs. 6., neu bearbeitete und erweiterte Auflage, Dr. Otto Schmidt, Köln, 2005, S. 1-73.

Holtbrügge, Dirk (2001): Postmoderne Organisationstheorie und Organisationsgestaltung. Gabler, Wiesbaden, 2001.

Hoppenstedt (2008, Hrsg.): Online-Ausgabe des Hoppenstedt-Aktienführers. URL: www.hoppenstedt-aktienführer.de (03.04.2008).

HSBC Trinkaus & Burkhardt (2006, Hrsg.): Wacker Chemie. Still the right chemistry. Analystenreport, Düsseldorf, 25.08.2006.

Hsiao, Cheng (2003): Analysis of panel data. 2. Edition, Cambridge University Press, Cambridge u. a., 2003.

Hunt, Michael (1972): Competition in the Major Home Appliance Industry, 1960-1970. Unpublished Ph.D. dissertation, Business Economics Committee, Harvard University, May 1972.

Im, Kyung/ Pesaran, Hashem/ Shin, Yongcheol (1997): Testing for unit roots in heterogeneous panels. Working Paper, University of Cambridge, 1997.

Im, Kyung/ Pesaran, Hashem/ Shin, Yongcheol (2003): Testing for unit roots in heterogeneous panels. In: Journal of Econometrics, Vol. 115, 2003, S. 53-74.

Jacobson, Robert (1988): The Persistence of Abnormal Returns. In: Strategic Management Journal, Vol. 9, S. 415-430, 1988.

Jacobson, Robert (1992): The "Austrian" School of Strategy. In: Academy of Management Review, Vol. 17, No. 4, S. 782-807.

Jacobson, Robert/ Hansen, Gary (2001): Modelling the Competitive Process. In: Managerial and Decision Economics, Vol. 22, No. 4/5, 2001, S. 251-263.

Jaensch, Günter (1966): Wert und Praxis der ganzen Unternehmung. Westdeutscher Verlag, Köln, Opladen, 1966.

Jenny, Frederic/ Weber, André-Paul (1990): The persistence of profits in France. In: Mueller, Dennis (1990, Hrsg.): The dynamics of company profits. An international comparison. Cambridge University Press, Cambridge u. a., 1990, S. 123-128.

Jensen, Michael/ Meckling, William (1976): Theory of the Firm: Managerial Behavior, Agency Costs and Ownership Structure. In: Journal of Financial Economics, Vol. 3, No. 4, S. 305-360.

Jevons, William (1871): The Theory of Political Economy. Macmillan, London u. a., 1871.

Jiang, Bin/ Koller, Timothy (2006): Data focus: A long-term look at ROIC. In: McKinsey on Finance, No. 18, Winter 2006, S. 21-23.

Kambhampati, Uma (1995): The persistence of profit differentials in Indian industry. In: Applied Economics, Vol. 27, No. 4, S. 353-361.

Kappelhoff, Peter (2000): Der Netzwerkansatz als konzeptueller Rahmen für eine Theorie interorganisationaler Netzwerke. In: Sydow, Jörg/ Windeler, Arnold (2000, Hrsg.): Steuerung von Netzwerken. Konzepte und Praktiken. Westdeutscher Verlag, Wiesbaden, 2000, S. 25-57.

Keuper, Frank (2001): Strategisches Management. Oldenbourg, München, Wien, 2001.

Khemani, Shyam/ Shapiro, Daniel (1990): The persistence of profitability in Canada. In: Mueller, Dennis (1990, Hrsg.): The dynamics of company profits. An international comparison. Cambridge University Press, Cambridge u. a., 1990, S. 77-104.

Kieser, Alfred (2004): Ziele und Zielbildung. In: Kieser, Alfred/ Oechsler, Walter (2004, Hrsg.): Unternehmenspolitik. 2., überarbeitete und aktualisierte Auflage, Schäffer-Poeschel, Stuttgart, 2004, S. 95-125.

Kieser, Alfred/ Walgenbach, Peter (2007): Organisation. 5., überarbeitete Auflage, Schäffer-Poeschel, Stuttgart, 2007.

Kieser, Alfred/ Woywode, Michael (2006): Evolutionstheoretische Ansätze. In: Kieser, Alfred/ Ebers, Mark (2006, Hrsg.): Organisationstheorien. 6., erweiterte Auflage, Kohlhammer, Stuttgart, 2006, S. 309-352.

Kirsch, Werner (1997): Strategisches Management: Die geplante Evolution von Unternehmen. Kirsch, München, 1997.

Klaus, Peter (1987): Durch den Strategie-Theorien-Dschungel... Zu einem Strategischen Management Paradigma? In: Die Betriebswirtschaft, 47. Jg., Heft 1, 1987, S. 50-68.

Klosterberg, Marcus (2007): Bewertung von Software-Unternehmen. In: Drukarczyk, Jochen/ Ernst, Dietmar (2007, Hrsg.): Branchenorientierte Unternehmensbewertung. 2., überarbeitete und erweiterte Auflage, Vahlen, München, 2007, S. 293-314.

Koller, Tim/ Goedhart, Marc/ Wessels, David (2005): Valuation. Measuring and Managing the Value of Companies. 4. Edition, Wiley, New York, 2005.

Kor, Yasemin/ Mahoney, Joseph (2004): Edith Penrose's (1959) Contributions to the Resource-based View of Strategic Management. In: Journal of Management Studies, Vol. 41, No. 1, January 2004, S. 183-191.

Kortmann, Walter (2006): Mikroökonomik. Anwendungsbezogene Grundlagen. 4., durchgesehene Auflage, Physica, Heidelberg, 2006.

Krol, Gerd-Jan/ Schmid, Alfons (2002): Volkswirtschaftslehre. Eine problemorientierte Einführung. 21., grundlegend überarbeitete Auflage, Mohr Siebeck, Tübingen, 2002.

Kutschker, Michael/ Schmid, Stefan (2008): Internationales Management. 6., überarbeitete und aktualisierte Auflage, Oldenbourg, München, 2008.

Kruschwitz, Lutz (2002): Aktuelle Fragen der Unternehmensbewertung. In: Diskussionsbeiträge des Fachbereichs Wirtschaftswissenschaft der Freien Universität Berlin. Nr. 2002/9. URL: http://www.wiwiss.fu-berlin.de/institute/bank-und-finanzwirtschaft/kruschwitz/forschung/veroeff/Aktuell_UBW.pdf (06.02.2008).

Kruschwitz, Lutz (2007): Investitionsrechnung. 11., aktualisierte und erweiterte Auflage, Oldenbourg, München, Wien, 2007.

Kruschwitz, Lutz/ Löffler, Andreas (1998): Unendliche Probleme bei der Unternehmensbewertung. In: Der Betrieb, Heft 21, 1998, S. 1041-1043.

Kuhner, Christoph (2006): Rentabilität. In: Handelsblatt (2006, Hrsg.): Wirtschafts-Lexikon. Das Wissen der Betriebswirtschaftslehre. Schäffer-Poeschel, Stuttgart, 2006, S. 4981-4986.

Künnemann, Martin (1985): Objektivierte Unternehmensbewertung. Peter Lang, Frankfurt, Bern, New York, 1985.

Lehmann, Steffen (1994): Neue Wege in der Bewertung börsennotierter Aktiengesellschaften. Ein Cash-flow-orientiertes Ertragswertmodell. Gabler, Wiesbaden, 1994.

Levy, David (1987): The Speed of the Invisible Hand. In: International Journal of Industrial Organization, Vol. 5, No. 1, 1987, S. 79-92.

Lewis, Thomas (1994): Steigerung des Unternehmenswertes: Total Value Management. Moderne Industrie, Landsberg am Lech, 1994.

Lippmann, Steven/ Rumelt, Richard (1982): Uncertain Imitability: An Analysis of Interfirm Differences in Efficiency under Competition. In: The Bell Journal of Economics, Vol. 13, No. 2, Autumn 1982, S. 418-438.

Lobe, Sebastian (2006): Unternehmensbewertung und Terminal Value. Peter Lang, Frankfurt am Main, 2006.

Löhnert, Peter/ Böckmann, Ulrich (2005): Multiplikatorverfahren in der Unternehmensbewertung. In: Peemöller, Volker (2005, Hrsg.): Praxishandbuch der Unternehmensbewertung, 3., aktualisierte und erweiterte Auflage, Neue Wirtschafts-Briefe, Herne, Berlin, 2005, S. 403-428.

Lombriser, Roman/ Abplanalp, Peter (1997): Strategisches Management. Visionen entwickeln, Strategien umsetzen, Erfolgspotenziale aufbauen. Versus, Zürich, 1997.

M.M.Warburg (2008, Hrsg.): Daimler. Weaker Economic Prospects Slowing Profit Trend, Primarily With Trucks. Analystenreport, Hamburg, 23.01.2008.

Macharzina, Klaus/ Wolf, Joachim (2005): Unternehmensführung. Das internationale Managementwissen. Konzepte – Methoden – Praxis. 5., grundlegend überarbeitete Auflage, Gabler, Wiesbaden, 2005.

Maddala, G.S. (2001): Introduction to Econometrics. 3. Edition, Wiley, Chichester u. a., 2001.

Mandl, Gerwald/ Rabel, Klaus (1997): Unternehmensbewertung. Eine praxisorientierte Einführung. Ueberreuter, Wien, 1997.

Mandl, Gerwald/ Rabel, Klaus (2005): Methoden der Unternehmensbewertung. In: Peemöller, Volker (2005, Hrsg.): Praxishandbuch der Unternehmensbewertung, 3. Auflage, Neue Wirtschafts-Briefe, Herne, Berlin, 2005, S. 47-88.

March, James/ Simon, Herbert (1958): Organizations. Wiley, New York u. a., 1958.

Maruyama, Nobuhiro/ Odagiri, Hiroyuki (2002): Does the 'persistence of profits' persist?: a study of company profits in Japan, 1964-97. In: International Journal of Industrial Organization, Vol. 20, No. 10, 2002, S. 1513-1533.

Mason, Edward (1939): Price and Production Policies of Large-Scale Enterprise. In: The American Economic Review, Vol. 29, No. 1, Supplement, Papers and Proceedings of the Fifty-first Annual Meeting of the American Economic Association, March 1939, S. 61-74.

Matschke, Manfred (1975): Der Entscheidungswert der Unternehmung. Gabler, Wiesbaden, 1975.

Matschke, Manfred (1979): Funktionale Unternehmensbewertung. Band II: Der Arbitriumwert der Unternehmung. Gabler, Wiesbaden, 1979.

Matschke, Manfred/ Brösel, Gerrit (2006): Unternehmensbewertung. Funktionen, Methoden, Grundsätze. 2., durchgesehene und aktualisierte Auflage, Gabler, Wiesbaden, 2006.

Mauboussin, Michael/ Johnson, Paul (1997): Competitive Advantage Period "CAP". The Neglected Value Driver. In: Frontiers of Finance, Equity Research Report, Credit Suisse First Boston, 1997. URL: http://www.capatcolumbia.com/Articles/FoFinance/Fof1.pdf (25.01.2007).

McGahan, Anita/ Porter, Michael (1997): How much does industry matter, really? In: Strategic Management Journal, Vol. 18, Summer Special Issue, 1997, S. 15-30.

McGahan, Anita/ Porter, Michael (1999): The Persistence of Shocks to Profitability. In: The Review of Economics and Statistics, Vol. 81, No. 1, 1999, S. 143-153.

Meffert, Heribert (2000): Marketing. Grundlagen marktorientierter Unternehmensführung. Konzepte – Instrumente – Praxisbeispiele. 9., überarbeitete und erweiterte Auflage. Gabler, Wiesbaden, 2000.

Menger, Carl (1871): Grundzüge der Volkswirtschaftslehre. Braumüller, Wien, 1871.

Merk, Heike/ Merk, Wolfgang (2007): Bewertung von Pharmaunternehmen. In: Drukarczyk, Jochen/ Ernst, Dietmar (2007, Hrsg.): Branchenorientierte Unternehmensbewertung. 2., überarbeitete und erweiterte Auflage, Vahlen, München, 2007, S. 395-422.

Merrill Lynch (2007, Hrsg.): Daimler. FX downgrade, still cautious. Analystenreport, London, 13.12.2007.

Meyer, John/ Rowan, Brian (1977): Institutionalized Organizations: Formal Structure as Myth and Ceremony. In: American Journal of Sociology, Vol. 83, No. 2, 1977, S. 340-363.

Miles, Raymond/ Snow, Charles (1986): Organizations: New Concepts for New Forms. In: California Management Review, Vol. 28, No. 3, Spring 1986, S. 62-73.

Mintzberg, Henry/ Ahlstrand, Bruce/ Lampel, Joseph (1998): Strategy Safari. A Guided Tour through the Wilds of Strategic Management. The Free Press, New York, 1998.

Morgan Stanley (2007a, Hrsg.): BMW. The Ultimate Value Trap. Analystenreport, London, 06.11.2007.

Morgan Stanley (2007b, Hrsg.): PSA Peugeot-Citroën. Changing the Business Model. Analystenreport, London, 16.04.2007.

Moser, Ulrich (2002): Behandlung der Reinvestition bei der Ermittlung des Terminal Value. In: Betriebs-Berater, Beilage 6, 2002, S. 17-23.

Moser, Ulrich/ Auge-Dickhut, Stefanie (2003a): Unternehmensbewertung: Der Informationsgehalt von Marktpreisabschätzungen auf Basis von Vergleichsverfahren. In: Finanz Betrieb, 5. Jg., Heft 1, 2003, S. 10-22.

Moser, Ulrich/ Auge-Dickhut, Stefanie (2003b): Unternehmensbewertung: Zum Zusammenhang zwischen Vergleichsverfahren und DCF-Verfahren. In: Finanz Betrieb, 5. Jg., Heft 4, 2003, S. 213-223.

Moxter, Adolf (1983): Grundsätze ordnungsgemäßer Unternehmensbewertung. 2., vollständig umgearbeitete Auflage, Gabler, Wiesbaden, 1983.

Mueller, Dennis (1977): The Persistence of Profits Above the Norm. In: Economica, Vol. 44, No. 176, November 1977, S. 369-380.

Mueller, Dennis (1986): Profits in the long run. Cambridge University Press, Cambridge u. a., 1986.

Mueller, Dennis (1990): The persistence of profits in the United States. In: Mueller, Dennis (1990, Hrsg.): The dynamics of company profits. An international comparison. Cambridge University Press, Cambridge u. a., 1990, S. 35-57.

Mueller, Dennis (1990, Hrsg.): The dynamics of company profits. An international comparison. Cambridge University Press, Cambridge u. a., 1990.

Müller-Stewens, Günter/ Lechner, Christoph (2005): Strategisches Management. Wie strategische Initiativen zum Wandel führen. 3., aktualisierte Auflage, Schäffer-Poeschel, Stuttgart, 2005.

Münstermann, Hans (1966): Wert und Bewertung der Unternehmung. Gabler, Wiesbaden, 1966.

Natixis Securities (2007, Hrsg.): Peugeot. Heading for 2010. Analystenreport, Paris, 29.08.2007.

Newman, Howard (1978): Strategic Groups and the Structure-Performance Relationship. In: Review of Economics and Statistics, Vol. 60, No. 3, August 1978, S. 417-427.

Nickell, Stephen (1981): Biases in Dynamic Models with Fixed Effects. In: Econometrica, Vol. 49, No. 6, 1981, S. 1417-1426.

Odagiri, Hiroyuki/ Yamawaki, Hideki (1986): A Study of Company Profit-Rate Time Series. Japan and the United States. In: International Journal of Industrial Organization, Vol. 4, No. 1, 1986, S. 1-23.

Odagiri, Hiroyuki/ Yamawaki, Hideki (1990a): The persistence of profits: international comparison. In: Mueller, Dennis (1990, Hrsg.): The dynamics of company profits. An international comparison. Cambridge University Press, Cambridge u. a., 1990, S. 169-186.

Odagiri, Hiroyuki/ Yamawaki, Hideki (1990b): The persistence of profits in Japan. In: Mueller, Dennis (1990, Hrsg.): The dynamics of company profits. An international comparison. Cambridge University Press, Cambridge u. a., 1990, S. 129-146.

o. V. (2007): ADAC-AutoMarxX. Audi genießt weiter das höchste Ansehen. In: kfz-betrieb, Heft 49-50, 06.12.2007, S. 6.

Pape, Ulrich (2004): Wertorientierte Unternehmensführung und Controlling. 3., überarbeitete und erweiterte Auflage, Wissenschaft & Praxis, Sternenfels, Berlin, 2004.

Pape, Ulrich (2009): Grundlagen der Finanzierung und Investition. Mit Fallbeispielen und Übungen. Oldenbourg, München, 2009.

Peemöller, Volker (1993): Stand und Entwicklung der Unternehmensbewertung. Eine kritische Bestandsaufnahme. In: Deutsches Steuerrecht, 31. Jg., Heft 11, 1993, S. 409-416.

Peemöller, Volker (2001): Grundsätze der Unternehmensbewertung – Anmerkungen zum Standard IDW S 1. In: Deutsches Steuerrecht, 39. Jg., Heft 33, 2001, S. 1401-1408.

Peemöller, Volker (2003): Aktuelle Schwerpunkte und Herausforderungen der Unternehmensbewertung. In: Unternehmensbewertung & Management, 1. Jg., Heft 1, 2003, S. 5-7.

Peemöller, Volker (2005a): Wert und Werttheorien. In: Peemöller, Volker (2005, Hrsg.): Praxishandbuch der Unternehmensbewertung, 3., aktualisierte und erweiterte Auflage, Neue Wirtschafts-Briefe, Herne, Berlin, 2005, S. 1-14.

Peemöller, Volker (2005b): Grundsätze ordnungsgemäßer Unternehmensbewertung. In: Peemöller, Volker (2005, Hrsg.): Praxishandbuch der Unternehmensbewertung, 3., aktualisierte und erweiterte Auflage, Neue Wirtschafts-Briefe, Herne, Berlin, 2005, S. 15-25.

Pellens, Bernhard/ Tomaszewski, Claude/ Weber, Nicolas (2000): Wertorientierte Unternehmensführung in Deutschland – Eine empirische Untersuchung der DAX 100-Unternehmen. In: Der Betrieb, 53. Jg., Heft 37, 2000, S. 1825-1833.

Penrose, Edith (1959). The Theory of the Growth of the Firm. Blackwell, Oxford, 1959.

Perridon, Louis/ Steiner, Manfred (2007): Die Finanzwirtschaft der Unternehmung. 14., überarbeitete und erweiterte Auflage, Vahlen, München, 2007.

Peteraf, Margaret (1993): The Cornerstone of Competitive Advantage: A Resource-Based View. In: Strategic Management Journal, Vol. 14, No. 3, March 1993, S. 179-191.

Picot, Arnold/ Dietl, Helmut/ Franck, Egon (2005): Organisation. Eine ökonomische Perspektive. 4., überarbeitete und erweiterte Auflage. Schäffer-Poeschel, Stuttgart, 2005.

Pillai, Kishore (2006): Networks and competitive advantage: a synthesis and extension. In: Journal of Strategic Management, Vol. 14, June 2006, S. 129-145.

Poddig, Thorsten/ Dichtl, Hubert/ Petersmeier, Kerstin (2001): Statistik, Ökonometrie, Optimierung. Methoden und ihre praktischen Anwendungen in Finanzanalyse und Portfoliomanagement. 2. erweiterte Auflage, Uhlenbruch, Bad Soden, 2001.

Porter, Michael (1979): The Structure within Industries and Companies' Performance. In: Review of Economics and Statistics, Vol. 61, No. 2, May 1979, S. 214-227.

Porter, Michael (1980a): Competitive Strategy. Techniques for Analyzing Industries and Competitors. The Free Press, New York, 1980.

Porter, Michael (1980b): Industry Structure and Competitive Strategy: Keys to Profitability. In: Financial Analysts Journal, Vol. 36, No. 4, July/August 1980, S. 30-41.

Porter, Michael (1981): The Contributions of Industrial Organization to Strategic Management. In: Academy of Management Review, Vol. 6, No. 4, 1981, S. 609-620.

Porter, Michael (1985): Competitive Advantage. Creating and Sustaining Superior Performance. The Free Press, New York, 1985.

Porter, Michael (1991): Towards a Dynamic Theory of Strategy. In: Strategic Management Journal, Vol. 12, Special Issue: Fundamental Research Issues in Strategy and Economics, Winter 1991, S. 95-117.

Prahalad, Coimbatore/ Hamel, Gary (1990): The Core Competence of the Corporation. In: Harvard Business Review, May-June 1990, S. 79-91.

Prokop, Jörg (2003): Probleme der Discounted-Cashflow-Bewertung: FTE-, WACC-, TCF- und APV-Ansatz im Vergleich. In: Unternehmensbewertung & Management, 1. Jg., Heft 3, 2003, S. 85-92.

Prokop, Jörg (2004): Der Einsatz des Residualgewinnmodells im Rahmen der Unternehmensbewertung nach IDW S 1. In: Finanz Betrieb, 6. Jg., Heft 3, 2004, S. 188-193.

Rappaport, Alfred (1998): Creating Shareholder Value. A Guide for Managers and Investors. 2. Edition, The Free Press, New York, 1998.

Rappaport, Alfred/ Mauboussin, Michael (2001): Expectations Investing. Reading Stock Prices for Better Returns. Harvard Business School Press, Boston, 2001.

Rasche, Christoph/ Wolfrum, Bernd (1994): Ressourcenorientierte Unternehmensführung. In: Die Betriebswirtschaft, 54. Jg., Heft 4, 1994, S. 501-517.

Reed, Richard/ deFillippi, Robert (1990): Causal Ambiguity, Barriers to Imitation, and Sustainable Competitive Advantage. In: Academy of Management Review, Vol. 15, No. 1, 1990, S. 88-102.

Ross, Stephen (1973): The Economic Theory of Agency: The Principal's Problem. In: American Economic Review, Vol. 63, No. 2, 1973, S. 134-139.

Rugman, Alan/ Verbeke, Alain (2002): Edith Penrose's contribution to the resource-based view of strategic management. In: Strategic Management Journal, Vol. 23, No. 8, 2002, S. 769-80.

Rumelt, Richard (1984): Towards a Strategic Theory of the Firm. In: Lamb, Robert (1984, Hrsg.): Competitive Strategic Management, Prentice-Hall, Englewood Cliffs, S. 556-570.

Rumelt, Richard/ Schendel, Dan/ Teece, David (1991): Strategic Management and Economics. In: Strategic Management Journal, Vol. 12, Special Issue: Fundamental Research Issues in Strategy and Economics, Winter 1991, S. 5-29.

Scherer, Mike/ Ross, David (1990): Industrial Market Structure and Economic Performance. 3. Edition, Houghton Mifflin, Boston, 1990.

Schmid, Stefan/ Kutschker, Michael (2002): Zentrale Grundbegriffe des Strategischen Managements. In: WISU Das Wirtschaftsstudium, 21. Jg., Heft 10, 2002, S. 1238-1248.

Schneeweiß, Hans (1990): Ökonometrie. 4., überarbeitete Auflage, Physica, Heidelberg, 1990.

Schohl, Frank (1990): Persistence of Profits in the Long Run. A Critical Extension of Some Recent Findings. In: International Journal of Industrial Organization, Vol. 8, No. 3, 1990, S. 385-404.

Schreyögg, Georg (2008): Organisation. Grundlagen moderner Organisationsgestaltung. 5., vollständig überarbeitete und erweiterte Auflage, Gabler, Wiesbaden, 2008.

Schultze, Wolfgang (2003): Methoden der Unternehmensbewertung. Gemeinsamkeiten, Unterschiede, Perspektiven. 2., erweiterte und überarbeitete Auflage, IDW-Verlag, Düsseldorf, 2003.

Schumann, Jochen/ Meyer, Ulrich/ Ströbele, Wolfgang (2007): Grundzüge der mikroökonomischen Theorie. 8., überarbeitete Auflage, Springer, Berlin u. a., 2007.

Schwalbach, Joachim/ Graßhoff, Ulrike/ Mahmood, Talat (1989): The Dynamics of Corporate Profits. In: European Economic Review, Vol. 33, No. 8, 1989, S. 1625-1639.

Schwalbach, Joachim/ Mahmood, Talat (1990): The persistence of corporate profits in the Federal Republic of Germany. In: Mueller, Dennis (1990, Hrsg.): The dynamics of company profits. An international comparison. Cambridge University Press, Cambridge u. a., 1990, S. 105-122.

Schwenk, Charles (1984): Cognitive Simplification Processes in Strategic Decision-Making. In: Strategic Management Journal, Vol. 5, No. 2, 1984, S. 111-128.

Scott, Richard (1987): The Adolescence of Institutional Theory. In: Administrative Science Quarterly, Volume 32, 1987, S. 493-511.

Serfling, Klaus/ Pape, Ulrich (1995a): Theoretische Grundlagen und traditionelle Verfahren der Unternehmensbewertung. In: WISU Das Wirtschaftsstudium, 24. Jg., Heft 10, 1995, S. 808-819.

Serfling, Klaus/ Pape, Ulrich (1995b): Das Ertragswertverfahren als entscheidungsorientiertes Verfahren der Unternehmensbewertung. In: WISU Das Wirtschaftsstudium, 24. Jg., Heft 11, 1995, S. 940-946.

Serfling, Klaus/ Pape, Ulrich (1996): Strategische Unternehmensbewertung und Discounted Cash Flow-Methode. In: WISU Das Wirtschaftsstudium, 25. Jg., Heft 1, 1996, S. 57-64.

Sieben, Günter (1963): Der Substanzwert der Unternehmung. Gabler, Wiesbaden, 1963.

Sieben, Günter (1977): Die Beratungsfunktion der Unternehmensbewertung. In: Goetzke, Wolfgang/ Sieben, Günter (1977, Hrsg.): Moderne Unternehmensbewertung und Grundsätze ihrer ordnungsmäßigen Durchführung. Bericht von der 1. Kölner BFuP-Tagung am 18. und 19. November 1976 in Köln, Köln, 1977, S. 57-71.

Sieben, Günter (1983): Funktionen der Bewertung ganzer Unternehmen und von Unternehmensanteilen. In: WISU Das Wirtschaftsstudium, 12. Jg., Heft 12, 1983, S. 539-542.

Sieben, Günter (1995): Unternehmensbewertung: Discounted Cash-Flow-Verfahren und Ertragswertverfahren – Zwei völlig unterschiedliche Ansätze? In: Lanfermann, Josef (1995, Hrsg.): Internationale Wirtschaftsprüfung. Festschrift zum 65. Geburtstag von Prof. Dr. Dr. h.c. Hans Havermann. IDW-Verlag, Düsseldorf, 1995, S. 713-737.

Sieben, Günter/ Maltry, Helmut (2005): Der Substanzwert der Unternehmung. In: Peemöller, Volker (2005, Hrsg.): Praxishandbuch der Unternehmensbewertung, 3., aktualisierte und erweiterte Auflage, Neue Wirtschafts-Briefe, Herne, Berlin, 2005, S. 377-402.

Siebert, Holger (2006): Ökonomische Analyse von Unternehmensnetzwerken. In: Sydow, Jörg (2006, Hrsg.): Management von Netzwerkorganisationen. Beiträge aus der „Managementforschung". 4., aktualisierte und erweiterte Auflage, Gabler, Wiesbaden, 2006, S. 7-28.

Siebert, Horst/ Lorz, Oliver (2007): Einführung in die Volkswirtschaftslehre. 15., vollständig überarbeitete Auflage. Kohlhammer, Stuttgart, 2007.

Siegert, Theo/ Böhme, Markus/ Pfingsten, Florian/ Picot, Arnold (1997): Marktwertorientierte Unternehmensbewertung im Lebenszyklus. Eine Analyse am Beispiel junger Geschäfte. In: Zeitschrift für betriebswirtschaftliche Forschung, 49. Jg., Heft 5, 1997, S. 471-488.

Siepe, Günter (2002): Die Unternehmensbewertung. In: IDW (2002, Hrsg.): Wirtschaftsprüfer-Handbuch 2002. Handbuch für Rechnungslegung, Prüfung und Beratung. Band II, 12. Auflage, IDW-Verlag, Düsseldorf, 2002, S. 1-150.

Simon, Herbert (1945): Administrative Behavior. A Study of Decision-Making Processes in Administrative Organizations. Macmillan, New York, 1945.

Simon, Hermann/ von der Gathen, Andreas (2002): Das große Handbuch der Strategieinstrumente. Werkzeuge für eine erfolgreiche Unternehmensführung. Campus, Frankfurt, New York, 2002.

Smith, Valdemar/ Madsen, Erik/ Dilling-Hansen, Mogens (2005): The Persistence in Firm Profits and Ownership Concentration. Paper presented at the CIE Workshop, University of Copenhagen, 26.-27. Mai 2005, URL: http://www.econ.ku.dk/cie/Workshops/CIE%20Workshop%202005/Papers/M ADSEN-CIE05.PDF (24.09.2007).

Société Générale (2007, Hrsg.): DaimlerChrysler. Time to price in the cash flow – Target price raised from €74 to €82. Analystenreport, 06.07.2007.

Spender, JC (1996): Making Knowledge the Basis of a Dynamic Theory of the Firm. In: Strategic Management Journal, Vol. 17, Winter Special Issue, 1996, S. 45-62.

Standard & Poor's (2006a, Hrsg.): Global Industry Classification Standard (GICS). URL: http://www2.standardandpoors.com/spf/pdf/index/GICS_methodology. pdf (29.01.2008).

Standard & Poor's (2006b, Hrsg.): GICS (Global Industry Classifcation Standard). URL: http://www2.standardandpoors.com/spf/xls/index/GICS_German_April_ 2006.xls (29.01.2008).

Steiner, Manfred/ Wallmeier, Martin (1999): Unternehmensbewertung mit Discounted Cash Flow-Methoden und dem Economic Value Added-Konzept. In: Finanz Betrieb, 1. Jg., Heft 5, 1999, S. 1-10.

Steinle, Claus (2005): Ganzheitliches Management. Eine mehrdimensionale Sichtweise integrierter Unternehmensführung. Gabler, Wiesbaden, 2005.

Stellbrink, Jörg (2005): Der Restwert in der Unternehmensbewertung. IDW-Verlag, Düsseldorf, 2005.

Stock, James/ Watson, Mark (2003): Introduction to Econometrics. International Edition, Addison Wesley, Boston u. a., 2003.

Streitferdt, Felix (2003): Finanzierungspolitik bei ewigem Wachstum und ihre Auswirkung auf den Unternehmenswert. In: Finanz Betrieb, 5. Jg., Heft 5, 2003, S. 273-279.

Sydow, Jörg (1992): Strategische Netzwerke. Evolution und Organisation. Gabler, Wiesbaden, 1992.

Sydow, Jörg (1995): Unternehmungsnetzwerke und Netzwerkunternehmungen. In: Corsten, Hans/ Reiß, Michael (1995, Hrsg.): Handbuch Unternehmungsführung. Konzepte, Instrumente, Schnittstellen. Gabler, Wiesbaden, 1995, S. 159-169.

Sydow, Jörg (2006): Management von Netzwerkorganisationen – Zum Stand der Forschung. In: Sydow, Jörg (2006, Hrsg.): Management von Netzwerkorganisationen. Beiträge aus der „Managementforschung". 4., aktualisierte und erweiterte Auflage, Gabler, Wiesbaden, 2006, S. 387-472.

Teece, David (1990): Contributions and Impediments of Economic Analysis to the Study of Strategic Management. In: Fredrickson, James (1990, Hrsg.): Perspectives on Strategic Management. Harper Business, New York u. a., 1990.

Teece, David (2007): Explicating dynamic capabilities: the nature and microfoundations of (sustainable) enterprise performance. In: Strategic Management Journal, Vol. 28, No. 13, Dezember 2007, S. 1319-1350.

Teece, David/ Pisano, Gary (1994): The Dynamic Capabilities of Firms: an Introduction. In: Industrial and Corporate Change, Vol. 3, No. 3, 1994, S. 537-556.

Teece, Martin/ Pisano, Gary/ Shuen, Amy (1997): Dynamic capabilities and strategic management. In: Strategic Management Journal, Vol. 18, No. 7, 1997, S. 509-533.

Themistocleous, Themis/ Wenner, Fabian/ Gilbert, Thomas/ Favre, Laurent (2007): European Chemicals DCF Valuation. UBS Investment Research, London, 27.07.2007.

Tirole, Jean (1989): The Theory of Industrial Organization. Third Printing, MIT Press, Cambridge, London, 1989.

Thompson, Arthur/ Formby, John (1993): Economics of the Firm. Theory and Practice. 6. Edition, Prentice Hall, Englewood Cliffs, New Jersey, 1993.

UBS (2008, Hrsg.): Daimler. Lowering truck profit expectations. Analystenreport, London, 23.01.2008.

Ulbricht, Thomas (2004): Goodwill Impairment und Bewertung immaterieller Vermögensgegenstände nach IAS & US-GAAP. In: Richter, Frank/ Timmreck, Christian (2004, Hrsg.): Unternehmensbewertung. Moderne Instrumente und Lösungsansätze. Schäffer-Poeschel, Stuttgart, 2004, S. 323-341.

Van Doorn, Jenny (2004): Zufriedenheitsdynamik. Eine Panelanalyse bei industriellen Dienstleistungen. Gabler, Wiesbaden, 2004.

Villalonga, Belén (2004): Intangible resources, Tobin's q, and sustainability of performance differences. In: Journal of Economic Behavior & Organization, Vol. 54, No.2, 2004, S. 205-230.

Von Auer, Ludwig (2007): Ökonometrie. Eine Einführung. Springer, Berlin u. a., 2007.

Von Krogh, Georg (1998): Care in Knowledge Creation. In: California Management Review, Vol. 40, No. 3, 1998, S. 133-153.

Wagner, Wolfgang (2008): Die Unternehmensbewertung. In: IDW (2008, Hrsg.): Wirtschaftsprüfer-Handbuch 2008. Wirtschaftsprüfung, Rechnungslegung, Beratung. Band II, 13. Auflage, IDW-Verlag, Düsseldorf, 2008, S. 1-196.

Wald, Andreas (2007): Der Netzwerkansatz in der Führungsforschung. Paper präsentiert auf der Tagung „Ein neues Paradigma in den Sozialwissenschaften – Netzwerkanalyse und Netzwerktheorie." Johann Wolfgang Goethe Universität Frankfurt, 27.-28.09.2007. URL: http://www.soz.unifrankfurt.de/Netzwerktagung/Wald-Beitrag.pdf (04.03.2008).

Walras, Leon (1874): Eléments d'économie politique pure, ou théorie de la richesse sociale. Pichon et Durand-Auzias, Paris, 1874.

Waring, Geoffrey (1996): Industry Differences in the Persistence of Firm-Specific Returns. In: The American Economic Review, Vol. 86, No. 5, 1996, S. 1253-1265.

Weiler, Axel (2005): Verbesserung der Prognosegüte bei der Unternehmensbewertung. Konvergenzprozesse in der Restwertperiode. Shaker, Aachen, 2005.

Welge, Martin/ Al-Laham, Andreas (2008): Strategisches Management. Grundlagen – Prozess – Implementierung. 5., vollständig überarbeitete Auflage. Gabler, Wiesbaden, 2008.

Wernerfelt, Birger (1984): A Resource-based View of the Firm. In: Strategic Management Journal, Vol. 5, No. 2, 1984, S. 171-180.

Wernerfelt, Birger (1995): The resource-based view of the firm: Ten years after. In: Strategic Management Journal, Vol. 16, No. 3, March 1995, S. 171-180.

Wiechers, Klaus (2005): Besonderheiten bei der Bewertung von Anteilen an Unternehmen. In: Peemöller, Volker (2005, Hrsg.): Praxishandbuch der Unternehmensbewertung, 3., aktualisierte und erweiterte Auflage, Neue Wirtschafts-Briefe, Herne, Berlin, 2005, S. 459-466.

Wiggins, Robert/ Ruefli, Timothy (2002): Sustained Competitive Advantage: Temporal Dynamics and the Incidence and Persistence of Superior Economic Performance. In: Organization Science, Vol. 13, No. 1, January-February 2002, S. 82-105.

Williamson, Oliver (1975): Markets and Hierarchies: A Study in the Internal Organizations: Analysis and Antitrust Implications. The Free Press, New York, 1975.

Woll, Artur (2007): Volkswirtschaftslehre. 15., vollständig überarbeitete Auflage, Vahlen, München, 2007.

Wooldridge, Jeffrey (2006): Introductory Econometrics. A Modern Approach. 3., International Student Edition, Thomson South-Western, Mason, 2006.

Yurtoglu, Burcin (2004): Persistence of firm-level profitability in Turkey. In: Applied Economics, Vol. 36, No. 6, 2004, S. 615-625.

Zimmermann, Jochen/ Prokop, Jörg (2003): Rechnungswesenorientierte Unternehmensbewertung und Clean Surplus Accounting. Konzeptionelle Bewertungseignung der Konzernabschlüsse deutscher Aktiengesellschaften. In: KoR Zeitschrift für internationale und kapitalmarktorientierte Rechnungslegung, Heft 3, 2003, S. 134-142.

Anhang

Anhang 1 Detaillierte Herleitung des Modells der partiellen Anpassung

Die Differenz der standardisierten Rendite eines Unternehmens von einem Jahr auf das folgende lässt sich als Funktion des Markteintritts ausdrücken (vgl. Ausdruck (4-2) in Kapitel 4):

(A1-1) $\Delta R_{it} = R_{it} - R_{it-1} = \theta_0 + \gamma_0 E_t + \gamma_1 R_{it-1} + u_t$

mit $\gamma_0 < 0$ und $\gamma_1 < 0$.

Der Markteintritt lässt sich wiederum ausdrücken als Funktion der standardisierten Rendite des Vorjahres (vgl. Formel (4-4)):

(A1-2) $E_t = \varphi[R_{it-1} - R_i^{LT}] + \varepsilon_t$.

Durch Einsetzen von (A1-2) in (A1-1) und Umformen nach R_{it} erhält man:

$$R_{it} = \theta_0 + \gamma_0 \varphi[R_{it-1} - R_i^{LT}] + \gamma_1 R_{it-1} + R_{it-1} + \mu_t$$

$$= \theta_0 + \gamma_0 \varphi R_{it-1} - \gamma_0 \varphi R_i^{LT} + \gamma_1 R_{it-1} + R_{it-1} + \mu_t$$

$$= \theta_0 - \gamma_0 \varphi R_i^{LT} + (\gamma_0 \varphi + \gamma_1 + 1) R_{it-1} + \mu_t$$

(A1-3) $R_{it} = \alpha_i + \lambda_i R_{it-1} + \mu_{it}$

mit $\alpha_i = \theta_0 - \gamma_0 \varphi R_i^{LT}$ und $\lambda_i = \gamma_0 \varphi + \gamma_1 + 1$.

Für die langfristige Rendite gilt:

(A1-4) $R_i^{LT} = \dfrac{-\theta_0}{\gamma_1}$.

Damit gilt für α_i:

$$\alpha_i = \theta_0 - \gamma_0\varphi R_i^{LT}$$

$$= \theta_0 + \gamma_0\varphi \frac{\theta_0}{\gamma_1}$$

(A1-5) $\quad \alpha_i = \theta_0 \left(1 + \frac{\gamma_0\varphi}{\gamma_1}\right).$

Des Weiteren gilt:

$$\lambda_i = \gamma_0\varphi + \gamma_1 + 1$$

(A1-6) $\quad \Leftrightarrow \frac{\gamma_0\varphi}{\gamma_1} = \frac{\lambda_i - 1}{\gamma_1} - 1.$

Durch Einsetzen von (A1-6) in (A1-5) erhält man:

(A1-7) $\quad \alpha_i = \theta_0 \frac{\lambda_i - 1}{\gamma_1}.$

Löst man schließlich Formel (A1-7) nach γ_1 auf und setzt den Ausdruck in Gleichung (A1-4) ein, ergibt sich:

(A1-8) $\quad \alpha_i = \frac{1 - \lambda_i}{R_i^{LT}} \Leftrightarrow R_i^{LT} = \frac{1 - \lambda_i}{\alpha_i}.$

Anhang 2 Bereinigung der Stichprobe

Anzahl Unternehmen

701 — 1 — 29 — 19 — 652

| Europäische Unternehmen mit ROIC-Werten für 1990-2005 | Türkische Unternehmen bzw. fehlende Branchenklassifikation | Unplausible Extremwerte* | Unplausible Schwankungen** | Für Untersuchung verwendete Stichprobe |

* Durchschnittliche standardisierte Rendite $\leq$ -90% oder $\geq$ 90%, maximale Rendite $\leq$ -200% oder $\geq$ 200% für 1990-2005 bzw. errechnete langfristige standardisierte Rendite $\leq$ -50% oder $\geq$ 50%

** Standardabweichung der standardisierten Rendite $\geq$ 50% für 1990-2005 sowie Zeitreihen mit einzelnen Extremwerten

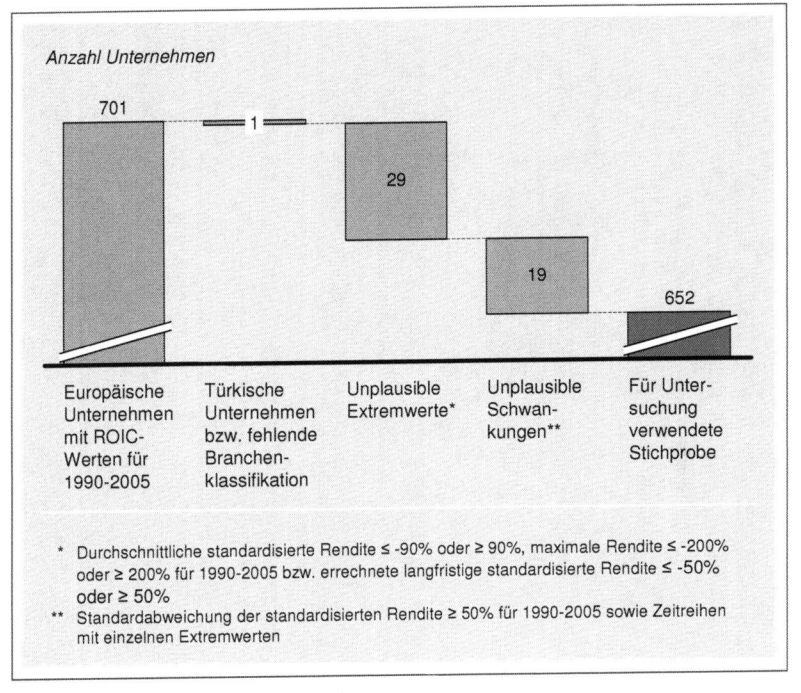

Abb. A-1: Bereinigung der Stichprobe

Anhang 3   Detaillierte Ergebnisse der Regressionsanalyse

Gesamtstichprobe

Übersicht Ergebnisse

Bei den hier ausgewiesenen Werten handelt es sich jeweils um Durchschnittswerte über die 652 Zeitreihen.

N = 652	
T = 16	
Schätzwert für α_i	-0,6%
Standardabweichung für α_i	2,9%
Schätzwert für λ_i	0,470
Standardabweichung für λ_i	0,240
Errechneter Wert für R(LT)*	0,0%
R-Quadrat	0,28
Errechnet auf Unternehmensebene	

Verteilung der geschätzten Widerstandsfähigkeit

Schätzwert für λ_i	Anzahl Unternehmen	In Prozent
$\lambda_i < -0,3$	6	1
$-0,3 \leq \lambda_i < 0,2$	6	1
$-0,2 \leq \lambda_i < -0,1$	6	1
$-0,1 \leq \lambda_i < 0$	21	3
$0 \leq \lambda_i < 0,1$	30	5
$0,1 \leq \lambda_i < 0,2$	41	6
$0,2 \leq \lambda_i < 0,3$	65	10
$0,3 \leq \lambda_i < 0,4$	65	10
$0,4 \leq \lambda_i < 0,5$	80	12
$0,5 \leq \lambda_i < 0,6$	101	15
$0,6 \leq \lambda_i < 0,7$	83	13
$0,7 \leq \lambda_i < 0,8$	83	13
$0,8 \leq \lambda_i < 0,9$	45	7
$0,9 \leq \lambda_i < 1,0$	12	2
$\lambda_i \geq 1,0$	8	1
Gesamt	**652**	**100**

Verteilung des geschätzten langfristigen Rentabilitätsniveaus

Schätzwert für R^{LT}	Anzahl Unternehmen	In Prozent
$R^{LT} < -15\%$	25	4
$-15\% \leq R^{LT} < -10\%$	47	7
$-10\% \leq R^{LT} < -5\%$	158	24
$-5\% \leq R^{LT} < 5\%$	273	42
$5\% \leq R^{LT} < 10\%$	53	8
$10\% \leq R^{LT} < 15\%$	40	6
$R^{LT} \geq 15\%$	56	9
Gesamt	**652**	**100**

Länderspezifische Ergebnisse

Land	Anzahl Unternehmen	Ø-Schätzwert für λ_i	Standardabweichung der Schätzwerte für λ_i	Ø-Schätzwert für a_i	Standardabweichung der Schätzwerte für a_i	Errechneter Wert für R^{LT*}
Belgien	14	0,43	0,18	-1,5%	6,5%	-1,5%
Dänemark	29	0,52	0,23	-2,6%	4,4%	-4,2%
Deutschland	95	0,41	0,32	-0,6%	5,6%	0,2%
Finnland	24	0,39	0,25	-0,9%	8,0%	-0,3%
Frankreich	78	0,51	0,28	0,5%	6,3%	2,2%
Großbritannien	223	0,48	0,28	-0,4%	5,4%	0,3%
Irland	13	0,55	0,28	1,5%	4,0%	4,4%
Italien	12	0,62	0,24	-1,7%	4,4%	-3,3%
Niederlande	39	0,51	0,29	0,1%	4,2%	1,3%
Norwegen	21	0,39	0,31	-2,3%	6,1%	-2,6%
Österreich	14	0,32	0,27	-4,0%	3,1%	-4,7%
Portugal	3	0,12	0,56	-1,1%	9,6%	-0,1%
Schweden	24	0,41	0,19	1,1%	6,9%	3,0%
Schweiz	51	0,47	0,28	-1,7%	5,9%	-2,2%
Spanien	12	0,54	0,16	-1,3%	2,8%	-1,7%
Summe	652					
Durchschnitt		0,47		-0,6%		0,0%

*Nach Anpassung wie in Abschnitt 4.3.4.1 beschrieben

Branchenspezifische Ergebnisse nach Sektoren

Sektor	Anzahl Unternehmen	Ø-Schätzwert für λ_i	Standardabweichung der Schätzwerte für λ_i	Ø-Schätzwert für a_i	Standardabweichung der Schätzwerte für a_i	Errechneter Wert für R^{LT}*
Basiskonsumgüter	73	0,52	0,34	0,5%	4,7%	1,7%
Energie	19	0,38	0,32	-2,8%	4,1%	-3,6%
Gesundheitswesen	32	0,55	0,25	4,5%	6,8%	11,8%
Industrie	211	0,46	0,27	-1,0%	4,7%	-0,9%
IT	37	0,40	0,30	-0,6%	9,9%	-0,1%
Nicht-Basiskonsumgüter	164	0,48	0,26	-0,5%	6,0%	0,1%
Roh-, Hilfs- & Betriebsstoffe	88	0,44	0,28	-2,4%	4,5%	-3,2%
Telekommunikationsdienste	6	0,25	0,34	0,5%	2,9%	1,7%
Versorgungsbetriebe	22	0,45	0,29	-0,2%	4,0%	0,6%
Summe	652					
Durchschnitt		0,47		-0,6%		0,0%

Nach Anpassung wie in Abschnitt 4.3.4.1 beschrieben

Branchenspezifische Ergebnisse nach Industriegruppe/-zweig

Industriegruppe/-zweig	Anzahl Unternehmen	Ø-Schätzwert für λ_i	Standardabweichung der Schätzwerte für λ_i	Ø-Schätzwert für α_i	Standardabweichung der Schätzwerte für α_i	Errechneter Wert für R^{LT} *
Automobile & Komponenten	25	0,33	0,22	-1,9%	5,0%	-1,8%
Baustoffe	15	0,47	0,35	-1,8%	2,5%	-2,3%
Behälter & Verpackung	10	0,65	0,11	-1,0%	1,7%	-1,8%
Chemikalien	37	0,34	0,24	-2,8%	6,0%	-3,2%
Energie	19	0,38	0,32	-2,8%	4,1%	-3,6%
Gebrauchsgüter & Bekleidung	65	0,54	0,24	-0,5%	4,4%	-0,1%
Gesundheitswesen: Ausstattung & Dienste	19	0,51	0,27	2,9%	5,2%	6,9%
Getränke	15	0,64	0,20	-0,6%	2,6%	-0,7%
Gewerbliche Dienste & Betriebsstoffe	25	0,46	0,25	0,5%	6,1%	1,9%
Groß- und Einzelhandel	38	0,56	0,20	-1,1%	6,0%	-1,4%
Haushaltsartikel & Körperpflegeprodukte	10	0,34	0,59	4,2%	6,2%	7,4%
Investitionsgüter	154	0,45	0,28	-1,1%	4,5%	-0,9%
IT	37	0,40	0,30	-0,6%	9,9%	-0,1%
Lebensmittel- und Basisartikeleinzelhandel	16	0,57	0,24	1,0%	4,7%	3,4%
Medien	13	0,48	0,29	5,5%	7,6%	11,4%
Metalle & Bergbau	14	0,51	0,35	-1,6%	4,0%	-2,2%
Nahrungsmittel	32	0,50	0,31	-0,4%	4,4%	0,3%
Papier- & Forstprodukte	12	0,45	0,19	-4,1%	2,3%	-6,5%
Pharmazeutika, Biotechnologie & Biowissenschaften	13	0,62	0,21	6,9%	8,3%	18,9%
Telekommunikationsdienste	6	0,25	0,34	0,5%	2,9%	1,7%
Transportwesen	32	0,49	0,24	-2,0%	4,1%	-3,0%
Verbraucherdienste	23	0,38	0,31	-1,3%	8,2%	-1,1%
Versorgungsbetriebe	22	0,45	0,29	-0,2%	4,0%	0,6%
Summe	652					
Durchschnitt		**0,47**		**-0,6%**		**0,0%**

*Nach Anpassung wie in Abschnitt 4.3.4.1 beschrieben

Anhang 4 DCF-Bewertungsmodelle der Daimler-Vergleichsunternehmen

Die Bewertung basiert jeweils auf einem Drei-Phasen-Modell mit linearem Rückgang des ROIC in der Fade-Periode und konstanter Wachstumsrate im gesamten Restwertzeitraum. Die Bewertungsmodelle von BMW und Volkswagen sind beispielhaft für eine CAP bzw. CDP von zehn Jahren dargestellt.

BMW AG

BMW		
WACC	10,0%	
Zielniveau	10,0%	
DCF-Wert pro Aktie (in EUR)	62,94	
Marktwert pro Aktie (in EUR)	42,81	
EV/IC-Multiple Anfang 2008	0,6x	
Erstes Jahr Fade-Periode	2010	
Länge Fade-Periode	8	
Letztes Jahr Fade-Periode	2017	
ROIC Beginn Fade-Periode	9,0%	
ROIC Ende Fade-Periode	10,0%	
Veränd. ROIC pro Jahr	0,13%	
Länge "CAP" (in Jahren)	10 (Die "CAP" stellt in diesem Fall eine "Corporate Disadvantage Period" dar.)	

In Mio. EUR	2007	2008	2009	2010	2011	2012	2013	2014	2015	2016	2017	RESTWERT
Umsatz		55.690	57.682									
EBIT		4.110	4.550									
Gewinn vor Steuern		4.010	4.590									
Steuern		1.183	1.374									
NOPLAT		2.897	3.255	3.368	3.482	3.600	3.721	3.845	3.973	4.104	4.239	4.324
Nettoinvestitionen				738	753	768	783	799	815	831	848	865
Freier Cashflow		2.317	2.516	2.630	2.729	2.832	2.937	3.046	3.158	3.273	3.391	3.459
Investiertes Kapital am Jahresende	33.305	36.187	36.906	37.644	38.397	39.165	39.948	40.747	41.562	42.393	43.241	44.106
Investiertes Kapital am Jahresanfang		33.305	36.187	36.906	37.644	38.397	39.165	39.948	40.747	41.562	42.393	43.241
Wachstum		8,6%	2,0%	2,0%	2,0%	2,0%	2,0%	2,0%	2,0%	2,0%	2,0%	2,0%
Vermögensumschlag		1,7	1,6	1,6	1,6	1,6	1,6	1,6	1,6	1,6	1,6	1,6
EBIT-Marge		6,7%	8,1%	8,4%	8,5%	8,6%	8,8%	8,9%	9,0%	9,1%	9,2%	9,2%
Steuersatz		29,5%	30,0%	32,0%	32,0%	32,0%	32,0%	32,0%	32,0%	32,0%	32,0%	32,0%
ROIC		8,7%	9,0%	9,1%	9,3%	9,4%	9,5%	9,6%	9,8%	9,9%	10,0%	10,0%
Diskontierungsfaktor		0,91	0,83	0,75	0,68	0,62	0,56	0,51	0,47	0,42	0,39	
DCF		2.106	2.079	1.976	1.864	1.758	1.658	1.563	1.473	1.388	1.308	16.671

ROIC - Quelle: Morgan Stanley (2007b, Hrsg.)   Quelle: Credit Suisse (2007, Hrsg.)

DCF Gesamtunternehmenswert	33.845
Netto-Verbindlichkeiten	-7.281
Wert des Eigenkapitals	41.126
Anzahl Aktien	653
DCF Wert pro Aktie	62,94 €

Quelle (sofern nicht anders angegeben): Deutsche Bank (2008a, Hrsg.)

Volkswagen AG

VOLKSWAGEN

WACC	8,0%
Zielniveau	8,0%
DCF Wert pro Aktie (in EUR)	136,71
Marktwert pro Aktie (in EUR)	139,00
EV/IC-Multiple Anfang 2008	1,1x
Erstes Jahr Fade-Periode	2012
Länge Fade-Periode	6
Letztes Jahr Fade-Periode	2017
ROIC Beginn Fade-Periode	7,8%
ROIC Ende Fade-Periode	8,0%
Veränd. ROIC pro Jahr	0,03%
Länge "CAP" (in Jahren)	10 (Die "CAP" stellt in diesem Fall eine "Corporate Disadvantage Period" dar.)

In Mio. EUR	2007	2008	2009	2010	2011	2012	2013	2014	2015	2016	2017	RESTWERT
			Detailplanungsphase									
Umsatz	107.755	114.444	119.621	119.811		5.517	5.651	5.788	5.929	6.073	6.220	6.345
EBIT	7.169	8.126	8.389	8.490								
NOPLAT		4.446	5.038	5.511	5.245							
Nettoinvestitionen		2.416	2.646	3.172	3.401	1.408	1.437	1.465	1.495	1.525	1.555	1.586
Freier Cashflow						4.108	4.214	4.323	4.434	4.548	4.665	4.759
Investiertes Kapital am Jahresende	57.338	60.654	64.205	67.243	70.425	71.833	73.270	74.735	76.230	77.755	79.310	80.896
Investiertes Kapital am Jahresanfang	54.574	57.338	60.664	64.205	67.243	70.425	71.833	73.270	74.735	76.230	77.755	79.310
Wachstum		5,1%	5,6%	5,9%	4,7%	2,0%	2,0%	2,0%	2,0%	2,0%	2,0%	2,0%
Vermögensumschlag		1,9	1,9	1,8	1,8	1,8	1,8	1,8	1,8	1,8	1,8	1,8
EBIT-Marge		6,7%	7,1%	7,0%	7,1%	7,09%	7,12%	7,15%	7,18%	7,21%	7,24%	7,24%
Steuersatz		38,0%	38,0%	38,0%	38,0%	38,0%	38,0%	38,0%	38,0%	38,0%	38,0%	38,0%
ROIC		7,8%	8,3%	8,6%	7,8%	7,8%	7,9%	7,9%	7,9%	8,0%	8,0%	8,0%
Diskontierungsfaktor		0,93	0,86	0,79	0,74	0,68	0,63	0,58	0,54	0,50	0,46	
DCF		2.237	2.269	2.518	2.500	2.796	2.656	2.522	2.396	2.275	2.161	36.736

DCF Gesamtunternehmenswert	61.065
Netto-Verbindlichkeiten	7.476
Wert des Eigenkapitals	53.589
Anzahl Aktien	392
DCF Wert pro Aktie	**136,71 €**

Quelle (sofern nicht anders angegeben): Goldman Sachs (2007, Hrsg.)

Anhang 291

PSA Peugeot-Citroën

Bei einer Detailplanungsphase von zwei Jahren für PSA Peugeot-Citroën liegt die minimale Länge der CAP bei drei Jahren (Rückgang des ROIC auf das Niveau der Kapitalkosten innerhalb von einem Jahr). Es wird deutlich, dass selbst bei minimaler CAP das DCF-Ergebnis noch deutlich über dem Marktwert des Unternehmens liegt.

PSA PEUGEOT-CITROEN		2007	2008	2009	2010	RESTWERT
WACC	8,6%					
Zinsniveau	8,6%					
DCF Wert pro Aktie (in EUR)	92,61					
Marktwert pro Aktie (in EUR)	55,60					
EV/IC-Multiple Anfang 2008	0,7x					
Erstes Jahr Fade-Periode	2010					
Länge Fade-Periode	1					
Letztes Jahr Fade-Periode	2010					
ROIC Beginn Fade-Periode	9,2%					
ROIC Ende Fade-Periode	8,6%					
Veränd. ROIC pro Jahr	-0,60%					
Länge CAP (in Jahren)	3					
Umsatz		59.070	61.900	64.800		
EBIT		1.500	2.230	3.060		
NOPLAT		1.005	1.494	2.050	1.955	1.994
Nettoinvestitionen					455	464
Freier Cashflow			1.656	2.211	1.500	1.530
Investiertes Kapital am Jahresende			22.285	22.730	23.185	23.649
Investiertes Kapital am Jahresanfang		20.938	20.467	22.285	22.730	23.185
Wachstum			-2,2%	8,9%	2,0%	2,0%
Vermögensumschlag			3,0	2,9	3,0	2,9
EBIT-Marge			3,6%	4,7%	4,4%	4,3%
Steuersatz		33,0%	33,0%	33,0%	33,0%	33,0%
ROIC		4,8%	7,3%	9,2%	8,6%	8,6%
Diskontierungsfaktor			0,92	0,85	0,78	
DCF			1.525	1.875	1.171	18.102
DCF	22.673					
Net Debt etc.	947					
Value of equity	21.726					
No. of shares	235					
Value per share	**93 €**					

Die Länge der Detailplanungsphase wurde auf 2 Jahre verkürzt, um die Problematik zu verdeutlichen, die hinsichtlich der Ermittlung der MICAP besteht.
Quelle (sofern nicht anders angegeben): Natixis Securities (2007, Hrsg.)

WWW.GABLER.DE

Von der Promotion zum Buch

Ausgezeichnete Wissenschaft

Sie haben eine wirtschaftswissenschaftliche Dissertation bzw. Habilitation erfolgreich abgeschlossen und möchten sie als Buch veröffentlichen?

Der Gabler Verlag ist einer der führenden deutschen Wirtschaftsfachverlage. Wir verstehen exzellente Forschungsliteratur als wichtigen Bestandteil unseres Angebots im Bereich Wirtschaftswissenschaft. Unser Programm bietet hervorragenden jüngeren Wissenschaftlern ein Forum, ihre Dissertationen und Habilitationsschriften der interessierten Fachöffentlichkeit vorzustellen. Namhafte Herausgeber renommierter Schriftenreihen bürgen für die Qualität der Monografien.

Ihre Vorteile:

- Qualitative Programmpolitik bei der Auswahl und Begutachtung der Manuskripte
- Kurze Produktionszyklen: Drucklegung in 6-8 Wochen
- Dauerhafte Lieferbarkeit print und digital: Offset-Druck + E-Book in SpringerLink
- Zielgruppengerechter Vertrieb an Wissenschaftler, Bibliotheken, Fach- und Hochschulinstitute und (Online-)Buchhandel
- Umfassende Marketingaktivitäten: E-Mail-Newsletter, Flyer, Kataloge, Rezensionsexemplar-Versand an nationale und internationale Fachzeitschriften, Präsentation auf Messen und Fachtagungen etc.

▶ Möchten Sie Autor beim Gabler Verlag werden? Kontaktieren Sie uns!

Claudia Jeske | Lektorat Wissenschaftliche Monografien
Tel. +49 (0)611.7878-217 | Fax +49 (0)611.7878-78-237 | claudia.jeske@gabler.de

KOMPETENZ IN SACHEN WIRTSCHAFT GABLER